那时的自由

字缝里读出来个

秦汉史

长风◎编著

陕西出版传媒集团

陕西人民出版社

图书在版编目（CIP）数据

那时的自由：字缝里读出来个秦汉史/长风编著；西安：陕西人民出版社，2013

ISBN978-7-224-10533-9

Ⅰ.①那… Ⅱ.①长… Ⅲ.①中国历史—秦汉时代 Ⅳ.①K232

中国版本图书馆 CIP 数据核字（2013）第 028734 号

那时的自由： 字缝里读出来个秦汉史

作　　者　长风

出版发行　陕西出版传媒集团　陕西人民出版社

　　　　　（西安北大街 147 号　邮编：710003）

　　　　　发货联系电话（传真）：（010）88203378

印　　刷　北京兴鹏印刷有限公司

开　　本　710mm×1000mm　16 开　20.25 印张　263 千字

版　　次　2013 年 5 月第 1 版　2013 年 5 月第 1 次印刷

书　　号　ISBN 978-7-224-10533-9

定　　价　39.00 元

目　录

序　言

沉睡的自由：回望中国史

众所周知，人是自由的，历史是人的历史，故而历史便是自由的历史。人从自然领域的必然王国进入历史领域的自由王国，便是恶的开始。人因自由而作恶，又因作恶而自由。所以，康德说过"自由的历史是从恶而开始的"，随着时间的推移，人意识到泛滥的自由对人类整体是个危害，需要建立一套秩序，故此人便让渡一部分自由组建国家（政府），而国家的存在也是一种恶，但却是必要的恶。可见，秩序的建立不是靠善压倒恶，而是以恶制恶。问题在于，国家一旦获得了权力，便剥夺民众更多的自由，压制人的自由意识，把正常的主仆关系颠倒。于是，人们便开始了从国家权力中争取自由的历程，此历程在各个国家表现的时间长短不一，直到建立宪政民主制度为止。这是我们目前所能看到的可以保障个人最大自由的制度。

既然历史是自由的历史，那么中国的历史也应该是自由的历史。可一直以来，人们普遍不相信中国古代有自由。不过，我们既然相信人是自由的，难道到了中国就行不通？我们前面已经说过，非民主制度的国家会压制人的自由意识，专制越强，压制也就越大，故而中国人的自由意识便沉睡了，成了沉睡的自由，只剩下无意识、本能的自由。因为压制越大，故而反抗越大，而反抗乃是人本性中自由的张扬。也就是说，自由的确在中国历史存在，但它是以无意识的、本能的自由而存在。意识的自由处于沉睡之中，因一时没有人能够醒来反思，把自由的观念注入，所以人们的反抗便没有主观上追求自由的目的，结果是一个皇帝下去，另一个皇帝上来。直到明末的黄宗羲第一个从压制中觉醒，认为君主是天下之大害。接着鸦片战争，西风东渐，尤其到了新文化运动时期，民主与科学的提出，才唤醒了当时中国人沉睡的自由，从此中国人走上了有意识地争取自由的道路。

克罗齐认为，人类历史是自由的历史。历史是作为一部自由的故事而展开的。自由并不是一个外在于历史的目标，它就内在于历史，因为所谓的历史，就是人类精神的历史，而自由就贯穿在精神生生不息的发展变化中。精神和自由为同义词，既然精神没有始终，那么自由便是永恒的了。即便是在自由最受压制的时期，自由的火焰也不会完全熄灭，它依然跳跃在极少数人的心中。按照克罗齐的理解，自由就在人们对自由的不懈追求中。如此看来，即便是中国人的自由意识处于沉睡期，人们依然在追求着自由，尽管他们并不知道是在争取自由。

无论康德还是克罗齐，都认为人类的历史是自由的历史，那么中国的历史自然也是自由的历史，何必要引入"沉睡的自由"这个概念？不可否认，中国的百家争鸣时期，汉初的黄老无为时期，魏晋时期，唐宋时期，明中晚期都具有较多的自由空间，那些独行的、隐居的、抗暴的、不屈的人身上更是散发着自由的气息。但是这样的自由是本能的自由，不是意识的自由，没有人去有意识认识这个自由，解释这个自由，言说这个自由，它成了一个被动的自由。

那么，中国以往自由的历史既然是"沉睡的自由"的历史，我们今天又何必去了解、解读？恰恰因为以往历史中的自由是"沉睡的自由"，才需要唤醒。当我们去读过往的历史，便要把我们的自由意识注入其中，唤醒以往的自由，既然自由是人的自由，那么自然而然就是在唤醒过去的我们，于是我们的生命被拉长，我们可以从长距离来反观自我，认识自我，如此当下的我们既唤醒了过去的自由，也增强了我们自己当下的自由意识，借助参照物的反观自我，也能够让我们更深刻的认识自我，继而完善乃至形成自己的现代人格。

以上粗浅之论。是为序。

长　风
2012 年 9 月 8 日 于不知斋

豪言·第一

自古及今，凡成就大事业者，其年轻时，必然有豪言壮语，此为立志。现在我们多用"理想"一词。例如在中小学的时候，老师和家长总会问你长大想做什么。一个人不但有理想，而且还有激情之豪言，却不多见。陈胜年轻时胸怀大志，口出大言，是他的同伴们所不能理解的；项羽年少时，见始皇帝言可以取而代之，是让他的叔叔所惊讶的。可见，不同的成长环境，豪言壮志也会受到不同的礼遇。

有豪言壮志是激励自己前行的动力。如果没有"匈奴不灭，无以为家！"岂有霍去病的辉煌战绩？如果没有"王侯将相，宁有种乎！"哪有陈胜、吴广的壮举？如果没有"大丈夫处世，当扫除天下，安事一室乎！"焉有陈仲举的力挽狂澜？

可是人生也罢，历史也罢，总是免不了多了些"然而"、"但是"。历史上的人物何其多也，又有几人能留名青史呢？豪言壮语之士又有几人可以成功呢？看来立志只是人生的第一步，未来的路还很漫长。陈胜自言"燕雀安知鸿鹄之志哉！"他在人生事业上取得了一定的辉煌，可终究难以为继，身死他手，令人惋惜。

一个人一旦立下了志向，就要为之努力，当条件许可的时候，自然会崭露头角。当然，这只是在一般意义上而言，努力了但却失败了，也不在少数。不过，不应该因失败而懊悔，毕竟自己曾经为之流过辛勤的汗水。立志者要有一身傲骨，不为世俗所动。赵温本为京兆丞，可他并不满意，感叹"大丈夫当雄飞，安能雌伏!"乃弃官返乡，为自己的理想而奋斗。张纲看不惯朝政混乱，乃慨然叹道："秽恶满朝，不能奋身出命扫国家之难，虽生，吾不愿也。"此种豪言壮语不仅仅指的是理想，而多是基于现实发出的感慨，不为功名引诱，保持独立的人格。

　　一个人有了志向，却没有付诸实践便命归黄泉，自是遗憾之事。然而人生本就无常，谁又能左右死神的意志。赵嘉有大志，可一病七年，自以为时日不多，乃写遗书一封给侄子，其中写道："老天不给我机会，又何必多言! 可立一员石于我墓前，刻之曰：'汉有逸人，姓赵名嘉。有志无时，命也奈何!'"

　　清人王国维曾言："古今之成大事业大学问者，必经过三种之境界——'昨夜西风凋碧树，独上高楼，望尽天涯路'，此第一境也；'衣带渐宽终不悔，为伊消得人憔悴'，此第二境也；'众里寻她千百度，蓦然回首，那人却在灯火阑珊处'，此第三境也。"可为有豪言壮志者共勉。

秦·西汉

　　陈胜年少时，曾和伙伴们受雇给人种田。有次，陈胜在田间发呆，惆怅良久。自言自语道："如果富贵了，切莫相忘。"伙伴们笑道："你不过是个种田人而已，谈何富贵？"陈胜霎时感到孤独寂寞，叹息道："嗟乎，燕雀安知鸿鹄之志哉！"

【鸿鹄之志】

　　陈胜与吴广并力诛杀两名军尉，乃集合众人道："公等不幸遭遇大雨，皆误期限，按照秦律，误期当斩。即便侥幸存活，戍边而死的也会有十之六七。况且壮士不死则已，死就要留下大名。王侯将相，宁有种乎！"

　　项羽年少时，不论学写字，还是学剑术，皆半途而废。他的叔父项梁既失望又恼火。项羽则道："写字，能够记姓名足矣；剑术，也只能敌一人，不值得学。我要学敌万人的本领。"项梁听罢，认为项羽有大志向。

【万人敌】

　　秦始皇东游会稽，渡浙江时，引来众人围观，项梁与项羽也在围观人群中。见始皇气宇非凡，项羽口无遮拦，乃道："彼可取代也。"

　　刘邦在咸阳有幸见到秦始皇仪仗队，宏大的场面让刘邦羡慕不已，不觉喟然叹息道："嗟乎，大丈夫当如此！"

　　里中举行社祭，陈平被推举为主持，为乡人分肉，他分得很均匀。父老乡亲称赞道："陈孺子真不错，分肉很公平，办事很称职！"陈平闻听，不觉感慨道："嗟乎，假如陈平日后能主宰天下，处事定如分肉一般！"

　　霍去病为人沉默寡言，行事却果敢坚决。武帝曾建议他学习孙、吴兵法，他答道："行军作战贵在应变，不必拘泥于古代兵法。"武帝为他建了豪华府第，让他前往一观，霍去病却道："匈奴不灭，无以为家！"

傅介子年幼好学，曾弃笔而叹道："大丈夫当立功绝域，何能坐事散儒！"乃毅然参军。昭帝时，傅介子奉命出使西域。因楼兰帮助匈奴对抗汉朝，他请命刺杀楼兰王，刺杀成功后返还，被封义阳侯。

陈汤有谋略，敢冒险，曾三千里奔袭灭掉北匈奴。在给汉元帝的上疏中，他不无自豪道："犯我强汉者，虽远必诛！"

逢萌曾担任官职不大的亭长。有一次，县尉经过驿亭，逢萌迎候拜见，忙忙碌碌，谨小慎微。事后逢萌心里很不舒服，乃扔掉盾牌叹息道："堂堂大丈夫焉能受人驱使！"为了开启新的人生，他跑到长安求学。

东汉

【马革裹尸】马援平定交趾叛乱后，朝廷论功行赏。马援自认功劳甚微，而封赐过重，长远来看，并非好事。有鉴于此，乃对故交老友道："方今匈奴、乌桓还在骚扰大汉北部边陲，我将毛遂自荐，请缨出击。好男儿自当战死边野，以马革裹尸还葬，岂能老死于床上！"

郭丹七岁丧父，为人恭谨孝顺。继母哀怜郭丹，卖掉衣装，为他购置产业。后来郭丹要到长安求学，当他进入函谷关，回望故园时，慨然叹道："郭丹日后倘不能乘坐使者车，决不出函谷关。"

赵温为京兆丞，可他对这个官职并不满意，乃叹道："大丈夫当雄飞，安能雌伏！"遂弃官返乡。正值家乡灾荒，民众大饥，赵温慷慨解囊，散家中存粮以赈穷饿，救活者足有万余人。

【投笔从戎】班超家贫，靠为官府抄写书籍维持生计。长期劳作，辛苦非常。某日，他投笔叹道："大丈夫就算没有远大的抱负，也该效仿傅介子、张骞立功异域，以取封侯，岂能长久舞文弄墨？"左右之人都嘲笑于他。班超道："小子安知壮士之志哉！"

张纲少时勤奋好学，对经学颇有研究。虽生在官宦之家，却少有纨绔习气。后被征召为朝廷御史。当时宦官擅权，专横跋扈，陷害忠良。张纲心忧天下，慨然叹道："秽恶满朝，不能奋身出命扫国家之难，虽生，吾不愿也。"

赵岐字邠卿，初名赵嘉。少时便明习经学，三十余岁时，患有重病，卧床七年，自以为时日不多，乃给侄子写遗书一封，里面写道："大丈夫生于人世，隐居没有许由的操行，出仕没有伊尹、吕尚的功勋，老天不给我机会，又何必多言！可立一员石于我墓前，刻之曰：'汉有逸人，姓赵名嘉。有志无时，命也奈何！'"不久，赵岐的病竟然痊愈了。

张奂少时便立有大志，曾与士友言道："大丈夫处世，当为国家立功边境。"后来他掌将帅之印，果有勋名。

陈蕃，字仲举，十五岁时，独处一个庭院习读经书。某日，其父的一位老友薛勤来看他，见院中杂草丛生、秽物满地，乃对陈蕃道："孺子何不洒扫以待宾客？"陈蕃道："大丈夫处世，当扫除天下，安事一室乎！"薛勤知陈蕃有扫清天下之志，不觉震惊！

郭太，字林宗，家世贫穷，幼年丧父，与母亲相依为命。母亲曾想让他到县廷谋个差事，郭林宗却不愿受人支使，从事低贱的劳役，乃对母亲道："大丈夫焉能处斗筲之役乎？"乃告别母亲，他乡求学。三年寒窗苦读，郭林宗博通古籍，尤其擅长议论。

尊严·第二

　　谈到尊严，似乎离中国人很远，尤其很多学者并不认为中国古代有尊严的存在。原因是专制制度下人无尊严，如同专制下人无自由一样。可是尊严与自由，都是人与生俱来的，只是它在不同的社会制度下会有所增减，故而存在尊严的多与少的问题、自由的多与少的问题，却不是有与无的问题。我们说的无尊严、无自由，旨在说明某种制度下剥夺了我们所应该有的那部分尊严与自由。

　　一个人有无尊严，作家王小波认为："人有无尊严，有一个简单的判据，是看他被当做一个人还是一个东西来对待。这件事有点两重性，其一是别人把你当做人还是东西，是你尊严之所在。其二是你把自己看成人还是东西，也是你的尊严所在。"那么当别人不把你当人看，是否就意味着你没有尊严呢？显然不是。中国古人讲"士可杀，不可辱"，就是说尊严比生命还重要，先秦时代，为了维护尊严而不惜生命的例子很多。可见，我们不能简单地说中国人没有尊严，因为是否有尊严要落实到个体上。

　　抛开制度上的制约，我们有理由相信尊严一直存在于中国的历史中，存在于一些个体中。魏豹无法忍受刘邦的无礼，弃刘邦而去，他表示，人生如白驹过隙，转眼即逝，在短暂的人生中，人应该活得像个人，而不是整日受刘邦的辱骂，过着奴仆一般的生活；田横曾与刘邦为战友，可到头来却要向刘邦叩拜称臣，人岂能受此之辱，田横遂自杀；李陆自觉行事有愧于心，乃自杀谢罪……这些例子无疑说明，人只有活得有尊严，才会被人当人看，即便你的敌人也会对你肃然起敬。要获得尊严，请先自尊。韩信忍受"胯下之辱"，可以说，当时的他尊严全无，他自知失了尊严，才会于多年后，以楚王之尊召见当年侮辱自己的屠户，宽宏大度地讲，当年不值得和屠户拼命，以此挽回尽失的尊严。可见，人们对尊严的护爱是天生的、本能的，谁都希望自己被尊重。

这样的例子不仅仅中国有，外国也有，比较典型的例子如特蕾莎修女的故事。她一直坚持给那些受到打压侮辱的人以尊严。曾经有位老人在临死前拉着特蕾莎的手，用孟加拉语低声地说："我一生活得像条狗，而我现在死得像个人，谢谢了。"可见尊严不关乎古今中外，它一直存在。而在秦汉历史中，这些极少数人的事迹被摘录于此，但愿能引起我们一点共鸣。

秦·西汉

【胯下之辱】

淮阴有个年轻屠户看不惯韩信，他对韩信的评价是，这个带刀佩剑的傻大个儿不过是个胆小鬼。乃当众对韩信讲，"不怕死，拿剑刺我；怕死，从我胯下爬过"。常人怎能受如此之辱，早就拔剑相向。但韩信没有，他仔细地打量了年轻人一番，俯下身去，跪下，趴在地上，从他的胯下爬了过去。

刘邦指使郦生说服魏豹，魏豹婉转拒绝道："人生一世间，如白驹过隙。如今汉王对人傲慢，言语粗鲁，责骂群臣如同责骂奴仆一般，丝毫没有上下礼节，我不会再去见他的。"

刘邦派使者到海岛，召田横赴洛阳任职。一行人到了距洛阳三十里的一所驿站，田横对使者讲，人臣拜见天子应该沐浴。借此间隙，他对随从的两位门客讲，自己当初和刘邦都是战友，平起平坐，如今刘邦贵为天子，自己却要称臣，已经够耻辱了，怎能再接着受辱。田横深知，刘邦担心他威胁皇位，乃割下自己的项上人头。门客快马加鞭把人头送抵洛阳，刘邦看罢，甚是感伤，为田横行王礼之丧。田横下葬后，两位门客在其墓旁自刎殉葬。刘邦闻听大为震惊，认为田横的门客皆为贤者，乃派使者去招抚岛上的五百余人。得知田横已死，五百余人全部自杀。

薄昭与孝文帝玩六博棋，按规矩，输了就要喝酒，薄昭酒喝多了，心情也不太愉快，稀里糊涂地就把孝文帝的使者杀了。依法当然死罪，但薄昭身份特殊，乃皇帝的亲舅，杀了有不孝之嫌。孝文帝便打发大臣们到薄昭家中宴饮，酒席上劝薄昭自杀，但薄昭不肯，这些人无功而返。孝文帝又派他们到薄昭家中吊丧，大臣们穿着丧服齐向薄昭号丧，薄昭无奈，只得自杀。

审食其曾为吕后身边的宠臣，淮南王杀死审食其后，牵扯出一些吕家旧事。孝文帝听说朱建曾为审食其出谋划策，就派人去抓他。闻听执法者已到家门口，朱建便要自杀。其子和隶属都劝道："事未明了，何必急于自杀？"朱建对儿子道："我死了，灾祸就没了，不会牵连你们。"乃拔剑自杀。文帝闻听很是惋惜，说他没有杀朱建的意思。

宦官赵谈常对孝文帝说袁盎的不是。袁盎心忧之，袁盎的侄子乃孝文帝的侍从，便给袁盎献上一计，教他对赵谈进行人格侮辱。趁孝文帝乘车朝见太后的机会，袁盎伏在车前道："陪同天子乘车的应是英雄豪杰，虽说当下汉帝国人才匮乏，陛下也不必与阉割之人同乘一车吧？"孝文帝笑着命赵谈下车，赵谈泣而下车。

李广对部下道："我李广从年轻至今，与匈奴打了大小七十余仗，这次有幸随大将军卫青出征，可大将军令我部绕道而行，路远自不必说，没想到又迷了路，岂非天意？我李广六十余岁了，怎能再受刀笔吏之侮辱。"遂引刀自刭。民众闻之，知与不知，皆为李广垂泣。

贡禹因公事受到府官指责，被要求摘下帽子谢罪。贡禹道："帽子一旦摘下，岂能再戴！"遂辞官而去。

丞相王嘉获罪，哀帝派使者到王嘉府上，要求王嘉自绝。掾史们把药和好，哭泣着递给王嘉，但王嘉不喝。主簿道："将相不接受司法审讯，沿袭至今已成旧例，君侯还是自裁吧。"使者就端坐在府门上等着。主簿再次进药，王嘉接过药杯摔之于地，对属吏道："丞相幸得备位三公，如果奉职负国，自当于都市伏刑，以示万众。丞相难道是妇孺之辈吗？为何必须服药而死！"乃着装而出，见使者拜了两拜，接下圣旨，乘坐官吏小车，去盖不冠，随使者去见廷尉。

东汉

官职为督盗贼的李熊乃郏城豪族，其弟李陆密谋引贼兵入城，多次有人告知铫期，铫期便召问李熊，李熊叩头认罪，愿与老母共死。铫期道："为官倘不如为贼快乐，你可与老母投奔李陆那里。"便差人护送李熊出城。李熊途中找到李陆，把事情原委告知，李陆既惭愧又感激，乃自杀向铫期谢罪。铫期也是叹息不已，以礼葬李陆，并恢复李熊的官职。

气节·第三

　　什么是气节？简单而言就是志气和节操。所谓的志气，我们在"豪言"一节中有所论述，孔子曰："三军可夺帅也，匹夫不可夺其志也！"从这句话中便能很好地理解"志气"。关于"节操"，《左传》中讲的"圣达节、次守节、下失节"之语，说的便是一个人立于天地之间所要遵循的道德标准和行为规范。一个有志气的人自然会守住自己的节操，其实就是维护自己的尊严。

　　气节唯有在人遭遇艰难困苦时才会突出地显示，因为人的本性是趋利避害的，如果这个时候，有人施以援手，自然命运会随之转变。周苛被楚军生擒，项羽本意给他加官晋爵，但周苛为了保持气节，丢了性命。在周苛看来，气节比生命重要。苏武牧羊的故事，千百年来一直得以流传，就是因为苏武保持了民族气节。

　　此处涉及一些问题，比如李陵算不算失节。李陵与匈奴大战，终因寡不敌众，投降匈奴。按照他的说法，他是假投降，以便择机立奇功。李陵对苏武曾言："我李陵虽弩怯，假使当年汉廷宽恕我的罪行，保全我的老母，使我实现大辱之下积蓄已久的志愿，会与曹柯之盟相差无几，这是我从前所不能忘的。可是汉廷杀戮我族，此为奇耻大辱，我还顾念什么呢？算了吧！说这些无非让你知道我的心思。"李陵觉得汉家有负于他在先，他现在投降了也不必有道德负担。

　　可李陵的观点，苏武是无法接受的，苏武认为自己的一切都是武帝给予的，君让臣死，臣必须死。在苏武看来，忠于国家民族就是忠于君主。此为当时的主流看法，毕竟那时君国一体。李陵并不认可，他认为"武帝年老，法令无常，大臣无罪而全家被杀的冤案有十几宗，安危难测呀。你还为谁守节呢?"可见，李陵认为，如果遇到昏聩残暴的君主，没有必要为他守节。但无论怎么说，李陵还是非常钦佩苏武的，他心里明白，即便自己有万千理由，投降匈奴却是一个事实，是无法更改的。这一条就足以让他被时人乃至后人诟病。

顺便谈一下军队投降的问题。东方人面对强敌最终选择拼杀到底，以死效忠，因为气节尊严比生命重要；但是西方人则不然，他们规定在遭遇绝境的情况下，投降不算耻辱，以避免无所谓的牺牲，他们把人的生命放在第一位。此处我们可以看出东西方文化上的差异。事实上，如果军队在遭遇绝境情况下，投降应当被允许，且不该受追究。

气节属于个人的道德修养，并不能因为自己守气节就要求别人也如此。一位指挥千军万马的统帅自己可以守气节，但是在军队身处绝境之时，就不该让他的将士们也跟随他坚守气节，做无谓之牺牲。从这个意义上讲，李陵做得对，起码有数百人最后逃回汉境。

秦·西汉

周苛被楚军生擒，项羽劝周苛道："为我将，任你为上将军，封赏三万户。"周苛骂道："你若不抓紧降汉，旋即就会成为俘虏！你压根儿就不是汉王的对手。"项羽大怒，烹杀周苛。

当初，项羽受封鲁地，号为鲁公。汉军一一平定楚地，最后只剩鲁地不下。刘邦想要屠城，可想到鲁为礼义之邦，便作罢，乃把项羽头颅公示于众，鲁人见之，只好投降。

刘邦曾辱骂赵王，赵国丞相贯高等人甚是气愤，便欲暗杀刘邦。不料，谋划却被揭发。贯高虽受酷刑，但否认赵王参与暗杀计划。刘邦派泄公私问贯高。泄公问："赵王果有谋反否？"贯高答道："人之常情，谁不爱自己的父母妻子儿女？如今我三族皆因此事获死罪，难道我会拿亲人的性命为赵王开脱吗？只是赵王的确没有参与暗杀计划。"刘邦获悉，释放赵王，并想任用贯高。可贯高对泄公道："我之所以不死，是为了证明赵王的清白。现在赵王得以释放，我的使命已然完成。既已有篡杀之名，还有何面目侍奉皇上？纵然皇上不杀我，我又岂能心中无愧！"乃猛仰头卡断咽喉而死。

【苏武牧羊】 单于想要苏武投降，便把苏武囚禁在大窖里，绝其饮食。天漫大雪，苏武以雪和毡毛充饥，躺卧数日不死。匈奴认为苏武有神力，便把他送到荒无人烟的北海，令他放牧公羊，说只要公羊产乳下崽就让他返回汉朝。苏武只身往北海，匈奴不供给粮食，他只能掘取野鼠储藏的草子充饥。他拄着汉廷符节牧羊，睡觉也拿着符节，以至系在符节上的牦牛毛全部脱尽。如此生活长达五六年之久。

李陵到北海置酒，想说服苏武降匈奴，他对苏武道："人生如朝露，何必自苦如此！我刚投降时，也是心神恍惚，如疯似狂。为负汉朝而痛心不已，加之老母正被拘禁，你不想投降的心情，怎比得上当时的我！要知道皇上（汉武帝）年老，法令无常，大臣无罪而全家被杀的冤案有十几宗，安危难测呀。你还为谁守节呢？"苏武道："大臣侍奉君主，犹如儿子侍奉父亲。儿子为父亲死，毫无怨恨。"李陵与苏武宴饮数日，再劝苏武投降。苏武道："我自认已是久死之人，你若一定逼我投降，那就请终结如今的愉快，让我死在你的面前！"

苏武即将返回汉朝，李陵置酒祝贺道："今天足下还归汉土，扬名于匈奴，功显于汉室，即便是古代竹帛所载、丹青所画之人，也不能超过你！我李陵虽驽怯，假使当年汉廷宽恕我的罪行，保全我的老母，使我实现大辱之下积蓄已久的志愿，会与曹柯之盟相差无几，这是我从前所不能忘的。可是汉廷杀戮我族，此为奇耻大辱，我还顾念什么呢？算了吧！说这些无非让你知道我的心思。作为异域之人，你我今日一别将是永诀！"说罢，李陵起舞，歌曰："径万里兮度沙幕，为君将兮奋匈奴。路穷绝兮矢刃摧，士众灭兮名已聩。老母已死，虽欲报恩将安归！"歌罢，已涕泪纵横的李陵乃与苏武诀别。

太守想要诛杀罪不至死的犯人，周燕劝阻无效。太守不但杀了犯人，而且罢免了周燕。犯人家属陈冤，宣帝下旨重新查办此案。周燕则跑去对太守道："您仔细审定文书，就写我一人的名字，只说您当时生病即可。"同时他又对掾史们道："一旦受到询问，就把罪责都推到我身上，谁胆敢提及太守，我就杀了他。"朝廷的使者把周燕投入监狱，多次拷问，但他依然坚持罪在自己，不干他人。最终，周燕被定罪，将受宫刑。周燕叹息道："我乃周平王之后，正公之玄孙，怎能以宫刑之身去见先人？"遂绝食而死。

新朝皇帝王莽多次派人请龚胜赴京任职，龚胜对门人高晖道："我蒙汉家厚恩，本无以回报，现今垂垂老矣，难道可以一身事二姓，到地下见故主吗？"乃吩咐子孙准备棺殓丧事，说道："我死后衣不露身，棺不露衣即可，万不可流于世俗。"言毕，不再进食，十四日后逝世，时年七十九岁。

皇帝王莽授予蔡勋官职。蔡勋对着印绶仰天叹道："我生是汉家的官，死也要做汉家的鬼。以前曾子连季孙的赏赐都不肯接受，何况让我侍奉二姓呢？"遂带领全家逃入深山。

王莽登上新朝皇位后，任命陈咸为掌寇大夫，陈咸以生病为由，拒绝赴任。当时，他的三个儿子也在朝为官，陈咸命他们辞掉官职。父子四人回归乡里，很少与外人来往。家中依然采用汉朝礼制祖腊①。有人见了，便问缘由。陈咸道："我的先人怎会知道王氏如何腊祭？"

东汉

更始帝到长乐宫向赤眉奉上国玺后，就被安置于庭院中，等候接受死刑。更始的部下刘恭与谢禄为其求情，但是赤眉并不通融。更始被带往刑场时，刘恭追上大呼道："我真的尽力了，让我先死吧。"拔剑便欲自刎，赤眉将帅樊崇等人及时制止。见到此景，赤眉决定特赦更始，封其为畏威侯。刘恭再次请求，更始得以受封长沙王。

光武的汉军对隗嚣成合围之势，隗嚣陷入绝境。他的大将王捷登上城头向汉军大呼道："我等为隗王守城，皆抱有必死之志，绝无二心，希望尔等马上停止进攻。我将自杀以明心迹。"遂自刎而亡。

隗嚣素闻杜林有节操，对他很敬重，且委以官职。后来杜林因病辞官，隗嚣想让他再次任职，杜林以病重为由，坚决推辞。隗嚣虽不高兴，但也不为难他。下令道："杜伯山（杜林字伯山）这个人是天子不能使他臣服，诸侯不能与他为友，就如同伯夷和叔齐以食周粟为耻一般。暂且对他以师友相待，等道路通了，他愿去哪就去哪吧。"

公孙述于蜀地称帝，数次邀请谯玄来任职，但谯玄没有去。公孙述便派使者备置厚礼前往征召。公孙述更是命令使者，如果谯玄还不肯应聘，就赐给他毒药。当地太守亲拿玺书来到谯玄住处，太守道："您的高节已显于世，朝廷对您也深怀敬意，您实在不宜再次拒绝，以免自寻凶祸。"谯玄仰天叹道："唐尧可谓大圣人，许由却耻于为官；周武王可谓高尚，伯夷却宁可受饿。他们是怎样的人，我就是怎样的人。保全志向和气节，死而无憾！"遂接过毒药。

公孙述称帝后，四处延揽人才。他素闻李业贤能，便召其就任博士。李业以病重为由，一直拖延数年不来。公孙述恼怒，派尹融携带毒酒去征召。如果能来，授予高官；如果不来，赐给毒酒。尹融劝李业道："方今天下分崩，是是非非谁又说得清？您却只身挑战威权！朝廷爱慕您的名德，官位为您空着，已达七年，四季进贡的美食，从不敢忘记您。您应该上奉知己，下为子孙，如此身名俱全，岂不甚好！如今这般，只会引来杀身之祸。"李业叹道："危国不入，乱国不居。为不善之事，道义所不从。君子见危授命，岂能受高官利禄诱惑？"尹融见李业如此坚决，便提醒他要顾虑家室，李业则道："大丈夫心意早决，谈什么妻子儿女？"遂饮毒而死。

汉平帝时，蜀郡王皓和王嘉皆为官吏。王莽做了皇帝，两人便弃官返回家乡。公孙述于蜀地称帝后，便遣使者征召王皓与王嘉，唯恐两人不来，便把他们的妻子儿女关押起来。使者对王皓道："抓紧收拾行装，妻子儿女还可保全。"王皓道："犬马尚且能识别主人，何况人乎！"遂自刎。公孙述大怒，诛杀王皓家属。王嘉闻听王皓自杀，叹道："我落后了！"乃面对使者伏剑而死。

王遵虽然与隗嚣共同举兵起事，但心里却一直想着归附汉室。他私下对来歙道："我之所以奋不顾身拼杀攻略，岂是为了爵位，只是思念旧主而已。先父蒙受汉室厚恩，我只想回报万一罢了。"

蜀地派人行刺来歙，虽未致来歙当场死亡，却也让他身负重伤，活不久长。来歙紧急召见盖延，盖延见他受伤如此，伏地痛哭不已。来歙叱责道："你怎敢如此！我皇命在身，却被人行刺，无以报效国家。叫你来，是想把军中事宜托付，可你却像个小孩子哭天抹泪，没完没了。利刃虽在身，难道就不能下令杀了你吗？"盖延收泪起身，接受嘱托。来歙给光武帝写表章道："夜深人定后，我不知被何人所刺，伤及要害。个人安危无足轻重，只恨自己有负朝廷重托。治国当以贤才为本，太中大夫段襄，正直可用，希望陛下裁决明察。另外我的兄弟不贤，恐怕迟早获罪，希望陛下爱怜，多多告诫。"写罢，投笔抽刃而绝。

邓训病逝于任职期间，时年五十三岁。戎人的风俗是父母去世，不悲伤哭泣，而是骑马歌唱呼喊。当他们闻听邓训逝世，莫不大吼长号，有的以刀自残，有的刺杀自家的犬马牛羊，都道"邓使君死了，我们也一起死吧"。以前邓训任乌桓校尉时，其属下的官民也都奔走于路，为邓训吊丧，乃至城郭无人。官吏乃抓人，阻止他们出城，同时向校尉徐僑汇报。徐僑叹息道："此乃深情大义。"便释放了他们。

王郎逮捕了邳彤的所有至亲，让他们亲自给邳彤写信，内容是："投降封爵，不降就灭族。"涕泪交流的邳彤回信道："侍奉君主难以顾念家庭。邳彤的亲属之所以平安至今，皆因刘公恩德。当下刘公正忙于国事，邳彤不能再顾念私情。"

光武帝委派伏隆拜张步为太守，与此同时刘永也派人册封张步为齐王。张步想做王侯，伏隆劝说无效，打算回朝复命，张步却拘禁伏隆，接受刘永的册封。伏隆派密使上书，以死明志。光武帝看罢，流着泪把奏书递给伏隆的父亲，并道："伏隆有苏武的气节。我真想立即救他回来！"张步还是杀了伏隆，时人莫不哀怜。

北地胡骑攻打汉阳，防守汉阳的付燮曾有恩于胡人，胡人劝付燮最好回归乡里。付燮的儿子付干，年方十三，也劝父亲，值此国家昏乱之际，当从长计议。付燮慨然而叹，呼唤付干的小名道："别成，你知道我一定会死吗？所谓'圣达节，次守节'。即便以殷纣之残暴，伯夷尚且不食周粟，孔子都赞他贤德。如今朝廷没有殷纣残暴，我的德行又怎能有别于伯夷呢？世乱不能养浩然之志，食其俸禄又想躲避灾祸吗？我能去哪，我就死在这里了。你有才智，努力吧，努力吧。"付干哽咽不语，左右之人皆泣下。

献帝到了许都，征召徐璆为廷尉，徐璆途中被袁术劫持。袁术授徐璆上公之位。徐璆叹道："龚胜、鲍宣是怎样的人？死也不会屈服！"袁术便不再相逼。袁术死后，徐璆趁机盗得国玺，来到许都，献上国玺，同时把以前管辖两郡的印绶也交了上去。司徒赵温对徐璆道："您遭此大难，还保存它呀？"徐璆道："从前苏武困于匈奴，尚且不弃七尺汉节，何况方寸之印乎？"

曹丕当上皇帝后，想让杨彪出任太尉，先派使者向杨彪出示圣旨。杨彪推辞道："我杨彪出任汉室三公，遭遇倾乱，不能对国家有所补益。年老多病，怎能辅佐新王朝呢？"坚决不受命。

行义·第四

　　所谓行义就是践行正确合宜的事情。那么什么是正确合宜的事情，有标准吗？当然并非每一件具体的事情我们都能找到大家一致认可的标准。但是人类经历了几十万年乃至上百万年的艰苦历程，他们从经验中总结出了一套人类应该遵循的道德规范，也就是人类的社会秩序。这些经验有了文字记载后，便流传下来。人类步入今天，其文明也不过几千年而已，虽然很多地方对传统文化有了突破，但是它的每一次突破一样离不开传统的制约。一些最基本的道德伦理是不可破废的，如仁义礼智信，对真善美的追求，对假丑恶的厌恶。这些伦理规范没有国界，不分东西文化，只要是人都认可。

　　如果一个人仅仅在平淡的生活中行善，自然没有什么值得大说特说的必要，因为人人都如此，也就不足为奇。只有在危难中、艰苦的抉择中才体现出人对道义的追求。一个人的行义不在于他一直都为善，有的时候他突然自觉地终止恶，也可以谓之行义。引用佛教用语，即"放下屠刀，立地成佛"。刺客前往刺杀袁盎，事先了解到袁盎的口碑不错，乃终止刺杀，此谓行义；杨贤奉命暗杀杜林，旁观杜林之行事，乃叹道："当今之世，谁能行义？我虽小人，何忍杀义士！"于是逃亡离去，此也谓之行义。

　　鲍永虽为光武帝的臣子，但他先前侍奉更始帝，更始帝败亡后，他才投奔光武帝。当他路经更始帝的陵墓，便驱车前往，随从官员都来劝阻。鲍永道："我曾为他的臣子，哪有经过陵墓不下拜之理。即便由此获罪，也在所不惜。"乃下车拜祭，大哭一场。这便是践行最基本的人伦，不会因为自己身份改变而改变，也不会因为故交的败亡而改变。哪怕是因此获罪。

人们对是非善恶的认可基于常识，不会因为强权的压制而改变。尽管皇帝兴起党锢，大肆抓捕党人，但是人们知道皇帝做错了，他们想方设法保护这些党人。史弼就说他治下的郡国就没党人，其他地方有不等于他们那里就有，他言道："倘若只是为了奉承上司，就诬陷良善，滥施刑罚，以逞非理之举，那么平原之人，户户皆可以为党人。我这个丞相纵有一死，也不能如此行事。"

朝廷下令搜捕党人，张俭侥幸逃命，见到人家就去投宿，人们敬重张俭，冒着家破人亡的危险接纳他。后来张俭辗转流亡到东莱，住于李笃家。外黄令毛钦领兵来到李笃家。李笃拉过毛钦道："张俭知名天下，逃亡并非其罪。就算张俭可以抓到，您难道忍心逮捕吗？"毛钦起身拍着李笃道："蘧伯玉耻于独自一人做君子，足下如何一人把仁义全占了？"李笃道："即便我好求仁义，您今天也占有一半了。"毛钦叹息离去。李笃送张俭出塞。

虽然有人在行义，却无法阻止恶的进行，事实上党锢之祸害了很多人。那么我们如何看待正义不在当下？即便正义不在当下，我们也必须明辨善恶是非，我们不能因为他们当下作恶而不受惩罚，就认为他们是对的，是善的。因为只有我们明辨善恶是非，才能获得正义的力量，以便将来对他们的恶——清算。

秦·西汉

梁王怨恨袁盎，便派人刺杀袁盎。刺客来到关中，打听袁盎为人，都说很好。刺客见了袁盎道："臣受梁王之金来刺杀君，可君乃长者，臣于心不忍。不过以后还会有刺客陆续前来，望君做好防备！"袁盎心中不悦，家里又接二连三发生许多怪事。他便外出占卜吉凶。回家时，被梁国刺客杀死于安陵外城门外。

主父偃显贵时，门客数以千计，可他被灭族后，竟无人前往探视，只有孔车把他的尸体收葬。武帝闻听，认为孔车是个忠厚长者。

王莽因鲍宣不依附自己，想灭其子孙。都尉路平参透王莽心意，便谋划杀害鲍永。太守苟谏为了保护鲍永，召他为吏，并把他安置在太守府中。苟谏逝世后，鲍永护送他的遗体回扶风下葬，路平趁机拘捕鲍永的弟弟鲍升。新太守赵兴到任，闻听此事叹息道："我受汉室册封，却不能守住名节，而鲍宣却能以死保住名节，我怎能杀害他的儿子呢！"乃责令县尉释放鲍升，再次起用鲍永。

王莽末年，四方叛乱，人口离散。冯鲂乃会聚宾客，招抚豪杰，修筑营垒，静观时变。当时湖阳大族虞都尉据城而反，杀了仇家申屠季的兄长，更想诛灭申屠家族。申屠季无奈，只好投奔冯鲂。冯鲂带着他回营垒，途中遇到虞都尉的堂弟虞长卿，虞长卿便想抓走申屠季。冯鲂怒斥道："我与申屠季虽非故交，但他遇难投奔于我，我自当以命相保。"虞长卿只得作罢。申屠季进了营垒，对冯鲂感谢道："蒙君大恩得以保全，无以为报，家中有牛马财物，愿全部献上。"冯鲂愤然作色道："我的父母兄弟都在贼人城中，今日援手相助，尚且无所顾及，何谈牛马财产？"申屠季惭愧不语。

东汉

王莽败亡后，盗贼四起，杜林与孟翼等人乃携家眷去河西客居。不想途中遭遇数千贼寇，他们抢财物，扒衣服，还要杀人。孟翼仰头道："说句话再死行吗？将军可知天道神明否？赤眉拥兵百万，所向无敌，但残忍暴虐，不行天道，最终败亡。今天将军以区区数千之众，就想成就霸王之业，不行仁义而重蹈赤眉覆辙，难道不怕遭天谴吗？"贼寇一听，觉得言之有理，便放了他们。

杜林之弟杜成去世后，隗嚣同意杜林护送弟弟的灵柩返乡。但没过多久，隗嚣就后悔了，他知道杜林一走，就不会回来。而以杜林之才，一旦投奔他处，无疑对自己不利。隗嚣派刺客杨贤于陇坻暗杀杜林。杨贤见杜林推着轱辘车，载着灵柩向家乡走，乃叹道："当今之世，谁能行义？我虽小人，何忍杀义士！"乃放弃暗杀，逃亡他地。

朱晖幼年丧父，十三岁那年，正值王莽败北，天下大乱，他随母姓族人从田间奔向宛城。路上遇到一群贼寇，持刀抢劫，夺取女人们的衣物。兄弟与宾客都被吓得伏在地上。朱晖拔出剑走上前，道："财物都可拿走，诸母的衣服不能拿走。今天便是我朱晖的死期！"贼人见他小小年纪，却有如此胆量，便笑道："小孩子把剑收起来吧。"遂离去。

更始年间，天下大乱，刘平和母亲只得躲在野外。刘平早晨出去寻找食物，遇到饿贼，贼人要把他煮了吃。刘平叩头道："我出来是为老母亲找野菜充饥，她还要靠我活命。希望让我先回去，侍奉完老母亲，再回来受死。"言毕，哭泣不止。贼人见他极为真诚，也生怜悯之心，就放了他。刘平回去，大概说了遭遇。待母亲用完饭，他对母亲道："我跟贼人已有约定，绝不能相欺。"乃去见贼人。贼人甚是惊愕，相互道："常听说有烈士，方今才得以一见，你走吧，我们吃你于心不忍。"

赤眉大军前来攻打枸邑，邓禹认为枸邑无法坚守，准备撤离放弃，可又怕赤眉军追杀过来。想派个将领殿后，却都老大不情愿。邓禹无奈，便让将领们抽签决定，唯有张宗不参加抽签，说道："死生有命，张宗岂能避难求安！"邓禹叹息道："将军家中老幼皆在营中，不顾惜吗？"张宗道："愚闻一卒毕力，百人不当；万夫致死，可以横行。我拥兵数千，又借将军威名，如何就一定失败！"遂留为殿后。

建武初年，平狄将军庞萌于彭城造反，击败郡守孙萌。刘平当时担任郡吏，冒着刀光剑影趴在孙萌身上，护卫孙萌，身受七处创伤。疲惫不堪的他不知如何是好，乃大声哭号，请求道："我愿以身代替郡守。"贼兵闻听，收起兵器，说道："此义士，别杀害。"乃散去。孙萌伤势过重，一度昏迷，苏醒后要水喝。刘平给他吮吸自己流血的伤口。数日后，孙萌还是辞世了。刘平包扎好伤口，护送孙萌的丧车返回家乡。

彭修的父亲在郡府任职，赶上官府休假，便带着彭修回家，路上遭遇盗贼。十五岁的彭修拔出佩刀，上前抓住盗贼的首领，厉声道："父辱子死，你不想活命了吗？"盗贼相互道："此童子乃义士，不可相逼。"遂向彭修谢罪而去。

鲍永巡视郡县来到霸陵，途中经过更始帝的陵墓，便驱车前往，随从官员都劝阻。鲍永道："我曾为他的臣子，哪有经过陵墓不下拜之理。即便由此获罪，也在所不惜。"乃下车拜祭，大哭一场，哀痛而去。向西到达扶风，鲍永又杀牛祭拜苟谏之墓。光武闻听，心有不满，乃问公卿道："奉命出巡却做这等事，是何用意？"太中大夫张湛答道："仁乃德行之根本，忠乃道义之主旨。仁而不忘故交，忠而不忘旧主，此乃德行高尚之人呀。"光武这才心中释然。

明帝初年，陇西太守邓融备礼征聘廉范为属吏，与此同时，邓融被人告发有罪，廉范深知邓融难以解脱，便想办法帮助他。廉范托病辞去，邓融不知廉范真实用意，特别恨他。廉范东到洛阳，改名换姓，当上了廷尉狱卒。不久，邓融被投入洛阳监狱，廉范得以在他身边尽心侍奉。邓融奇怪这位狱卒为何长相与廉范如此相像，便问道："卿怎么长得像我以前一个属吏？"廉范斥责道："君因为遭受困厄，看花眼了！"不再跟邓融说话。邓融因病被押解出狱就医，廉范跟随赡养探视。直到邓融病逝，廉范也没有说出真相，他亲自驱车护送邓融的灵柩回到南阳，安葬完毕才离开。

大将军梁冀诬奏太尉李固，吴祐这时在梁冀府中任职，闻听此事，便去求见梁冀，与其争论，但梁冀根本不听。当时扶风人马融正为梁冀起草奏章，吴祐便对马融道："李公之罪，成于卿手。李公即诛，卿何面目见天下之人乎？"梁冀大怒，起身进入内室，吴祐也只好离开。梁冀因此外调吴祐为河间相。吴祐没去赴任，径自回到家乡，再也不出来为官，自己灌园种菜，传经授徒，高龄九十八岁逝世。

李固弟子汝南人郭亮，年龄也就十五岁左右，游学洛阳。得知李固、杜乔被梁冀害死，暴尸于街，便上疏请求收葬，但被拒绝。郭亮乃前往李固的遗体旁哀悼，守丧不离。夏门亭的亭长呵斥道："李固、杜乔二公身为国家重臣，不能安君献忠，只会无端兴造是非。你们这些迂腐的儒生难道要抗旨不遵，挑战官府权威吗？"郭亮道："我郭亮秉承阴阳之气生于人世，顶天立地，道义所在，岂惜性命，你何必以死来恐吓我呢？"亭长叹道："身处颠倒是非的时代，天高也不敢不弯腰，地厚也不敢不踮脚，耳朵可以多听，眼睛可以多看，但口却不能妄言呀。"

李固、杜乔被梁冀所害，杜乔以前的属吏陈留人杨匡闻听噩耗，不觉痛哭，星夜赶往洛阳。杨匡头戴旧赤帻，即士卒必戴的赤色头巾，假托为夏门亭的小吏，守卫尸体，驱赶蝇虫，长达十二天。官府发觉，就把他关押起来，并向朝廷汇报。梁太后认为杨匡有情有义，便放了他。李固、杜乔的遗体最终得以安葬，而敢于慷慨赴义的郭亮、董班、杨匡三人后来都隐匿乡野，不再出仕。

史弼出任平原相时，朝廷下诏书，要求郡国揭发搜捕党人，其他地方所奏牵连者甚多，唯有史弼所治平原没有举报一人。诏书前后退回州郡，并对州郡属吏大施刑罚。州从事到平原，责备史弼道："诏书中痛恨党人，主旨明确。青州共六郡，其五皆有党人，近国的甘陵，也严查南北两部，平原如何就没有党人？"史弼道："先王分疆画土，各地界线分明，水土有同有异，风俗各有不同。别的郡自有，平原就是没有，这怎么好比？倘若只是为了奉承上司，就诬陷良善，滥施刑罚，以逞非理之举，那么平原之人，户户皆可以为党人。我这个丞相纵有一死，也不能如此行事。"从事大怒，当下逮捕府中僚佐送入监狱，同时举奏史弼。好在党禁中途撤销，史弼以俸禄赎罪得以脱身。当时，因他而活命的有一千余人。

中常侍侯览家乡在防东，其亲属在当地横行霸道，残害百姓。时任东部督邮的张俭对侯览及其母亲提起公诉，奏请诛杀。侯览截留奏章，从此两人结下怨仇。张俭的同乡朱并，秉性邪恶，曾被张俭蔑视，也怀有怨恨，便上疏告发张俭与同郡的二十四人结党。朝廷发令搜捕。张俭侥幸逃命，见到人家就去投宿，人们敬重张俭，冒着家破人亡的危险接纳他。后来张俭辗转流亡到东莱，住于李笃家。外黄令毛钦领兵来到李笃家。李笃拉过毛钦道："张俭知名天下，逃亡并非其罪。就算张俭可以抓到，您难道忍心逮捕吗？"毛钦起身拍着李笃道："蘧伯玉耻于独自一人做君子，足下如何一人把仁义全占了？"李笃道："即便我好求仁义，您今天也占有一半了。"毛钦叹息而去。李笃送张俭出塞。

张俭与孔褒乃故交，便逃奔孔褒家，可是孔褒并不在家。孔褒之弟孔融年方十六，张俭觉得孔融年幼便没告诉他来意。孔融见其面露窘色，乃言道："兄长虽不在家，我就不能帮你吗？"便把张俭留在家中。后来事情泄露，张俭虽得以逃脱，但孔褒、孔融却入了监狱。孔融道："把张俭藏在家中的是我，理应定罪。"孔褒道："张俭来找的人是我，并非弟弟之过，我情愿抵罪。"官吏问其母，其母道："家事应由长者负责，我当抵罪。"一家人争着赴死，郡县犹豫不决，只得上报朝廷。最终孔褒被治罪。

张俭事件发生，朝廷搜捕党人，乡人对李膺道："可以逃跑了。"李膺道："遇事不避危难，犯罪不逃刑罚，乃做臣子的节操。我年已六十，死生有命，又能逃到哪里去呢？"便前往投案。李膺被拷打而死，妻子儿女流放边疆；门生、部下以及父亲兄弟，全被禁锢，终身不得为官。

党锢事件规模扩大，天下名贤多受牵连逮捕。皇甫规虽是国中名将，但平素声誉不高。他自认是西州豪杰，却未受逮捕，深感耻辱，乃上疏道："臣从前推荐过前任大司农张奂，算是阿附党人了。而且臣当年服苦役时，太学生张凤等人上疏为臣辩护，这也算被党人阿附了。臣理应被治罪。"不过，朝廷并没有满足他的要求。

桓帝延熹九年，党锢事起，牵连甚众，陈寔亦受牵连。当时，受牵连者或逃避他乡，或请求赦免，而陈寔却道："我不入狱，众人就没个了结。"乃主动请求入狱。后遇大赦得以出狱。

桓帝驾崩，禁令藩国诸侯进京吊唁，赵典感慨道："我以平民之身，位居高位，此乃皇帝恩赐。乌鸦尚有反哺之意，何况我这个士大夫呢？"遂解下印绶符策交于县府，赶赴京城。

灵帝中平元年，北地羌胡侵扰陇右，盖勋奉命率军前往援救，但这次战事显然于他不利。羌人精锐骑兵采取夹攻，盖勋的士兵大多战死。盖勋虽多处负伤，仍坚定不动，指着木表道："必葬我于此。"羌人滇吾平素受盖勋厚待，便以兵器拦住众人道："盖长史乃贤者，你们杀他有负上天。"盖勋仰头，斥骂道："该死的叛贼，你们懂什么？快点杀了我！"众人面面相觑，不知所措。滇吾下马，把马牵给盖勋，盖勋不肯上马逃走，被活捉。羌人敬他义勇，并不加害，把他送回汉阳。

越骑校尉汝南人伍孚痛恨董卓凶残，便打算杀掉他。伍孚把刀藏于朝服之中，去见董卓。谈完话伍孚告辞离去，董卓起身送他至阁中，以手抚其背，伍孚趁机抽刀猛刺董卓，可惜没能刺中。董卓急喊左右捕杀伍孚，并大骂伍孚道："贱奴想造反吗！"伍孚大呼道："恨不得把你这奸贼剁成碎块，以谢天地……"言未毕，已被杀死。

城池告破，臧洪被捕。袁绍原本亲慕臧洪，想使他先屈服再赦免，但见他言辞激切，知道臧洪不会屈服，便下令杀掉他。臧洪同邑人陈容，少为诸生，仰慕臧洪，随他担任东郡丞。城池未破之前，臧洪命他到袁绍处。此时陈容也在座，见臧洪要被处死，乃起身对袁绍道："将军举大事，欲为天下除暴，如今却专门诛杀忠义之士，岂合天意？臧洪所举乃为其郡将，为何要杀他！"袁绍听罢很是惭愧，命人把陈容带出去，对他道："你与臧洪不同，为何如此这般？"陈容回首道："仁义哪有常在之所，蹈之则君子，背之则小人。今日宁与臧洪同日死，不与将军同日生。"由此亦被杀。当时在座之人皆叹息，私下相互道："如何一日戮杀二烈士！"

关靖见公孙瓒败亡，叹息痛恨道："先前倘若将军自己冲杀出去，未必不能成功。我听说君子陷人于危，定和他同受危难，岂能自己独活！"遂策马奔向袁绍军中，被杀而死。

京兆人脂习和孔融友善，屡次劝诫孔融莫要太刚直。孔融被曹操诛杀后，当地没人敢去收尸，脂习跑去抚摩着孔融尸体道："文举（孔融字文举）舍我而去，我活着还有什么意思？"曹操知悉大怒，要把脂习杀了，后又赦免之。

刘翊在长安被献帝委任为陈留太守，他将持有的珍宝分与他人，仅留下车马东归赴任。出了函谷关几百里，见到一位士大夫病死路边，刘翊以马换副棺材，脱下衣服将尸体收殓。又遇故旧在路上窘困挨饿，不忍心弃他而去，便将驾车之牛宰了，以救故旧。大家都劝阻他，刘翊道："见死不救，非志士也。"结果与这些人一起饿死于路。

耿介·第五

　　耿介就是一个人要正直，不畏强权，敢于直言，敢于行事。王陵不因为吕后擅权而违背当年与刘邦的盟誓，虽丢了丞相之位，但他问心无愧，这是陈平、周勃无法相比的；董宣不因为湖阳公主是光武帝的妹妹而放过其擅自杀人的家奴，朝堂之上，拒绝向湖阳公主道歉，乃有"强项令"的美誉。

　　张纲看到朝纲混乱，拒绝到地方视察，乃言："豺狼当道，安问狐狸！"于是上奏道："大将军梁冀，河南尹不疑，依靠外戚，受国厚恩，以平人之资，却居辅弼之任，不能宣扬五教，以助社稷，却似大猪长蛇，贪得无厌，追求钱财，恣意妄为。"

　　武帝招选文学儒者，总说我欲如此如此。汲黯道："陛下内心多欲，却要外施仁义，如此怎么能效法唐尧、虞舜之治呢！"武帝脸色大变，宣布罢朝。公卿们都替汲黯担忧。武帝于是对近臣道："太过分了，汲黯真是个愣头！"群臣中有人责怪汲黯，汲黯道："天子设置公卿辅佐之臣，难道是让他们阿谀奉承，陷君主于不义吗？况且我既已位居公卿，纵然爱惜性命，但岂能有辱朝廷！"

　　一个挑战权威的耿介之人，很重要的一方面是性格与自律使然，所以，当他们因为正直而受到陷害时却无悔无憾，所谓"求仁得仁又何怨"。可是也有人表面上很正直，但仅仅是为了迎合更高的权威，例如江充就表现得很正直，依法办事，却只是为了讨好武帝，当他觉得自己所做的一切会遭太子报复时，便开始陷害太子，这又岂能是正直之人？

　　事实上，我们所言的正直之人，因为他们生活在专制的社会里，所以才凸显其人性的光芒。在一个民主自由的社会里，自然不需要耿介之人冒险。但是，从专制走向民主的过程中，必须有这样的耿介之人。

秦·西汉

周昌为人刚正不阿，敢于直言。他曾在刘邦宴饮时前去奏事，恰好目睹刘邦拥抱戚夫人，周昌转身便走。刘邦追上去抓住周昌，骑在周昌脖子上，问道："我是怎样的君主？"周昌仰头道："陛下乃桀纣之主。"刘邦哈哈大笑。

刘邦要废掉太子，立戚夫人之子刘如意为太子，大臣们虽苦谏，却成效甚微。后来张良为吕后出谋划策，总算是保住了太子。但这期间，周昌的表现可圈可点。周昌于朝堂之上极力争辩，刘邦问他缘由，周昌本来口吃，外加盛怒，便说道："臣口不能言，然臣期期知其不可。陛下想废太子，臣期期不奉诏。"刘邦欣然而笑。

【期期艾艾】

惠帝去世后，高后想立吕家人为王，就询问右丞相王陵。王陵为人纵任意气，喜好直言。他答道："高皇帝杀白马盟誓，'非刘氏而王者，天下共击之。'立吕氏为王，不合规矩。"太后不悦。问左丞相陈平和绛侯周勃等人，都道："高帝平定天下，立子弟为王，现在太后称制，要封吕氏兄弟，没什么不行的。"太后甚悦。退朝后，王陵责备陈平、周勃道："起初和高帝歃血盟誓，各位不在吗？各位逢迎讨好女主，违背盟约，有何面目见高帝于地下！"

武帝招选文学儒者，总说我欲如此如此。汲黯道："陛下内心多欲，却要外施仁义，如此怎么能效法唐尧、虞舜之治呢！"武帝脸色大变，宣布罢朝。公卿们都替汲黯担忧。武帝对近臣道："太过分了，汲黯真是个愣头！"群臣中有人责怪汲黯，汲黯道："天子设置公卿辅佐之臣，难道是让他们阿谀奉承，陷君主于不义吗？况且我既已位居公卿，纵然爱惜性命，但岂能有辱朝廷！"

江充出来巡视，碰见馆陶长公主在驰道上乘车，江充把她喝住，查问原因。公主道："有太后之命，允许我在驰道上走。"江充道："只许公主在驰道上走，随从车马不许通行。"并把随行的车马全部没收。

杨恽因罪被罢官，他的侄子杨谭任职典属国，对杨恽道："西河郡太守杜延年，以前因罪丢官，现在被征为御史大夫。您罪轻，又立过功，还会被重新起用的。"杨恽道："有功何用？皇上（宣帝）不值得我为他效力。"杨恽平素与盖宽饶、韩延寿交好，杨谭随即道："皇上的确如此，盖司隶、韩冯翊为朝廷效忠尽力，却因一点小事就被杀了。"

薛广德为人温文尔雅，位及高官却敢直言进谏。元帝巡幸甘泉宫，郊祀于泰畤，仪式结束后，元帝便逗留射猎。官拜御史大夫不多日的薛广德上疏道："臣看见关东贫困已极，百姓流离失所。陛下却每天忙着撞亡秦之钟，欣赏郑、卫之乐，臣实感哀痛。如今士卒曝露风霜，随从大臣也疲惫不堪，望陛下尽早回宫，与民同忧同乐，才是天下之大幸。"元帝当日回宫。

建昭年间，元帝经常患病，不能亲理朝政，但却迷恋音乐。有人将鼙鼓置于大殿之下，元帝走到殿前栏杆处，扔下铜丸掷中鼙鼓，声音符合鼓乐节拍。这功夫，除了定陶王能做到，元帝身边诸人，即便是懂音乐的也做不到。元帝屡次称赞定陶王。史丹进谏道："凡被称为有才能之人，应当敏而好学，温故知新，这才是皇太子应该做的。如果以丝竹鼓鼙的才能来衡量人，那么陈惠、李微远强于丞相匡衡，都可以做丞相了。"元帝默然而笑。

朱云上疏求见成帝，成帝召见他时，公卿大臣都在场。朱云道："如今朝廷大臣上不能匡扶君主，下不能给百姓带来利益，都是尸位素餐之人，希望陛下赐臣上方宝剑，斩佞臣一人以警戒他人。"成帝问道："是谁啊？"朱云道："安昌侯张禹。"成帝恼怒道："小臣居下谤上，朝廷之上辱我恩师，罪死不赦！"御史拖朱云下殿，朱云攀住殿前栏杆，结果把栏杆拉断。朱云喊道："我能到地下和关龙逢、比干交游，已心满意足！只是不知圣朝前途如何？"御史拉走朱云。左将军辛庆忌免冠解印，于殿下叩头道："此人向来以狂放正直闻名。假使他说得对，就不该杀他；假如他说得不对，本该宽容。"成帝怒气渐消，便免了朱云的死罪。后来要修理栏杆时，成帝道："不要换新的，照原样补好就是，以表彰刚烈正直之臣。"

丞相孔光负责巡视园陵，其属官违反规制，在驰道中乘车，司隶鲍宣外出正好遇见，就让属吏扣留丞相掾史，并没收其车马，以羞辱丞相。此事被交到御史中丞处理，侍御史到司隶官衙，要逮捕鲍宣下属，鲍宣闭门不纳。据此，鲍宣犯有拒使者、无人臣礼、大不敬等罪，被捕下廷尉狱。博士弟子济南人王咸举着一杆旗帜到太学门前，呼道："想救鲍司隶的人请会集于此。"太学生聚集了一千余人。到了上朝之时，他们拦住丞相孔光说明情况。人数过多，丞相的车马无法通行，只能滞留此地。太学生又上书哀帝反映意见。哀帝遂将鲍宣的死罪递减一等。

东汉

湖阳公主的家奴光天化日下杀人后，就躲在公主家中，官府无法缉捕。某日，公主外出，此家奴陪乘，董宣在夏门亭守候，公主一到，董宣拦车跪于马前，以刀画地，大声指责公主的不是，呵斥家奴下车，随即将家奴诛杀。公主当即回宫向光武诉苦，光武大怒，召来董宣，准备箠杀。董宣叩头道："请让我说句话再死。"光武道："想说什么？"董宣道："陛下道德圣明，使汉中兴，但放纵奴仆杀害平民，将何以治天下？臣无须杖击，请得自杀。"言毕，向柱子撞去，血流满面。光武令宦官扶着董宣向公主叩头道歉，董宣不肯，只好令宦官强迫董宣叩头，董宣两手撑地，始终不肯低头。公主道："文叔（刘秀字文叔）做平民时，即便收留死罪之人，官吏也不敢上门来抓。现在做了天子，反倒连个县令也不能制伏？"光武笑道："天子与平民不同。"随即吩咐"强项令"出去，赏赐三十万钱，董宣将钱全部分给属下。自此，董宣严打豪强更狠，豪强对他无不畏惧。京师人称他为"卧虎"，传唱："敲鼓不响董少平。"

【强项令】

马援生病，梁松来问候，拜倒马援床前，马援并不答礼。梁松离开后，儿子们问道："梁伯孙（梁松字伯孙）乃皇上女婿，位重朝廷，公卿以下莫不畏惧，父亲为何不答礼？"马援道："我乃梁松父亲朋友，虽然他很显贵，岂能因此乱了长幼次序？"不过，梁松因此记恨马援。

建武十一年，鲍永受征召，升任司隶校尉。光武帝的叔父赵王刘良仗势横行，鲍永弹劾刘良不尊重其他大臣，从此，朝廷上下纪律严明，人人谨慎从事。鲍永又委任扶风鲍恢做都官从事，鲍恢也为人正直，不畏强暴。光武帝常道："皇亲国戚应当收敛，避开二鲍。"

韩歆喜好直言，毫无避讳。某次朝会，光武读隗嚣与公孙述往来书信，称赞公孙述有才气。韩歆道："亡国之君皆有才，桀纣就是。"光武很生气，认为在讥讽他。韩歆又说要遭凶年，指天画地，言辞急切。光武甚怒，罢了韩歆的官，仍觉得不解气，又派使者宣读诏书责骂韩歆。司隶校尉鲍永虽一再请求赦免韩歆，但韩歆与儿子韩婴最终还是自杀了。韩歆一向名气颇大，死于无罪，大家多有不满，光武只好追赐韩歆钱粮，依礼安葬。

吴良起初是个郡吏，元旦时跟掾史到太守家贺年。门下掾王望举杯祝贺，称颂太守的言辞夸大得无边无沿。吴良勃然进道："王望是个奸佞小人，尽说些谄媚奉承的假话，希望太守拒绝他的敬酒。"太守敛容放下酒杯。宴会散后，太守提拔吴良为功曹。吴良觉得凭一句话便被提拔不光彩，一直不肯接受委任。

广陵王刘荆获罪，明帝因为他是至亲而哀伤，下诏令樊修与任隈同审此案。审理之后，两人奏请朝廷对刘荆执行死刑。明帝召见樊修、任隈等人于宣明殿，怒道："诸位就因刘荆是我兄弟，就想杀了他。倘若是我儿子，你们敢这样吗？"樊修抬头道："天下乃高皇帝之天下，非陛下之天下。按《春秋》之义，'皇室宗亲不得存有叛逆篡弑之心，若有则诛之'。因此周公杀其弟，季友毒其兄，这在经传中是受到肯定的。臣等经过多方考虑才向陛下请示。若是陛下之子，臣等依法诛杀即是。"明帝叹息良久。

汉安元年，朝廷选派八使到各地了解风土人情，所派者多是知名大儒，官居显位。唯有张纲年少，官位最低。其他人奉命到任，张纲却留在洛阳都亭，说道："豺狼当道，安问狐狸！"于是上奏道："大将军梁冀，河南尹不疑，依靠外戚，受国厚恩，以平人之资，却居辅弼之任，不能宣扬五教，以助社稷，却似大猪长蛇，贪得无厌，追求钱财，恣意妄为，多树诏谀死党，迫害忠良。实在是天威所不可赦，大刑所应施加的。谨条陈他们心中无君之事十五件，这些都是臣子所痛恨的。"书进献后，京师震动。

桓帝在上林苑游玩，从容问爰延道："朕是怎样的君主？"爰延答道："陛下是汉朝中等资质的君主。"桓帝问："凭什么这么说？"爰延道："尚书令陈蕃负责政务则国家得以治理，中常侍黄门干预政治则国家混乱，因此知道陛下可以与贤人一同行善举，也可以与奸人做错事。"桓帝道："昔日朱云当廷折断栏槛，如今侍中当面说朕的不是，朕听到不足了。"

张让是桓帝宠信的宦官，其弟张朔依仗兄长权威，身为县令，却贪残无道，乃至杀死孕妇。当张朔闻听李膺担任司隶校尉，吓得一溜烟逃回京城，躲进兄长张让家中。李膺获悉后，率领士卒到张让家抓走张朔，交付洛阳监狱，记下口供后，立即诛杀。张让向桓帝诉说冤屈，桓帝诏李膺进宫，质问他为何不先请示就杀犯人。李膺答道："《礼记》讲公族有罪，即使国君宽恕，有司也要依法处置。从前孔仲尼担任鲁国司寇，七天就诛杀了少正卯。现在臣到任已有一旬，曾担心会因办事拖拉而受到指责，没想到会因办案迅速而获罪。臣自知有罪，死期就在眼前，特请宽限五日，待臣铲除罪恶元凶，就回来接受惩处，此乃臣平生心愿。"桓帝无话可说，回头对张让道："这是你弟弟的罪过，司隶有何过错？"便让李膺出去了。从此大小宦官都小心谨慎，休假也不敢出宫。桓帝很奇怪，问他们缘故，他们叩头流泪道："害怕李校尉。"

徐璜为中常侍，也是桓帝宠幸的宦官之一。他的侄子徐宣担任下邳县令，非常暴虐。之前徐宣索求原汝南太守下邳人李暠的女儿，没有如愿。当上县令后，便率领吏卒到李暠家中，强行将李暠的女儿带走，调戏此女并将其射杀，尸体就埋在官府内。当时下邳属东海管辖，黄浮担任东海相。有人告发徐宣，黄浮便逮捕徐宣全家，不管老少全都加以拷打。佐吏以下官员极力劝阻，黄浮道："徐宣乃国贼，今日杀之，明日我因此而死，也足以瞑目。"随即判处徐宣弃市。徐璜向桓帝诉苦，桓帝大怒，黄浮获罪，受劳役之刑。

皇子染病，朝廷令郡县提供名贵药材，而大将军梁冀则派人带书信到京兆府，要求购买牛黄。延笃下令逮捕此人，说道："大将军身为国戚，皇子染病，必定会呈进医方，怎么会派人千里求利？"便杀了带信人。梁冀惭愧无语，有司明白梁冀的心思，便打算报复延笃。最终延笃因病被罢官，返回家乡后传道授业。

灵帝从容问杨奇道："朕与桓帝相比如何？"杨奇道："陛下之于桓帝，类似虞舜与唐尧相比。"灵帝不悦道："卿强项，真是杨震的子孙，死后肯定会再招来大鸟。"

中常侍（宦官）赵忠任车骑将军，负责评定诸将征讨黄巾军时的功绩。执金吾^①甄举等人对赵忠道："傅南容（傅燮字南容）先前在东军，有功却未封侯，天下人很失望。如今将军担当重任，应该举进贤才，以平众议。"赵忠深以为然，派兄弟城门校尉赵延去问候傅燮。赵延却对傅燮道："南容您如果对常侍稍加答谢，万户侯之位不难得到。"傅燮与宦官素来不和，痛恨宦官祸国，便正色拒绝道："遇与不遇，命也；有功不论，时也。我傅燮岂能寻求私下赏赐？"

灵帝召见盖勋，问道："天下人有何苦衷，竟然反叛作乱到如此地步？"盖勋答道："都是幸臣子弟惹的祸。"当时宦者上军校尉蹇硕在座，灵帝回头问蹇硕，蹇硕甚是恐惧，不知如何答复，却由此记恨盖勋。

甄邵依附梁冀，得以当上邺令。他的一位同岁生员得罪梁冀，逃奔到甄邵家。甄邵假装同情收容，却背地向梁冀举报，梁冀马上捕杀此人。后来，甄邵迁任太守，恰逢母亲去世，他竟将母亲尸体临时埋在马房里，先去接受任命，然后才发丧。甄邵返回洛阳，途中与李燮相遇，李燮命手下将甄邵的车投入沟中，对甄邵又抽又捶，并大书布帛挂其背上，其文曰："谄贵卖友，贪官埋母。"李燮上表陈述甄邵的无赖之状，甄邵被革除官职，终身不再录用。

董卓要废立皇帝，对袁绍道："天下之主，应当贤明。每念及

①秦汉时率禁兵保卫京城和宫城的官员。

灵帝，便令人愤恨。董侯似乎还可以，应当立他为皇帝。"袁绍道："当今皇上正年少，并无过错传扬天下，若您不顾礼法，随意废嫡立庶，恐怕难平众议。"董卓手按佩剑，怒斥道："你小子胆敢如此说话！天下之事，我说了不算吗？我欲为之，谁敢不从！"袁绍道："此乃国家大事，请到外边同太傅一同商议。"董卓又道："刘氏的后嗣不足以再留着。"袁绍勃然大怒道："天下强者，难道只有你董公！"横刀长揖，径自出门而去。袁绍将符节悬挂于上东门，逃奔冀州。

率真·第六

　　真诚而直率应该说是一个人很好的品质，意味着此人没有心机，只是心有所想，目有所视，便随口道出。周勃不善言谈，每次召见书生辩士，他都面向东坐着催促道："快给我讲。"以示他讨厌那些夸夸其谈之人，他毫不掩饰，顺其自然流露。

　　可率真的人有时候却未必带有善意，如他们看破世俗，参透生命，无所顾忌，放诞任性地冲动。有人劝说主父偃不要得罪诸多大臣，主父偃率真地道："我结发游学四十余年，郁郁不得志，父母不把我当儿子，兄弟不接纳我，宾客抛弃我，我艰难度日很久了。大丈夫立于世间，如果生不能享用五鼎食，那就死于五鼎烹煮的酷刑吧！我已暮年，时日不多，所以做事只能倒行逆施了。"话说得很真诚，却并非带着善意。

　　有的人率真不是显示其良好品质，而是把他的无知与愚钝暴露无遗。比如更始帝竟然在朝堂之上问将领们抢掠到多少东西，让左右侍卫的宫中老吏面面相觑。他们实在无法想象刚打进长安的皇帝怎么如此说话，是不是率真得有点傻。

　　一个率真的人，一定要有道德操守，否则他很可能在世俗社会里随波逐流。张升为人任情不羁。同他意气相投者，他就倾心结交，不论对方贫穷微贱；如若违背他的志趣，即使是王公大人，也始终不肯屈服。他常感叹道："生死有命，富贵在天。如果有人了解我，即使他是胡越之人也可以亲近；要是不相了解，追求功名富贵又有何益处呢？"

秦·西汉

周勃不爱读书，至真而少文，每次召见书生辩士，他便面向东坐着，催促道："快给我说！"

娄敬对虞将军道："我想拜见皇帝（刘邦）谈点事。"虞将军想给他换件新衣服，娄敬道："我穿的是丝帛，就以丝帛见，穿的是粗布，就以粗布见，不必换衣服。"

主父偃一时成为汉武帝的宠臣，大臣们怕他在皇帝面前说他们的不是，乃贿赂主父偃，价值累计千金。有人对主父偃道："你太蛮横了！"主父偃道："我结发游学四十余年，郁郁不得志，父母不把我当儿子，兄弟不接纳我，宾客抛弃我，我艰难度日很久了。大丈夫立于世间，如果生不能享用五鼎食，那就死于五鼎烹煮的酷刑吧！我已暮年，时日不多，所以做事只能倒行逆施了。"

【张敞画眉】张敞虽为京兆尹，却没有什么威仪，有时朝会散了，他骑马经过章台街，便让吏卒赶马，自己却遮住脸面拍马而过；有时在家给夫人画眉，长安城中传言张京兆画的眉很妩媚。有司以行为轻浮，有失大臣体统为由劾奏张敞。宣帝便问他，张敞答道："臣听说闺房之内，夫妇之间，比画眉还风流的私事多着呢！"宣帝爱他才能，并无责备，但张敞从此也没得到更高的官位。

东汉

王莽败亡时，唯有未央宫被烧毁，其余的宫殿皆完好。几千名宫女仍然住在后宫。更始进了长安，住在长乐宫，登上前殿，郎吏等官依次站在庭中。更始感到很羞愧，头低垂着都快挨到座席了，不敢抬头看众臣。将领中有后到的，更始便问他们抢掠了多少东西。更始左右的侍卫都是宫中老吏，听他这样问话，都惊讶得面面相觑。

赤眉军攻入长安，更始单骑逃走，他从厨城门往外奔。美女们在后面连声高呼："陛下，应该下马辞谢城池！"更始立即下马对城池拜了拜，又上马逃走了。

李通与刘伯升曾有旧怨，后来李通想与刘伯升兄弟共谋大事，便派从弟李轶迎接刘秀。刘秀回想往事，心有余悸，不想和李轶相见。李轶数次请求，刘秀才勉强与其一见。李轶把李通的意愿如实转述，刘秀答应前往会见，但心里还是不安，就买把佩刀藏于袖中。到了李通住所，李通见到刘秀甚悦，握住刘秀的手，竟然抓到佩刀，便对刘秀道："为何带着武器？"刘秀道："仓促时以备不测。"

建武三年，邓晨返回京师，光武帝经常设宴款待邓晨，谈论以往故事。当年邓晨多次劝说刘秀举兵，谈论中提及这段往事，邓晨不紧不慢地道："我终于办成了这件事。"光武帝哈哈大笑。

耿纯向光武帝请求道："臣本是小吏子孙，幸运地赶上大汉复兴，皇上秉受天命，臣位列将军，封爵通侯。天下已经平定，臣没有什么志向，希望试着治理一郡，当尽力效劳。"光武帝笑道："卿既已治武，又要修文吗？"遂拜耿纯为东郡太守。

公卿聚会，大臣们都坐到自己的席位上，唯独戴凭站着。光武问他何意。戴凭道："博士论说经义都不如臣，但地位却比臣高，所以不去坐在席上。"光武召他上殿，要他与群儒诘难论辩。戴凭的确很有才学。

马援治郡，务开恩信，宽以待下。他要求属下官吏务须尽心职守，自己却从不过多干预，只是总其大体而已。他家里总是宾客盈门，旧交满座。官吏来汇报事务，如果不是非管不可，马援常道："这是长史、掾吏之事，不必总来烦我。可怜可怜老夫，让我休闲娱乐下吧。类似大户侵凌小民，羌民聚众抵抗，这才是我太守该管的事。"邻县曾发生复仇之事，官民却惊言羌人造反，致使民众慌忙逃入城内。狄道县令跑到城门下，请求闭城发兵。马援正和宾客畅怀饮酒，闻听汇报，大笑道："烧羌人①如何再敢侵犯我。告诉县令回去守住官府，的确怕极了，就钻到床下趴着。"

①即烧当羌，古羌族之一。

光武帝开玩笑地对第五伦说道："闻卿为官时，鞭打过岳父；经过兄长家却不留下用餐。真有这事？"第五伦道："臣三次娶妻，妻子之父都业已不在。少年时曾遭饥荒之苦，实不敢随意叨扰他人。"光武帝闻言大笑。

有人问第五伦道："您有私心吗？"他答道："从前有人送我千里马，我虽没有接受，但每次三公要举荐人才，心中总不免想起送马之人，但我最终还是没有举荐他。我侄子常生病，我一夜之间曾去探望过十次，回来后就安心就寝了；我的儿子生了病，我虽没有去探视，可一夜都难以入眠。像这种情况，能说是无私吗？"

光武帝征召荀恁，他托病不去。永平初年，东平王刘苍任骠骑将军，开启东阁延请贤俊，荀恁受征而去。某次朝会，明帝和他开玩笑道："先帝征君却不来，而骠骑将军召辟则来，为何呀？"荀恁道："先帝以德恩惠天下，所以臣可以不来；骠骑将军执法以考察下属，所以臣不敢不来。"

杨震迁东莱太守。他赴任时，途经昌邑，以前他荐举的荆州茂才王密为昌邑令，前来谒见，到夜晚怀揣十斤金送给杨震。杨震道："故人知君，君却不知故人，何也？"王密道："深夜无人知道。"杨震道："天知，神知，我知，子知。怎能说无人知！"王密惭愧而出。

虞诩得罪了邓骘兄弟，邓骘兄弟便想借用吏法中伤虞诩。后来朝歌宁季等数千人攻杀长吏，连年屯聚，州郡禁止不住，邓骘兄弟决定把这个烫手的山芋交给虞诩，任命虞诩为朝歌长。虞诩故旧纷纷赶来慰问，都道："就任朝歌真是倒霉透顶！"虞诩笑道："不求容易的志向，不回避困难的事情，这是做臣子的本分。不遇到盘根错节的难题，怎么能分出才能高下呢？"

张升自幼好学，遍览图书，为人却任情不羁。同他意气相投者，就倾心结交，不论对方贫穷微贱；如若违背他的志趣，即使是王公大人，也始终不肯屈服。他常感叹道："生死有命，富贵在天。如果有人了解我，即使他是胡越之人也可亲近；要是不相了解，追求功名富贵又有何益呢？"

孔融生性宽容不爱忌妒，喜欢结交士人，爱培养年轻人。任闲职期间，每天宾客满屋。他曾叹息道："座上客常满，杯中酒不空，我就没什么忧虑了。"

　　舒仲应担任袁术的沛国相，袁术给他十万斛米作为军粮。当时，正值灾年，粮食歉收，民众饥寒交迫。舒仲应将粮食全部分给饥民。袁术得知大怒，要杀了他。舒仲应道："知当必死，故为之耳。宁可以一人之命，救百姓于涂炭。"袁术下马拉着他的手，说道："仲应，足下只想着独享天下美名，却不愿与我分享吗？"

宽厚·第七

　　宽厚之人多善良有仁爱。漂母善待韩信，韩信保证以后厚报她，漂母则责备他："大丈夫不能自食其力，我是可怜你，才给你饭吃，难道是想要回报吗？"一个人的善良厚道是自发于心的，我认为该这样做，只是因为我做人就应该如此，却不是为了什么回报。你也不必夸耀我高尚，在我看来，一点也不是，我只是践行了我心中的道德定律。

　　宽厚之人多为别人考虑，所谓"己所不欲，勿施于人"。当你想被人尊重的时候，首先你也要学会尊重别人。家里有客人来，刘宽派家奴去买酒，好长时间后，家奴喝得大醉回来了。客人义愤填膺，大骂道："畜生。"没过一会儿，刘宽便派人去看家奴，因为他怀疑那个家奴会自杀。刘宽看看左右的人道："这是人，骂他是畜生，什么样的污辱比这更严重！所以我担心他会自杀。"夫人想试试刘宽，惹他动怒，等他要参加朝会，穿戴刚完毕，便派婢女捧着肉羹，有意弄翻，溅污他的朝服。婢女急忙收拾，刘宽神色不变，缓缓地道："肉羹烫坏手没有？"这个故事充满了人道主义精神。

　　宽厚之人也多会成人之美。孔融闻听别人有善行，如同自己有了善行而深感高兴。别人的话有可采纳之处，一定尽力成人之美。他当面指出人的短处，而背后赞其长处。推荐贤士，提携后进。

　　宽厚之人也多谦逊。冯异与其他将领在路上相遇，总是引车避道。他治军有方，军队整齐规矩。每次宿营，众将领便坐下论功，而冯异则常常一人坐在树下，军中号曰"大树将军"。第五伦虽是二千石的高官，但仍亲自割草喂马，他的妻子亲自烧火做饭。

秦·西汉

韩信曾到城下垂钓，有位漂母见他没有饭吃，便一连数十日接济他，直到漂洗完毕。韩信很感动，对漂母道："我将来一定厚报您。"漂母听了很生气，说道："大丈夫不能自食其力，我是可怜你，才给你饭吃，难道是想要回报吗?"

刘邦称帝后，大封功臣，张良不曾有战功，刘邦却道："运筹帷幄中，决胜千里外，是子房的功劳。请挑选齐地三万户作为封赏。"张良道："臣从下邳起家，和陛下在留地相遇，这是上天把臣交给陛下。陛下采用臣的计策，幸而有时料中，臣只要留地就足够了，不敢承当三万户。"

汉文帝时，直不疑曾担任郎官。一次，他的同舍郎官中有人请假回家，但这个人错拿了另外一个郎官的金子。不久，发现金子丢失的郎官，便怀疑是直不疑偷的。对此，直不疑没有辩驳，买来等量的金子交给他。过了数日，请假回家的郎官返回，把错拿的金子交还失主。自认丢失金子的郎官很惭愧，向直不疑道歉，直不疑十分大度，没有任何怨言。因此，人们都称赞直不疑是位忠厚的人。后来，直不疑当了太中大夫。一次上朝时，有位官员诽谤他道："直不疑相貌很美，却与其嫂子私通!"直不疑听后，只是平静地答道："我没有兄长。"仅此而已。

袁盎担任吴国丞相时，有个从史跟袁盎的婢女私通，袁盎虽然知道，并没干预，对待从史仍如往常。有人告诉从史，丞相早知此事，从史害怕，便向家中逃。袁盎驾车紧追其后，追上后将婢女赐给他，仍旧让他担任从史。

直不疑精通《老子》的"无为"学说。他做官，一切照前任制度办，唯恐人们知道他做官的政绩。他不喜欢树立名声，人们称他为长者。

郑当时虽为大吏，却告诫门人："来了客人立即请进，无论贵贱都不能让人家在门口等候。"每见到客人，郑当时都执宾主之礼，身虽高贵，却谦恭待人。他为官廉洁，不额外添置私产，依赖俸禄赏赐供给诸位年老长者。即便赠人礼物，最多不过是一盘食品。

韩安国犯法入狱，狱吏田甲羞辱他，韩安国道："死灰难道就不能复燃吗？"田甲道："要是再燃起，撒尿灭之。"过了不久，梁国内史的职位空缺，朝廷任命韩安国为梁国内史。看到囚徒直接迁升为二千石的高官，田甲吓得弃官逃遁。韩安国放话道："田甲若不回来为官，我就灭其族。"田甲只好袒衣谢罪。韩安国笑道："你可以撒尿了，像你这种人值得我惩治吗？"并不与田甲计较，而是善待他。

【死灰复燃】

李广为将宽厚廉洁，常把赏赐分给部下，与士兵同吃同饮。他做了四十多年官，家中无多余财物，也不谈购置家产之事，深得官兵爱戴。李广身材高大，臂长如猿，有射箭的天赋，他的子孙向他学习射箭，但都不及他。李广不善言辞，与人闲居时亦以射箭来赌酒为乐，终生以射箭为消遣。李广爱兵如子，凡事身先士卒。行军遇到缺水断食之时，如见水，士兵不全喝到水，他不近水边；如见食，士兵不全吃到饭，他也不进饭食。对士兵宽缓不苛，士兵也甘愿为他效力。

于定国为人谦虚恭谨，尤其敬重精通经术的士人，即使是地位低下，徒步行走前来拜访的人，于定国都平等相待，照顾周全，尊崇备至。因此，受到士人普遍赞誉。

武帝即位后，任命汲黯为谒者。东越人相互攻伐，武帝派汲黯前往视察。他未到达东越便折返而归，禀报道："东越人相攻，是因当地民俗彪悍好斗，不必烦劳天子使臣过问。"河内郡发生火灾，绵延烧及千余户，武帝又派汲黯去视察。他回来报告道："民家不慎失火，房屋相连，火势蔓延，不必多忧。臣路过河南郡时，亲眼见当地民众饱受水旱之苦，灾民多达万余家，有的竟至于父子相食，臣就擅自凭所持符节，下令发放公粮，赈济灾民。现在臣缴还符节，接受假传圣旨之罪。"武帝认为汲黯贤良，免他无罪。

赵广汉身为京兆尹，接纳士人却和颜悦色，对待属吏也殷勤备至。他把做事的功劳归于属下，常道："是某掾官做的，不是我二千石所能做到的。"他行为至诚，属吏拜见他都倾吐心中之事，也愿意为他肝脑涂地。赵广汉十分了解属吏的能力与为人，如果有人为官不法，就先警告，警而不改就抓捕，依法定罪。

韦玄成为人谦逊，礼贤下士。有时出门遇见熟人步行，他总是让侍从仆役下车，载送熟人，这成了常事。他对待人，贫贱者愈加礼敬，以此他的美名日益远扬。

阳城侯刘德为人宽厚，乐善好施。每次处理京兆尹的事，常常为一些罪人平反。家产超过百万，便周济兄弟，供养宾客，常说道："富有，是平民怨恨的。"

杨恽继承了父亲留下的钱财五百万。当他被封为平通侯，就把这些钱财全部分给族人。杨恽的继母有钱财几百万，可她没有亲生儿子，杨恽自是她的财产继承人。当她去世后，这些钱财也就留给了杨恽，杨恽又全分给了继母的兄弟。杨恽两次共继承钱财一千余万，统统拿出来分给别人。他就是这样轻财好义。

丙吉原本就是个狱法小吏，后来学习《诗》、《礼》，都能通其大义，官位也一直升迁。当丙吉位居丞相时，处理政务崇尚宽大，讲求礼让。掾史有贪污盗窃，不称职的，就给放长假，让其主动离职就是，绝不查办。有人对丙吉道："君侯高居相位，官吏贪赃枉法，却为何不受惩处？"丙吉道："以三公之府名义查处下属官吏，我认为不妥。"后人接替丙吉相位，沿袭丙吉的做法，从此成为惯例。

丙吉总是替下属扬善掩过。他的驾车驭吏嗜酒好饮，有一次跟从丙吉外出，醉酒呕吐于丞相车上。西曹主吏想赶走驭吏，丙吉道："仅仅因为酒醉呕吐就赶走他，让他以后如何容身处世？你就忍下吧，只不过弄脏了垫子而已。"

丙吉为人宽厚，行事不爱炫耀。他曾救过皇曾孙的命，后来皇曾孙即位做了皇帝，也就是汉宣帝，可丙吉绝口不提这段往事。

张殴为官，不曾惩治下属，只以诚恳处事。下属认为他是长者，也不敢太欺瞒他。每次有刑狱之事上报，凡是能退回的就退回；不能退回的，他就不免为罪人流泪伤悲。

卓茂被任命为丞相府史。一次出门，有人说卓茂骑的马是他的马。卓茂便问那个人："你的马丢多久了？"答道："一个多月。"卓茂拥有此马已经数年，心知此人弄错了，但默不作声地解开马交付那人，拉起车便离去，没走几步又回头道："如果不是你的马，劳驾到丞相府还我。"后来，那人找回丢失的马，就跑到丞相府还马，向卓茂叩头道歉。

新莽末期，政治腐败，不少官吏残暴无道，遍地冤狱林立。崔篆出任建新大尹，在巡视各县时看到牢狱人满为患，忍不住流泪，叹道："刑罚无度，陷民于阱。百姓何罪，遭此苦难！"于是不顾个人安危，为犯人平反，先后拯救了两千余人。他的下属都十分害怕，纷纷叩头求他不要这样做。崔篆慨然道："邾文公不因一人而改易其志，君子谓之知命。如果杀一大尹而赎出两千人，此我心愿。"

东汉

更始登帝位，任用伏湛为平原太守。当时兵乱突起，天下惊扰，而伏湛却很安闲，一直教学授徒。他对妻子儿女道："倘若一谷不登，国君也要撤下膳食；如今民众饥饿，岂能只顾自己饱餐？"乃与家人共食粗粮，把俸禄分送乡邻。

第五伦虽是二千石的高官，但仍亲自割草喂马，妻子烧火做饭。他将俸禄粮按月份留出，其余的都以低价卖给贫民。

王丹原在州郡做官，王莽当政时，他拒绝为官，隐居修养心志。王丹家累千金，喜好施舍救急。每年农忙时节，他经常带着酒菜去田间，等候勤劳者经过就慰劳他们。那些懒惰之人，因为得不到王丹的赏识而感到羞耻，都加倍努力。因此邻近的村落相互仿效，后来都很富裕。对那些游手好闲、不务正业、为害乡里的人，王丹经常晓谕他们的父兄，让他们严加管教。对死去的人，王丹就提供丧事所需财物，并且亲自操办。所以谁家死了人，常常等着王丹来办丧事，乡邻都习以为常。如此这般，十多年后，教化大行，民风淳朴。

建武三年，郅恽来到庐江，恰逢积弩将军傅俊东巡扬州。傅俊素闻郅恽大名，以礼相邀，授予军权。郅恽对军队誓约："勿杀无防备之人，勿乘人之危，不得断人肢体、暴裸遗体、奸淫妇女。"可傅俊的军士仍胡作非为。郅恽劝谏傅俊道："周文王不忍人露白骨，周武王不以天下换取一人之性命，故能获得天地之感应，得以攻克商汤庞大的军队。将军为何不效法周文王，却触犯天地禁令，过多地伤人害命，甚至墓中枯尸也不能幸免，以致得罪神明呢？现在再不向上天谢罪、改弦更张，则难以保全性命。愿将军率领士卒，收容伤者，安葬死者，诚心悔过，以表明过去所为并非将军本意。"傅俊从之。

钟离意到大司徒侯霸府中任事。朝廷下诏令衙署将服役者送往河内郡，是时正值寒冬，服役者有的病重无法行走。路过弘农时，钟离意便让当地县衙给服役者制作衣服，县令只得服从，并将此事上报朝廷，钟离意也把此事全部上报。光武拿到奏书，给侯霸看，说道："你派的掾吏如何会有这般仁爱之心？的确是好官！"钟离意又在路上卸下服役者的刑具，任凭他们选择路线。他们最终都按时到达。

冯异为人谦逊有礼，与其他将领在路上相遇，总是引车避道。他治军有方，军队整齐规矩。每次宿营，众将领便坐下论功，冯异却常常一人坐在树下，军中号曰"大树将军"。

寇恂把俸禄都送给新朋老友以及随从的吏士。他常道："我靠士大夫才有今日，怎可以一人独享呢！"时人称他是有德行的长者，认为他有宰相之才。

朱祐为人质朴正直，崇尚儒学。他率领部队，以攻克平定城池为根本，不以杀敌数量论其功，又禁止士兵抢劫平民，可士兵多喜欢放纵胡为，因此怨恨他。

卓茂任密县县令，以善行引导民众。有人告亭长接受他的米肉，卓茂屏退左右问那人："是亭长找你要的还是你主动给他的？"那人道："是我送给他的。"卓茂道："既然是你送给他的，为何还告他？"那人道："我听说贤明的君主让百姓不怕官，官不向百姓索取。如今我怕官，才送给他东西。他既然收下，我便来汇报。"卓茂道："你是个浅陋之人。大凡人比禽兽尊贵，是因为人懂得仁爱，知道相互尊敬。现在乡邻间尚且有馈赠之礼，何况官和民呢？做官的只要不以强权索取，接受一些礼物也是很正常的。人活着总要在一起，以礼义纲常相处。你却不想这样，难道可以远走高飞，不在人间吗？亭长平素是个好官，偶尔送他礼物，也是符合礼的。"那人道："倘若如此，法律为何禁止？"卓茂笑道："法律设立大框架，礼顺应人心。如果用礼来教育你，你一定没有怨恨；如果用法律处治你，你不就手足无措了吗？都按法律的话，一家之中，小错可判罪，大错可杀头。你回家想想吧！"

袁安为河南尹，虽说号令严明，却未曾以贪污罪名审讯过人。他常道："凡是求官职的，高则希望当宰相，低则希望当牧守。于圣世禁锢人，我不忍心做。"闻听这话的人都很感激，以此自勉。

和帝时，魏霸任巨鹿太守。他处理政务，奉行简朴宽厚。掾史有过错，魏霸先劝其改过，劝而不改才给予罢免。有的官吏在他面前诋毁别人，魏霸就说此人的长处，始终不谈其短处，喜好诋毁的官吏心怀惭愧，也就不再说了。

樊重性格温和，治家有度，三世共财，子孙朝夕礼敬。他经营产业，物尽其用，一无所弃；役使童仆，各得其宜，各尽其力，劳逸合宜。因而能做到主仆同心，上下一致，以致开辟的田地有三百多顷。他想做家什器物，便先栽植梓树和漆树，人们嗤笑他。然而几年之后，皆得其用，连当初嗤笑他的人也都来求借了。他家资积至千万，便用来接济贫苦宗族，恩德加于乡里民众。其外孙何家兄弟争财斗气，樊重引以为耻，拿出田产二顷解决了兄弟纠纷。

邓太后临朝，邓氏家族把持朝政，多有恶行。邓太后去世，安帝与宦官合力诛灭邓氏家族。为以前的一些冤案昭雪便提到日程上来，而杜根之案就是一例。当时人们以为杜根早被邓氏害死。安帝昭告天下，寻找杜根子孙，杜根才返回故乡，离其亡命异乡已十五年了。有人问杜根："从前遭遇大祸，天下人都知道你是对的，你的故交好友亦不少，何必自苦如此？"杜根道："周旋于民间，非藏身之所，万一被发现，就会殃及他人，所以不能这么做。"

桓帝时，韩韶担任嬴长。当时，嬴地周围诸县兵灾严重，人们都废弃耕桑，得知嬴境安全，便大量涌入求索衣食。韩韶怜悯饥民，开仓赈济万余户。主事拦阻，韩韶道："能救活这么多人，即便因此获罪，我也将含笑九泉！"太守看重韩韶的名德，未给他任何处分。

曹褒担任射声校尉时，巡视营房，发现里边停放一百多口棺材没有下葬，就问其中缘由。属吏答道："这些多数是建武以来没有后代的人，因而得不到掩埋。"曹褒十分悲伤，为他们购置空地，将其全部埋葬，并设祭坛进行祭祀。

有个安丘男子叫做毌丘长，随母亲去市场，路遇一名醉客污辱其母。毌丘长诛杀此人后，逃亡他乡，安丘吏追踪到胶东抓捕之。当时吴祐为胶东相，便唤来毌丘长，对他道："母亲受辱，人子的确不能容忍。然而孝子愤恨时要多想想，行事不可拖累父母。而今你只凭一时激愤，白日杀人，赦免你吧，不合法，严惩你吧，又于心不忍。你说怎么办？"毌丘长自戴枷锁，答道："国家制定的法律，我触犯了。大人虽同情于我，也无可奈何。"吴祐便问他有无妻子，他说有妻但没有生子。吴祐行文到安丘县抓来其妻，妻子来到，便除掉二人枷锁，同宿狱中，不久妻子怀孕。至冬季该行刑了，毌丘长哭着对母亲道："我辜负母亲，自应去死，可如何报答吴君之恩？"当场咬断手指而吞之，含血而言道："妻若生子，取名'吴生'，告诉他我临死吞指为誓，嘱咐儿子要报答吴君。"言毕，自缢。

有一次，刘宽乘牛车外出，有人丢了牛，指认刘宽那头牛就是自己的。刘宽默默不语，随即下车徒步回家。不久，那个人找到了丢失的牛，便把刘宽的牛送回来，并叩头谢罪道："我很羞惭，愧对长者，任由长者论罪。"刘宽和颜悦色道："东西有相像的，事情有误会的，有劳你送回来，没什么值得谢罪的。"

刘宽性情疏阔，嗜好饮酒，不喜欢洗澡，京城人把他的趣事编成民谚。曾有客人来，他派家奴去买酒，好长时间后，家奴喝得大醉回来了。客人气愤填膺，大骂道："畜生。"没过一会儿，刘宽便派人去看家奴，因为他怀疑那个家奴会自杀。刘宽看看左右的人，说道："这是人，骂他是畜生，什么样的污辱比这更严重！所以我担心他会自杀。"夫人想试试刘宽，惹他动怒，等他要参加朝会，穿戴刚完毕，便派婢女捧着肉羹，有意弄翻，溅污他的朝服。婢女急忙收拾，刘宽神色不变，缓缓地道："肉羹烫坏手没有？"

【袁安困雪】

袁安没做官时，客居洛阳，很有贤名。一年冬天，洛阳令冒雪去拜访他。他家院子里的雪很深，洛阳令叫随从开出一条路才进到袁安屋里。袁安正蜷缩在床上发抖。洛阳令问："你为何不求亲戚帮助一下？"袁安道："大家日子过得都不好，大雪天我怎好去打扰人家？"洛阳令佩服他的贤德，举他为孝廉。

王望为青州刺史，甚有威名。当时州郡有旱灾，民众穷困饥荒，王望出外巡视，路上目睹足有五百余人身无丝缕，裸体而行，饥饿难耐，以草充饥。此般情景让王望顿感伤悲，便调发官府的布匹粮食，让灾民有饭可食，有衣可穿。

孔融闻听别人有善行，如同自己有了善行而深感高兴。别人的话有可采纳之处，一定尽力成人之美。他当面指出人的短处，而背后赞其长处。推荐贤士，提携后进。他知道的事情如果没有说出，便看成是自己的过失。因此海内英俊都很信服他。

机智·第八

　　有关机智的历史记载多在一个人的孩童时期。如孔融小时候，有人对他说："人小时候聪明，长大未必出奇。"孔融应声答道："听您这话，您小时候不聪明了？"如此机智的反驳，多少会让人惊讶。毕竟小孩子随机应变是聪明的表现，大人们也非常喜欢。

　　可一旦脱离了孩童时代，步入了纷扰的世俗社会，机智则不是自然的流露，里边带有世俗功利等考量，从这里便可以反观世间百态。杨修"鸡肋，鸡肋，弃之可惜，食之无味"的机智，只会惹得曹操厌恶；东方朔的"拔剑割肉，多么豪壮呀！割肉不多，又是多么廉洁呀！回家把肉送给妻子，又是多么仁爱呀！"的机智，只会博得武帝欢心；刘邦的"奴虏射中了我的脚趾！"的机智，只会给人老奸巨猾之感。一个十分机智的人应当有足够的道德操守，反之则可谓阴谋诡计之徒。

秦·西汉

刘邦隔着山涧当众宣布项羽十大罪状，项羽大怒，暗中埋伏的弓箭手射中刘邦胸部，刘邦却摸脚，呼道："奴虏射中了我的脚趾！"

吕家当权，刘氏不满。刘章当时二十岁，有次，入宫侍奉吕太后饮宴，太后令刘章为监酒令。刘章要求道："臣是武将之后，请以军法行酒令。"太后同意了。酒宴正欢时，刘章歌舞助兴。过会儿，又道："请允许臣给太后讲讲耕田之事。"太后本把刘章当做小毛孩子看待，笑道："我想，你的父亲（刘邦）倒是懂得耕田之事，你出生就贵为王子，怎能懂得耕田之事呢？"刘章道："臣知道。"太后道："试着为我说说吧。"刘章便道："深耕密种，留苗要疏；非我同类，锄而去之。"太后听罢，沉默不语。

景帝后元二年，诸侯王来京朝见，其间有歌舞表演。长沙王刘发表演时，只是摆摆袖，微抬手。旁边的人都笑他舞姿过于前卫，景帝也纳闷，问他怎么回事。刘发道："臣国小地狭，不足回旋。"

在一个伏天，武帝诏令赏肉给侍从官员。大官丞到天黑还没来分肉，东方朔便拔剑割肉，对同僚道："伏日当早归，请受赐。"随即把肉包好怀揣而去。大官丞知道后，将此事上奏武帝。东方朔入宫，武帝问道："昨日赐肉，你不等诏令下达就割肉而走，为何？"东方朔免冠谢罪。武帝道："先生起来，自我责备一番吧。"东方朔道："东方朔呀！东方朔！接受赏赐却不等诏令下达，多么无礼呀！拔剑割肉，多么豪壮呀！割肉不多，多么清廉呀！回家把肉送给妻子，多么仁爱呀！"武帝笑道："让先生自责，竟反过来自誉了！"

东汉

建武十五年，天下统一大局已定，光武下诏重新核查垦田亩数，但刺史太守核查时，多有不公，优待豪门，欺凌贫弱，百姓哀怨，拦路呼号。当时各郡自派官吏上京汇报，光武看到陈留吏文书上夹有字条，写着"颍川、弘农可问，河南、南阳不可问"。光武追问来历，陈留吏抵赖说在长寿街上捡的。光武震怒。当时东海公（未来的明帝）年方十二岁，在帷幕后说道："应该是郡里的官吏教他如何核查垦田。"光武道："既然如此，为何说河南、南阳不可问呢？"东海公答道："河南是帝乡，南阳是帝城，这两个地方田亩和宅第肯定逾制，所以不能认真核查。"光武命令虎贲将盘问陈留吏，陈留吏才如实招供，与东海公所言一致。

宋弘于光武闲暇时拜见，光武坐在新陈设的屏风前，屏风上画有仕女，光武多次回头看屏风。宋弘脸色凝重道："未见好德如好色者。"光武立即撤掉屏风，笑着对宋弘道："闻义便服从，可乎？"宋弘道："陛下进德，臣不胜其喜。"

建和元年正月发生日食，京城上空却没显现。黄琼把看到日食之事上报。太后下诏询问日食细节，黄琼苦苦思索如何回答才能明了形象，其孙黄琬才七岁，恰在一旁，说道："何不就说日食所剩，犹如新月一般？"黄琼甚是惊讶，便以此话回报太后。之后，黄琼更加喜爱这个小孙子。

司空盛允生病，黄琼派小孙子黄琬去探望，正赶上江夏官员到司空府上报蛮贼情况，盛允打开表章阅览后，便跟黄琬开了个小玩笑，说道："江夏乃大邦，却蛮人多，士人少。"黄琬捧手答道："蛮夷冲犯华夏，责任在司空。"随即拂袖而去。盛允觉得此小儿非同一般。

灵帝颇好学习，每次接见刘宽，常让他讲解经书。某次，喝过酒的刘宽扶几打盹。灵帝问："太尉醉了吗？"刘宽仰头道："臣不敢醉，只是责任重大，忧心如醉。"

孔融幼年就有异才。十岁时，随父进京。当时河南尹李膺，轻易不接待宾客，命令门卫除了当世名人和世交外，一概不得禀报。孔融来到李府门前，对门卫道："我是李先生的世交。"门卫进去禀报，李膺请孔融进去，问道："先生祖辈父辈与我有旧交吗？"孔融道："是的。我的祖先孔子与您的先人老子德义相当，互为师

【小时了了】

051

友，那么我与您也可谓世交了。"在座众人无不惊叹。太中大夫陈炜后到，有人把此事告知陈炜。陈炜道："小时聪明，长大未必。"孔融应声道："听您这话，您小时候不聪明了？"李膺大笑道："先生必成大器。"

曹操平定汉中，想讨伐刘备却进攻不下，想坚守又固守不住，护军不知是进还是退。曹操传令，只道"鸡肋"二字。外曹不明白此话之意，唯有杨修道："鸡肋，鸡肋，弃之可惜，食之无味，曹公已决定回去了。"

明辨·第九

　　到了冬至，官吏便放假休息，张扶却不愿休假，依然到官署办理公务。薛宣出来开导他，道："礼崇尚谐和，道德规范重在通行。冬至这天，官吏依法休假，已经实施多年。官署虽然有公家的职责事务，但家里也企盼私人的恩爱情意。你应该顺从众人，回家陪伴妻子儿女，设酒肴，请邻里，一笑相乐，不是很好嘛!"薛宣很明理，一个人既有工作，也有家庭，两者都要兼顾好才对，并非废寝忘食地工作、不顾及家庭就是良好的品质。长期以来，我们经常接受这样的教育，某某日理万机、废寝忘食云云，姑且不说真假，就算是真的，也不值得效仿学习。

　　郅恽为帮助朋友复仇而杀人，事后前往县衙自首，县令不受理，郅恽道："为友报仇，吏之私也。奉法不阿，君之义也。亏君以生，非臣节也。"如此之举，便是明辨是非，明辨事理，自己愿意承担所为后果，不累他人。

　　灾荒之年，平民生活艰辛，有人不得已做了小偷。某夜，有小偷进入陈宅，躲在屋梁上面。陈寔知道屋梁上面有人，并未喊人捉拿，而是把子孙们叫到面前训示："人不可以不自强。不善的人未必本来就恶，习惯成自然。梁上君子就是这样的人啊!"小偷大惊，立刻下来，磕头请罪。陈寔训导他道："看你面相，不像恶人，应该自我反省回归善道。不过你这样做可能是由于太穷困了。"让人拿来两匹绢给他。陈寔明白一个道理，那就是没有谁爱做小偷，绝大多数都是因为生活所迫。而小偷并非在本质上就是坏人，所以他才会旁敲侧击地教诲，并给其一些帮助，激励其改恶从善，做其他事情来解决生计。

　　赵宣安葬了父母，却没有填埋墓道，而是住在里面，服丧二十余年，乡里都称赞他孝顺，州郡官府多次以礼相请。郡中把他推荐给陈蕃，陈蕃与赵宣相见，问起他的妻子儿女，了解到赵宣的五个儿子竟然都是在服丧期间出生。陈蕃大怒道："圣人制礼，贤者俯就，不肖企及。祭祀不能太频繁，频繁了便不庄重。更何况你在墓道之中居住，还在里面生孩子，这不是欺骗世人，迷惑民众，玷污鬼神吗？"于是给他治了罪。不要被眼前的情景迷惑，也不要被舆论所骗，自己多方详查，就会了解到事情的真相。没有真的孝，那还算孝吗？

郭解年少时心狠手辣，恣意杀人。后来，一改先前行为，对人以德报怨，厚施薄望。郭解的外甥在与人喝酒时，仗势欺人，强行灌酒，被对方一怒之下杀死。郭解的姐姐大怒道："郭解还在世呢，竟敢杀死我的儿子！"便把儿子陈尸街头，以此羞辱郭解。后来，凶手自归，将实情告知郭解。郭解道："你杀得对，我家小儿太过分。"就把他放走了。随后，埋葬了外甥。

张安世曾举荐某人，此人来道谢，张安世觉得实在没有必要，认为举贤达能，岂有私谢之理？便与此人断绝来往。有一郎官抱怨自己功高却不得升迁，张安世道："君之功高，明主所知。人臣供职，哪能自言长短！"拒绝提升他。可不久后，这个郎官竟然升迁了。

张安世担任光禄勋时，有个喝醉了的郎官在殿上小便，主事请求依法处置，张安世道："很可能是他弄翻了浆水，莫把小过失上升为大罪过！"有郎官奸淫官婢，婢兄申告此事，张安世却道："奴仆不高兴，便要诬陷士大夫。"让官署责备他一番。奸污官婢是违法的，因此官婢之兄敢于申告。张安世为隐郎官之恶而颠倒黑白，指责婢兄诬告。

张安世尊为公侯，封地万户，然而穿着却很简朴，夫人自己纺织绩麻。七百家奴都身怀手艺，于家中经营产业，一点一滴地积累，不断增加财产，比大将军霍光还富有。

霍光为人沉着冷静。宫中曾出现怪异之事，整个夜晚，群臣都被吓得慌慌张张。霍光召来符玺郎索要玉玺，郎官不肯交出。霍光便想夺玉玺，郎官按剑道："臣头可取走，玉玺却万不能！"霍光爱其忠义，第二天，下诏提升他官阶两级。

昌邑王刘贺即帝位后，昏聩淫乱，霍光想废掉他，便于未央宫召集重臣商议。大臣们闻听霍光想废掉皇帝，大惊失色，不敢发言，只是唯唯诺诺。田延年离开座席走上前来，手按剑道："先帝（武帝）把孤儿和天下一并托付给将军，是因为将军忠诚贤能，能够安定刘氏天下。如今民众鼎沸，社稷将倾。况且汉皇帝相传的谥号用'孝'字，是为了长久拥有天下，令宗庙永久享受祭祀。如今汉家将要断绝香火，将军即使以死谢罪，何面目见先帝于地下呢？今日之议，应当即刻决断。如果有谁拖延回答，臣请求以剑斩之。"霍光告罪道："九卿责备的是。天下骚动不安，我理当受到责罚。"参加议事的大臣都叩头道："万民之命系于将军一人，我们愿听从将军号令。"

【丙吉问牛】

丙吉有一次外出，碰到一起群殴事件，死伤之人横陈于路，丙吉虽然从旁经过，却也不问。掾史很奇怪，但也没说什么。丙吉一行人又往前走，看见有人在赶牛，牛吐着舌头，喘着粗气。丙吉停下来，让骑吏去问："这牛被驱赶了多少里路？"掾史更加奇怪了，丞相怎么该问的不问，不该问的倒是问得很起劲，言语中不免带有讥讽之意。丙吉解释道："平民殴斗，人有死伤，这事该由长安令、京兆尹处理，年终时我考察他们的政绩，奏明皇上，予以赏罚便是。丞相无须处理小事，故而不问。此时正值春季，天气本不热，如果牛行走不远就如此这般，那意味着时令节气失调，必然会有天灾。作为三公的丞相要负责调和阴阳大事，这才是我应该忧虑的，故有一问。"掾史这才服气，知丙吉识大体。

到了冬至，官吏便放假休息，张扶却不愿休假，依然到官署办理公务。薛宣出来开导他，道："礼崇尚谐和，道德规范重在通行。冬至这天，官吏依法休假，已经实施多年。官署虽然有公家的职责事务，但家里也企盼私人的恩爱情意。你应该顺从众人，回家陪伴妻子儿女，设酒肴，请邻里，一笑相乐，不是很好嘛！"张扶听罢，甚是羞愧。

何武兄弟五人都是郡中官吏，郡县人都很敬畏他们。何武的弟弟何显家有商人户籍，却经常拖延缴纳赋税，县里多次担负他的赋税。集市中负责收税的求商以此侮辱何显家，何显大怒，便想以吏事中伤求商。何武道："都是因为我们家交租赋、服徭役太不积极了。奉公职守的官吏难道不该如此吗?"乃报告太守,招求商为卒吏。

哀帝派使者召平当入朝,准备封他为侯。平当病重,不能应召。家里人对他道:"为子孙着想,您难道就不能强撑一下吗?"平当道:"我身居高位,本就给人指责为无功食禄了,如今强撑去受封,回来就会死掉,那也是死有余辜。我不去,正是为了子孙着想啊!"乃上书乞骸骨。

东汉

张步开土扩地日渐广大,兵力也日强。王闳怕自己的兵众散去,便去见张步,想规劝他一番。张步摆开军阵,迎接王闳。怒道:"我张步有何过错,你这般凶狠地攻打我!"王闳手按剑柄道:"本太守是奉朝廷之命,你却拥兵拦阻,我不过在攻打盗贼而已,如何说过分呢!"张步听罢,默默不语。良久,他离席向王闳跪拜谢罪。遂摆酒设宴,以上宾之礼待王闳,并让王闳掌管郡中政事。

郅恽耻于以军功取位,遂辞归乡里。县令对郅恽崇礼有加,请他做自己的属吏。郅恽为帮助朋友复仇而杀人,事后前往县衙自首,县令不受理,郅恽道:"为友报仇,吏之私也。奉法不阿,君之义也。亏君以生,非臣节也。"郅恽便跑出衙门直奔监狱。县令着急,跑丢了鞋,却也未能追上。郅恽自己入狱,县令到了监狱,拔出刀,以自杀要挟郅恽道:"你不跟我离开这里,我就以死明心。"郅恽这才出了监狱,称病辞职。

袁安起初任县功曹,携带着檄文见从事,从事让袁安直接送信给县令。袁安道:"公事有邮驿办理,私下请求非功曹所为。"乃推辞,从事也有点害怕,便不再请托。

郑均兄长在县里当小官,经常收受别人馈赠,郑均多次劝阻,兄长就是不听。郑均乃离家外出打零工,过了一年多,赚了些钱帛,回来交给兄长。对兄长道:"钱花完了可以再挣,当官犯了贪赃的案，可就一辈子都完了。"兄长被他的话打动，从此廉洁奉公。

钟离意年少时任郡督邮。当时郡县亭长中有人接受礼品，官府下文书追查此事。钟离意将文书封好寄回，到太守府向太守道："《春秋》主张先内后外，《诗》云'刑于寡妻，以御于家邦'（意思是，规范仪法起于闺内，进而推及国家），表明政化的根本是由近及远。如今应该先清查府内，宽大处理边远之地的微小过失。"太守认为钟离意很贤能，遂任以县事。

苏章，字孺文。顺帝时，官升冀州刺史。苏章的故友任清河太守，苏章巡视时发现他涉嫌犯罪。于是苏章备置酒菜，宴请太守，谈及平生之好。太守欣喜道："别人都有一重天，只有我有两重天。"苏章道："今日苏孺文与故人饮酒，私恩也；明日冀州刺史依法办事，公法也。"乃列举太守罪行，并依法行事。

桓帝时，朝廷多次征魏桓为官，乡人也鼓励他去。魏桓道："追求升官晋爵，是为了实现志向。如今后宫之人数以千计，可以减少吗？厩中马匹上万，可以减少吗？左右都是权豪，可以除去吗？"乡人回答道："不能。"魏桓慨然叹道："让我活着去，死着回来，对各位有何好处！"遂引身不出。

鲁恭生性谦让，奏疏都依据经典。他举荐的贤才，做到列卿郡守的有几十人，有些豪门大户因为没有被举荐，便抱怨他。鲁恭听说后，便道："不学习才是我担忧的。读书人不是有乡举吗？"抱怨的人也就无话可说了。

梁冀的弟弟梁不疑任河南尹，曾推举张陵为孝廉。梁不疑恨张陵弹劾梁冀，便对张陵道："从前我推举君，就是为了自我惩罚呀。"张陵道："明府不以我不贤，错误地举荐我，如今我申明法令，以报私恩。"梁不疑面有惭色。

武威太守依仗权势，恣意横行，凉州从事苏正和上报他的罪行。凉州刺史梁鹄畏惧权贵，想杀掉苏正和，以免跟着担责，便以此事询问盖勋。盖勋素来与苏正和有仇，有人劝盖勋趁机报仇。盖勋道："不行。谋事杀良，非忠也；乘人之危，非仁也。"便劝梁鹄道："束缚苍鹰喂养它，是想要它凶猛，它凶猛了却要被烹煮，那还有何用呢？"梁鹄觉得盖勋说得没错，便放苏正和一马。苏正和庆幸免于灾祸，到盖勋处致谢，盖勋不肯见，传话道："我是为梁使君考虑，不是为你苏正和。"仍像原来那样恨他。

范滂获罪，被关进黄门北寺狱。狱中看守对他道："凡是获罪被关押的人都要祭祀皋陶。"皋陶，乃虞舜时期的司法官，后来成为狱官或狱神的代称。范滂道："皋陶乃圣贤，是古代的正直大臣。他知道范滂无罪，就会向天帝诉说申辩。如果范滂真有罪，祭祀皋陶又有何益！"

灾荒之年，平民生活艰辛，有人不得已做了小偷。某夜，有小偷进入陈宅，躲在屋梁上面。陈寔知道屋梁上面有人，并未喊人捉拿，而是把子孙们叫到面前训示："人不可以不自强。不善的人未必本来就恶，习惯成自然。梁上君子就是这样的人啊！"小偷大惊，立刻下来，磕头请罪。陈寔训导他道："看你面相，不像恶人，应该自我反省回归善道。不过你这样做可能是由于太穷困了。"让人拿来两匹绢给他。从此县里再没有发生偷盗之事。

【梁上君子】

张霸到越时，贼兵未散，郡边界很不安宁。张霸便写信开价讲和，明确资财，诚意奖赏，贼兵便束手归顺。童谣唱道："弃我戟，捐我矛，盗贼尽，吏皆休。"张霸任职三年后，对掾史道："我乃一介书生，官竟至一郡之守。不过日中则移，月满则亏。老子曾言'知足不辱'。"便借口生病，辞官而去。

有个叫赵宣的人安葬了父母，却没有填埋墓道，而是住在里面，服丧二十余年，乡里都称赞他孝顺，州郡官府多次以礼相请。郡中把他推荐给陈蕃，陈蕃与赵宣相见，问起他的妻子儿女，了解到赵宣的五个儿子竟然都是在服丧期间出生。陈蕃大怒道："圣人制礼，贤者俯就，不肖企及。祭祀不能太频繁，频繁了便不庄重。更何况你在墓道之中居住，还在里面生孩子，这不是欺骗世人，迷惑民众，玷污鬼神吗？"于是给他治了罪。

袁绍起兵讨伐董卓，四方豪杰纷纷响应。韩馥有所顾虑，便召集诸位将领商议道："是帮助袁绍呢，还是帮助董卓？"治中刘惠勃然道："发兵是为了国家，哪里管什么袁绍、董卓？"

百态·第十

　　"百态"一节可以说是大杂烩，里边囊括了人间百态。在这里你可以看到真与假、善与恶、美与丑，你也可以看到一些奇闻趣事和荒诞人生，令你有可敬、可恨、可叹、可笑、可喜、可悲之感。

　　每个人的性格不同，也就决定了处事会不同。有些人处事让人感到真实，如英布投降刘邦后的一怒一喜，自是自然流露；而有些人处事让人感到虚伪，如王生让张释之当众帮自己系袜带，多有作秀之嫌。

　　为恶自然不该，但为善也要有原则。江都王刘建以杀人为乐，固然他性格中有此恶念，可缺少了对权力的制约，才会导致他如此放肆。有效的制约虽不能消除恶，却能避免大恶的发生；淳于恭帮助盗贼盗取自家之物，虽是用心良苦，但于常人而言却是很难效仿，最多心向往之而已。善与恶是人类赋予的价值判断，善恶只能互为消长，而不能一方吞灭一方，至善也许不在人间，但至恶却肯定在人间。人类所能做的就是尽量避免大恶至恶的发生，同时也要避免以实现至善为目的而导致不择手段的至恶发生。

　　孔融四岁让梨一直被视为美德，可是放在当下，则值得商榷了，这涉及对幼儿的教育问题。四岁的孩子谦恭礼让是不是太过于老成，是不是毁坏了孩子的天真与自然，是不是变相地诱导孩子学会讨大人欢心？礼让固然是美德，但不能对幼儿有所要求，即便幼儿偶尔有此举，大人也不要鼓励，而是让他轻松快乐地度过幼期。孔融四岁让梨是个案，不值得效仿，也不值得后人推崇。倒是他成人后的两句惊世骇俗之语值得我们深思。孔融曾言："父之于子，有何亲情？论其本意，只是性欲发作罢了；子之于母，又有何亲情？就像把东西寄放在罐子里，取出来就脱离关系了。"今人读之，尚有惊讶之色，古人读之，只能如五雷轰顶了。

　　常人有些嗜好兴趣并不打紧，但是一个皇帝有嗜好兴趣就不同了，尤其当他的兴趣还比较另类时。灵帝在后宫大量兴办店铺，让宫女们贩卖，以至于宫女们相互盗窃，引起纷争。灵帝身着商人服饰，饮宴取乐。又在西园玩狗，让狗戴着进贤冠，系着绶带。进贤冠乃文官所戴，绶带乃官印所配，此时都安置在狗身上了。灵帝又用四驴拉车，自握辔绳驾驶，驱驰周旋，京师之人转而仿效。看到这一幕，是说灵帝太浪漫呢，还是说他不务正业？有人说，皇帝也是人啊。这也对，如果把国家治理得很好，胡玩一阵也无所谓，可惜却不是。最后只能把王朝玩灭了。

　　其他如公孙瓒高建营垒，董卓经营万岁坞等，就不一一解读了。

秦·西汉

英布来到汉国。刘邦正踞坐在床上洗脚，召英布进来相见。英布感到被羞辱，后悔来到汉国，真想自杀。退出后，前往客馆，发现这里的待遇，不论吃住还是随从，皆与汉王那里一般。不觉喜出望外。

叔孙通身穿儒服，刘邦甚是厌恶，于是他改穿短衣，比照楚人服饰，刘邦甚是高兴。

萧何购买田宅一定选在贫穷偏僻之地，在这里建造房屋也不修院墙，说道："假如后代贤能，就学学我的俭朴；不贤，也不会被豪强所侵夺。"

萧何病逝，曹参闻听后，告诉舍人赶紧置办行装，说道："我将入朝为相了。"没过多久，朝廷使者果然来召曹参。

【魏勃扫门】

魏勃年少时，十分崇拜齐国的丞相曹参，无奈家境贫寒，缺少有地位的亲朋好友帮助引见。于是他想出一个办法，在天未亮时，便去丞相舍人门前清扫。舍人发现门前总被提前打扫干净，甚是奇怪，便暗中观察，才知道是魏勃所为。魏勃道："想见丞相但没有机会，所以为您打扫门庭，希望以此得见丞相。"舍人遂把他引见给丞相曹参。

王生擅长黄老之术，是个隐士，曾被召进殿廷中，当时公卿大臣都在。王生说道："我的袜带松了！"回头看廷尉张释之，道："请帮我把袜带系好！"张释之跪在地上帮他把袜带系好。过后有人责问王生道："为何偏偏在朝廷之上当众侮辱张廷尉？"王生道："我年老且地位卑微，自料不会给张廷尉有所帮助。张廷尉乃天下名臣，我委屈他一下，以此抬举他。"

江都王刘建游章台宫，令四个女子乘小船，刘建用脚踩翻小船，四人皆落水，两人被淹死。后来刘建游雷波，当时正刮着大风，刘建令两个男子乘小船入波中。船翻，两人落入水中，便攀着船沿，在水中时隐时现，刘建在旁看着哈哈大笑，不许别人施救，看着他们被淹死。

胶西王刘端为人残忍暴虐，又患阳痿，一接触女人，即病数月。有一个他所宠幸的少年，任郎官，因与后宫淫乱，刘端不但杀了他，而且杀了他的儿子和母亲。汉公卿数次请求诛杀刘端，武帝不忍心惩处兄弟，因此刘端更加放肆。有司也多次请求削减刘端的封国。当封国被削减一大半后，刘端心中恼怒，便对封国内的钱财不再管理。府库毁坏漏雨，财物全部腐烂，损失以巨万计。他又命令官吏不得收取租赋，并且解散警卫人员，封闭宫门，只留一门，以便出宫。他屡次改名换姓，假扮平民，到其他郡国游玩。

赵王刘彭祖为人虚伪不实，对人过度谦敬，而内心刻薄阴毒，喜好玩弄法律，以诡辩中伤人。汉朝廷委派的官员如果依法处理政务，就会削弱赵王的权力。为此每当朝廷委派的官员来赴任，刘彭祖便扮为奴仆，亲自出迎，清扫官员下榻的住所，趁机给他们布局下套。一旦官员言语失当，触犯朝廷禁忌，刘彭祖就把话记下来，一旦官员想依法办事，他就以此相威胁；如果对方不顺从，刘彭祖就上告揭发，诬陷对方。刘彭祖在位六十余年，朝廷委派的丞相和其他高官均任期不到两年就因罪去职，或被处死，或受刑罚，没人再敢依法治理，赵王便因此得以专权。他还派使者到各县为商贾说合交易加以征税，这些收入比王国的租税还多。

赵王刘彭祖不喜欢营建宫室、供奉鬼神，而喜欢做具体办事的小官吏。他上疏武帝，志愿督管国中盗贼。他经常在夜间带领士兵于邯郸城内巡查。使者和旅客素知赵王为人，自是不敢留宿邯郸。

石建向武帝陈述事情时，倘若没有旁人在场，他便畅所欲言，可在朝堂之上，就好像不会说话了。没想到他却因此受到武帝尊重。石建上疏奏事，奏章批复后，石建拿来阅览，惊恐道："写错了'马'字，下面脚连尾应该五笔，只写了四笔，皇上会谴责我的，我活不成了。"

韩安国有大韬略，其智谋合于世俗标准，且都出于忠厚之心。虽贪嗜钱财，但他所推举的，都是比他贤能的廉洁之士。

刘德深知"知足常乐"的道理。他妻子死后，大将军霍光想把女儿嫁给他，刘德不敢娶，害怕太荣盛。

司马相如虽然口吃，可才华横溢，妙笔生花。不过他的身体不是很好，经常患消渴病，发病时多饮、多尿、多食及消瘦疲乏，类似糖尿病。自从与卓文君结婚，财产丰饶。因此虽身在宦途，并不羡慕高官厚爵，总托言生病，闲居家中。

有一回，田蚡请客人宴饮，却让他的兄长盖侯面向北坐，自己向东坐。他认为汉朝的丞相尊贵，不能因为是兄长就委屈了自己。

公孙弘本是布衣，几年后就官至丞相，便营建客馆，招贤纳士。他很节俭，每餐只有一个肉菜和糙米。亲朋故友以及宾客如有生活困难的，他都倾囊相助，由此家无余财。遗憾的是公孙弘为人猜疑忌恨，外表宽宏大量，内心城府极深。对待同他有仇怨的人，公孙弘虽表面和气，暗中却加祸于人。杀死主父偃，把董仲舒改派胶西国，公孙弘是脱不了关系的。

辛庆忌平日里仪容举止恭敬谦逊，他的饮食穿戴尤为节俭，但性喜车马，标识很醒目，只有这算是奢侈了。

蔡义因为通晓经术而供职于大将军幕府。他家中贫穷，经常步行。众门下中有好事者凑钱给他买了一辆牛车。

黄霸命一位清廉年长的属吏密查一件事。属吏依言而行，为了保守秘密，便不敢在驿站停留，饿了就躲在路边进食，突然有只乌鸦飞来抢走他随身带的肉。有位准备到郡府谈事的人刚好看到这一幕，见到黄霸后便讲了所见情形。数日后属吏回来拜见黄霸，黄霸迎上前慰劳道："太辛苦了！在路旁进食却被乌鸦把肉叼走。"属吏大惊，以为黄霸知他行踪，报告调查结果时不敢有丝毫隐瞒。

盖宽饶被新任命为司马，未走出宫殿大门，便把单衣剪断，令其变短离地，戴大冠，佩长剑，亲自巡察士兵营舍，了解他们吃住情况，慰问患病士兵，安排医药救治。

盖宽饶立志效力朝廷。他的俸禄每月数千，却一半花在公事上。他身为司隶，儿子却步行到北方边境担任守卫。他待人苛刻，经常陷害别人，当权的人和皇亲国戚都怨恨他。他还喜欢讥讽政事，冒犯皇帝旨意。因他是个儒者，宣帝对他优待宽容，可是他也因此而得不到升迁。

张禹治家，除了经营田地，还从事经商活动。当他在官场显贵后，就在泾水、渭水流域购置了四百顷良田，除此之外，其他的财物也不在少数。如此家资，生活奢侈淫逸也就不足为奇了。他辞官闲居在家，常到后堂拨弄丝、竹、管、弦等乐器。

五凤年间，青州刺史上奏宣帝，说思王刘终古让爱奴与其妾及诸多婢女通奸，自己或是与他们睡在一起，或是白天让他们赤身裸体，似禽兽交媾，刘终古亲自观看。这样生了孩子，便道："乱而不知其父，将孩子弄死吧。"

朱博为人廉正节俭，不好酒色，不喜游玩宴乐。自微贱至富贵，食不重味，案上不过三杯，夜寝早起，妻子很少能见他一面，膝下只有一女。他乐于交结士大夫，当郡守九卿时，宾客满门。谁想做官，朱博就举荐他；谁想报仇，朱博就解下佩剑送给他。

孔光任职光禄勋，到了休假时，与家人闲谈从不提及任何有关朝廷的事。有人问孔光："长乐宫温室殿里的树，都是些什么树啊?"孔光只是嘿嘿一笑，并不应答，用别的话岔开。

史丹为人足智多谋，平易待人，表面看去倜傥不羁，然而内心却谦恭谨慎，所以尤其能被皇上信任。

梅福曾以小吏身份，上书痛陈时弊，讥讽擅权者王凤，结果可想而知，于是挂冠而去。元始年间，王莽专政，梅福深知王莽必然篡夺汉家江山，乃于一天早晨抛弃妻子儿女，去了九江，传说他成了神仙。在那之后，有人说在会稽郡曾看见过他，他已经改名换姓，在吴市做门卒。

唐林、唐尊都在王莽时为官，荣耀显贵，位列公卿。唐林曾多次上疏谏净，有忠诚刚直之节。唐尊则身穿破衣，脚踏破鞋，以粗糙瓦器饮食，又将这些瓦器遍赠公卿大臣，因此得了个虚伪的名声。

东汉

更始时，天下大乱，刘平的弟弟刘仲被贼寇所害，没想到不久后贼寇又来抢劫。当时，刘仲的遗腹女才一岁，刘平搀扶母亲，抱起女婴就逃。可他却放弃了亲生儿子。刘平的母亲发现没有抱走孙子，就要回去，刘平不同意，对她说道："我无力保全两个孩子，可刘仲不能绝后。"

张奋常常把自己的租俸分出一些，赡养抚恤宗族亲属，即使到了倾囊的地步，也是尽力施与。

吴汉家境贫穷，在县里供职做亭长。王莽末年，因为宾客犯法，他受到牵连，便逃亡到渔阳，以贩马为业，往来于燕、蓟之间，每到一地便结交当地豪杰。

子密背叛彭宠，割彭宠及其妻子头颅，放置囊中，出城后投降光武帝。光武帝封子密为不义侯。

盖延身高八尺，能拉开三百斤的弓。幽州边地崇尚勇武，盖延恰以力气闻名。

耿秉生性勇敢而处事简练，行军时常常披着铠甲走在前面，休息时军队也不安营编部，而是令哨兵远远地观察敌情，一旦有紧急情况，马上排成军阵，士兵都愿意为他效死。

祭遵年轻时喜读经书，家境也颇富裕。但祭遵恭顺俭朴，只穿着破衣裳。母亲去世，他背土造坟。起初，县里人认为他软弱，自从他杀死冒犯他的官员后，大家都很惧怕他。

祭彤，字次孙，早年丧父，以至孝著称。遭遇天下大乱，乡野已无炊烟，只有他独自守在坟墓旁。每逢有贼人路过，看他年纪虽小却有如此志向节操，既惊奇又同情。祭彤长大后，为人朴厚，庄重刚毅。他抚慰夷狄时讲求恩惠信用，夷狄都敬畏他。

任光，南阳宛县人，年少时忠实厚道，为乡里人喜爱。最初他做乡啬夫、郡县小吏。汉兵到了宛县，军人见任光冠服鲜明，就让他脱掉衣服，想抢下衣服，再杀死他。适逢光禄勋刘赐赶到，看任光仪表堂堂，乃有德之人，便救了他。

任隗年轻时喜欢黄老之学，为人清心寡欲，所得到的俸禄，常常拿来救济宗族，收养孤儿寡妇。

祭遵为官廉洁，克己奉公，将朝廷给他的赏赐全部分给士卒，家无私财。他生活节俭，韦裤布被，就连夫人的裙子也是不加边的。光武帝对他很是敬重。

朱晖为吏刚正，受到上司的忌恨，多次被弹劾。后来他隐居在野外湖泽之间，布衣蔬食，不与邑里中人交往，乡里人讥讽他与众不同。建初年间，南阳大饥荒，米一石千余钱，朱晖将家财全部分给贫困之人，乡族遂都归附他。

有位名叫王仲的富翁，产业值千金。他对公沙穆道："当今之世，人们都用财货为自己疏通关系，我送一百万给您，如何？"公沙穆道："感谢您的深情厚谊，但富贵在天，能否得到，在于命数，用财货求取官位，我不忍为之。"

盗贼深夜到赵咨家打劫，赵咨恐怕母亲受到惊吓，便到门前迎接盗贼，说道："老母八十岁了，生病需要休养，家中贫穷，并无多余储存，就让我给你们备置一些衣粮吧。"盗贼不觉惭愧，跪下推辞道："我们犯了不可宽恕的罪过，冒犯了贤者。"说完，便全都跑走了，赵咨想送给他们一些衣粮，但没能追上。

太原闵仲叔，世人称其为节士。后来，他老病在家，无钱买肉，只好去买一片猪肝，有的屠户觉得卖猪肝不赚钱，便不卖给他。有一次，安邑县令来他家问候，儿子把老父的生活状况如实禀告。县令便要求屠户们不要为难闵仲叔，这样他又可以买到猪肝了。不过，闵仲叔感到有些蹊跷，便询问儿子，得知实情后，他叹息道："闵仲叔怎能以口腹之事拖累县令呢？"遂离去，客居沛地，直到寿终。

【买猪肝】

虞延出生时，身上带有一物，好似一匹白练，冉冉地升上了天，占卜的人认为是吉兆。等他成人后，身长八尺六寸，腰带十围，力能扛鼎。

虞延有个远房妹妹，刚出生不久，其母觉得养不活，乃将她丢弃沟中。虞延听到号哭声，便收养了她，直到长大成人。

窦宪性格果敢急躁，睚眦之怨莫不报复。永平时，谒者韩纡曾审问他父亲窦勋的案子，窦宪就派刺客杀死韩纡的儿子，到父亲的坟墓祭奠。

淳于恭擅长讲解《老子》，他为人好清静，也不羡慕美名。他家不但有田地山林，还种有果树。有人侵入偷盗，他便帮助人家收集采摘。盗贼后来得知实情，便把盗取之物归还，淳于恭却也不接受。有人偷割田里的庄稼，淳于恭怕人家看到自己会羞愧，便伏在草丛中，等偷盗的人走后他才起身。里落之人都被他感化。

虞诩十二岁时便能通晓《尚书》。他早年丧父，孝养祖母。县里推选他为顺孙，国相想让他担任官吏。虞诩推辞道："祖母已经九十岁了，只能靠虞诩供养了。"国相也就不勉强了。后来祖母去世，他服丧之后，受太尉李修征召，拜为郎中。

冯豹，字仲文。十一岁时，生母被父亲赶走。后母不喜欢他，曾经趁着冯豹夜晚熟睡，想要害死他，冯豹逃走，免于一死。以后冯豹行事更加谨慎，而后母也更加恨他，时人称赞他孝顺。长大后，冯豹喜好儒学，在骊山下教授《诗经》、《春秋》。乡人称诵他："道德彬彬冯仲文。"

韦彪十分孝顺，父母去世，他守丧三年，足不出户。服丧期满，已瘦得不成人样，治疗数年才恢复原貌。他喜好钻研学问，见识广博，被称为儒学宗师。建武末年，韦彪被推举为孝廉，拜任郎中，后因病免官，回乡授徒，安贫乐道，淡泊功名。

左雄，安帝时被推举为孝廉，稍后迁升为冀州刺史。该州有很多势家豪族，专爱拉关系走门路。左雄总是闭门不纳，不跟他们交结往来。他奏请朝廷审理二千石这样的贪猾大吏，也毫不回避。

大将军邓骘闻听马融很有声望，便召他担任舍人。但马融对此不感兴趣，便没有应允，客居在凉州武都、汉阳境内。这时，羌寇蜂拥而起，边境骚乱，米谷踊贵，函谷关以西，饿死的人到处都是。马融陷入窘境，饥饿难耐，心有悔意，对友人道："古人有言'左手据天下之图，右手刎其喉，愚夫不为'。所以这么说，是因为生命比天下还要宝贵，仅仅为了自命清高，而葬送了宝贵的性命，恐非老庄本意。"有此顿悟，马融乃接受邓骘之召。

梁冀为人鸢肩豺目，说话含混不清，但在书写、计算方面颇有专长。年少时，因是贵戚，四处游玩，随心所欲。他嗜好饮酒，能拉强弓、玩弹棋、格五、六博、蹴鞠、意钱等游戏，又喜好臂鹰走狗，骋马斗鸡。

姜肱和他的两个弟弟仲海、季江非常友爱。虽然都娶了妻子，可是不忍分开，常常兄弟三人同盖一被。姜肱曾与季江去拜谒郡守，夜路遇盗贼，盗贼想杀死他们，姜肱兄弟争着先死，盗贼于是放了他俩，只抢走衣物资财。到郡中后，郡守见姜肱没有衣物，奇怪地问他原因，姜肱找别的理由搪塞，不肯说出遇盗之事。盗贼听说后心灵受到触动，来到姜肱的学馆，叩头谢罪，并归还物品。姜肱不接受，还为他们备置酒菜，用餐后，便让他们离去。

【姜肱共被】

桓帝末年，董卓以六郡良家子弟的身份为羽林郎，跟从中郎将张奂做军司马，一起去攻打汉阳叛逆的羌人。平定后，被封为郎中，赏细绢九千匹。董卓道："为功者虽是自己，立功的却是将士们。"乃将赏赐全都分给将士，自己一点不留。

灵帝初年，中常侍张让权倾天下，其父去世，归葬于颍川，郡中来吊唁者甚众，却没有一个名士前来，张让非常恼恨。好在名士陈寔随后赶到，张让甚是感激，后来朝廷再一次大诛党人，张让多次保全陈寔。

灵帝在后宫大量兴办店铺，让宫女们贩卖，以至于宫女们相互盗窃，引起纷争。灵帝身着商人服饰，饮宴取乐。又在西园玩狗，让狗戴着进贤冠，系着绶带。进贤冠乃文官所戴，绶带乃官印所配，此时都安置在狗身上了。灵帝又用四驴拉车，自握辔绳驾驶，驱驰周旋，京师之人转而仿效。

阳球擅长击剑、骑马、射箭，但天性严厉，喜欢申不害、韩非的学说。郡中有个官员侮辱其母，阳球纠集了几十名少年将这个官吏及全家杀死，自此阳球知名。

中平六年，灵帝驾崩，董卓担任司空，得知蔡邕声望很高，便召用他，蔡邕托病谢辞。董卓大怒道："我可以灭其族，蔡邕要是还如此傲慢无礼，就活不长了。"又严厉吩咐州郡举荐蔡邕到司空府，蔡邕迫不得已到董卓府中，暂任祭酒。董卓对他倒也十分敬重。

袁绍，字本初。其先人世代担任三公，加上袁绍对士人不论贵贱，一视同仁，倾心结交，所以士人争着投奔他。灵帝身边的侍臣对他很反感。中常侍赵忠在禁中道："袁本初尽做抬高身价之事，还喜好养不死之士，不知这小子意欲何为！"袁绍的叔父太傅袁隗闻言，将袁绍叫来，用赵忠的话训斥他，但袁绍始终不改。

【孔融让梨】孔融兄弟七人，孔融排行第六。他四岁时，大人给他兄弟们拿梨吃，孔融只挑最小的。大人问他缘由，孔融答道："我年龄最小，自当取最小的。"

孔融对祢衡道："父之于子，有何亲情？论其本意，只是性欲发作罢了；子之于母，又有何亲情？就像把东西寄放在罐子里，取出来就脱离关系了。"

皇甫嵩，字义真，在平定黄巾军中立有奇功，却与董卓有过节儿。董卓想杀掉他，又不得已释放他，任命其为议郎，再升任御史中丞。董卓回长安时，公卿百官在路旁迎接。董卓放出口风让御史中丞以下的官员下拜，以此羞辱皇甫嵩。过后董卓拍手道："义真服了没有？"皇甫嵩笑着向他道歉，董卓这才算彻底放过他。

皇甫嵩为人恭谨，恪尽职守，前后上表陈说于民有益的意见五百余条，都亲手书写，之后毁掉草稿，不向外界泄露。他又能尊重有见识有能力的人，时人多称颂之。

董卓经常与百官置酒宴会，纵乐狂欢。他又在郿地修筑城堡，高厚各七丈，名为"万岁坞"，里面储藏了够吃三十年的粮食。他道："事成，雄踞天下；不成，守此足以养老。"

刘虞一向俭朴，帽子破了也不换，只是补补而已。他遇害后，公孙瓒的兵搜查他家时，却发现他的妻妾都穿着锦缎，妆饰华丽。时人因此质疑刘虞的人品。

辽西又是旱灾，又是蝗灾，谷价昂贵，粮食匮乏，以至于发生人相食的惨剧。可公孙瓒恃其才力，不恤百姓。他记过忘善，睚眦必报，州里的士人一旦名声超过他，必以法害之。常言："做官的就是有享受富贵的命，何须感谢他人？"他所宠爱的，大多是商贩之类的庸人。

党人被禁止做官，范冉①用小车推着妻子孩子，靠捡拾维持生计。有时他住在客店，有时靠在树下过夜，这样过了十余年，才搭了一个草屋住下。他住的地方很简陋，有时粮食吃光了，生活窘困，他却若无其事，言貌无改。乡人歌唱他道："锅里生尘的是范史云，锅里生鱼的又是范莱芜。"

邻里有人为争夺财物发生械斗，高凤前去调解，可他们就是不肯住手，高凤便摘下头巾叩头，一再请求道："仁义逊让，奈何弃之！"结果格斗之人深受感动，丢下器械向高凤谢罪。

王允性情刚正，疾恶如仇，当初顾忌董卓的豺狼之凶，所以卑躬屈节以图大事。董卓被灭后，他自认为不会再有祸难发生，处事态度与方式也发生了变化。他常常缺少温润之色，办理大事也不循权宜之计，因此部下群臣渐渐地疏远他。

袁术虽自矜名声，但天性骄傲放纵，自尊自大。等到他窃僭名号时，荒淫奢侈日益严重。姬妾数百，穿华衣，吃佳肴，而部下饥饿穷困，他也绝不去省察体恤。以致财产全被用光，无法立足。

公孙瓒屡战屡败，于是逃回易京坚守。临易河挖十余重战壕，又在战壕内堆筑高达五六丈的土丘，丘上又筑有营垒。堑壕中央的土丘最高，达十余丈，公孙瓒自居其中，以铁为门，斥去左右，令七岁以上的男人不得进入，只有他与妻妾住在里面，又囤积粮谷三百万斛。公孙瓒又让妇人习为大声，大到能传出数百步，来传达命

①字史云，曾任莱芜长。

071

令。公孙瓒疏远宾客，致使身边没有一个亲信。从此以后，他很少出来打仗。有人问他原因，公孙瓒道："以前在塞外驱逐叛胡，在孟津扫荡黄巾，那时，我认为天下稍作指挥就可平定。到了今日，兵革方始，看来不是我所能解决的，不如休兵力耕，救济荒年。兵法上说百楼不攻，如今我诸营楼橹千里，积蓄谷物三百万斛，有这些吃的足以待天下之变。"

袁绍听说已经打败了公孙瓒，便解掉马鞍让马休息，他身边的卫士也不多。没想到公孙瓒的两千多名被打散的骑兵突然将袁绍包围，射来的箭如雨落一般。田丰扶着袁绍，让他退入一栋空墙中。袁绍摘下头盔扔到地上，大声道："大丈夫当上前战死，岂能逃跑？"

婚爱·第十一

爱是生命得以存在与延续的根本。爱情是爱的一种表达,是在爱的征途上苦苦寻找另一半。婚姻是种责任与担当,是对海枯石烂、终生不渝的爱情兑现。

爱上一个人,那就要学卓文君对待司马相如,敢于"私奔";爱上一个人,就要学刘秀,胸怀大志曰:"仕宦当作执金吾,娶妻当得阴丽华。"

一旦结为伉俪,就要厮守终生,不可喜新厌旧。光武帝曾对宋弘讲:"地位显赫就忘掉故友,家财富足就换个妻子,这是人之常情吗?"宋弘答道:"臣闻贫贱之知不可忘,糟糠之妻不下堂。"

秦·西汉

长公主的夫君平阳侯曹寿，患恶疾返回封国。长公主想改嫁他人，便问属下："列侯当中谁最贤能？"左右人都说大将军卫青。公主笑道："他在我家长大，常常骑马跟随我，不太好吧？"左右人道："现在他可尊贵无比了。"于是长公主向皇后表明自己的心意，皇后如实转告武帝，武帝便令卫青娶长公主。他们去世后又合葬一处，修起的坟很像庐山。

黄霸早年任阳夏游徼，执掌巡察缉捕之事。某日，他与一位擅长相面的朋友同车出游，路上遇见一位少女，朋友看了，说道："此女日后定将富贵，如若不然，相书可以扔了。"黄霸便过去询问女子姓氏，原来是乡间巫家之女。黄霸遂娶了她，两人厮守终生。

【倾城倾国】

李延年精通音律，擅长歌舞，武帝很喜欢他。李延年每次演奏新的乐曲，闻者莫不感动。有一次，他为武帝起舞，歌中唱道："北方有佳人，绝世而独立，一顾倾人城，再顾倾人国。宁不知倾城与倾国，佳人难再得！"武帝叹息道："世上真有这样的人吗？"平阳公主说李延年有个妹妹甚美，武帝召见，其人既美貌又善舞。武帝非常宠爱她，她便是李夫人。

武帝巡狩，路过河间，望气者对武帝说此地定有奇女。武帝下诏寻找，果然如望气者所言，有位年轻漂亮的女子。据说此女天生双手握成拳状，武帝唤此女过来，伸出双手将女子手轻轻一掰，少女的手便张开。武帝将她带回宫，号为"拳夫人"，也称钩弋夫人，武帝对她甚是宠爱。她便是汉昭帝生母。

卓文君夜间逃出家中，与司马相如私奔，两人赶着马车急返成都。到家一看，真可谓家徒四壁，穷得可怜。卓王孙得知女儿私奔，更是大怒道："女儿不才到了极点，我不忍心杀她，但也绝不给她一文钱！"有人劝说王孙，王孙始终不听。文君与相如一起生活了很久。有一天，文君说道："长卿（司马相如字长卿）只管和我一同前往临邛，从弟兄借贷也足以维持生计，何至于困苦如此！"相如与文君便来到临邛，把车马卖掉，买了家酒店做起生意。卓王孙闻讯后，认为是奇耻大辱，闭门不出。兄弟和长辈轮番前去劝导王孙道："你只有一儿两女，所缺的并非钱财。如今文君已委身于司马长卿，长卿本厌倦做官，虽然家贫，才能倒可信赖，况且他又是县令的客人，何必如此相辱呢！"卓王孙不得已，分给文君家奴一百人，钱一百万。文君便与相如返回成都，置买田地房屋，成了富人。

东汉

刘秀到了新野，听说阴丽华很美，便在心里喜爱她了。后来刘秀到了长安，看见执金吾车骑队伍甚为壮观，因而叹道："仕宦当作执金吾，娶妻当得阴丽华。"更始元年六月，刘秀终于在宛县的当成里娶阴丽华为妻，当时阴丽华十九岁。

光武帝的姐姐湖阳公主新寡，光武和她谈论诸位朝臣，试探她中意哪位。公主道："宋弘的相貌品德，群臣莫及。"光武道："想想办法。"当宋弘被召见时，公主就坐在屏风后。光武对宋弘道："谚言贵易交，富易妻，人情乎？"意思是说，地位显赫就忘掉故友，家财富足就换个妻子，这是人之常情吗？宋弘答道："臣闻贫贱之知不可忘，糟糠之妻不下堂。"也就是说，卑贱时的朋友不能忘，共患难的妻子不能离。光武回头对公主道："这事办不成了。"

【糟糠之妻】

夫妻·第十二

　　夫妻间应相互尊重、理解、扶持，同甘共苦。朱买臣在最艰难的时候，他的妻子离他而去，没过几年朱买臣功成名就，他的前妻深感羞愧，自杀而亡。实乃一桩人生悲剧。

　　王仲卿曾在长安求学，与妻子住在一起。仲卿患病，贫而无被，只能睡于麻编的牛衣中，觉得自己必死，便与妻诀别而泣。其妻呵斥道："仲卿，朝廷中的那班贵人，他们的学问谁及得上你？现在贫病交迫，不自我激励，反而啜泣，何其浅陋呀！"一声呵斥让王仲卿从绝望中看到了希望，坚强起来，战胜疾病，终有所成。

　　世事难料，人生多有艰辛。黄昌在州府担任书佐，其妻戴氏回娘家探视，路遇贼寇，被掳掠，辗转到蜀郡嫁给他人，并生儿育女。后黄昌迁为蜀郡太守，戴氏之子犯法，她去找太守申诉。黄昌怀疑她不是蜀郡人，就问缘由。戴氏道："我原是会稽余姚戴次公的女儿，州府书佐黄昌的妻子。我曾回娘家，被坏人掳掠，到了此地。"黄昌一惊，将戴氏叫到跟前问："你凭什么说认识黄昌？"她答道："黄昌的左足心有颗黑痣，经常说自己可以做到二千石的官。"黄昌乃出足示之。两人相抱大哭，重新成为夫妻。人生无常，或喜或悲可见一斑。

秦·西汉

陈平少时虽家贫，却喜欢读书，钻研黄老之学。其家中有三十亩田，哥哥陈伯种田，让陈平去游学。陈平长得高大帅气，有人问他："家里既然穷，吃什么长这样？"嫂子恨陈平不在家种田，便道："也就吃粗粮呗。有这样的小叔，不如没有！"陈伯听到后，赶走了妻子。

朱买臣就喜好读书，不懂治产谋生，只能靠卖柴维持生计。朱买臣担柴时，边走边诵读经文。其妻背柴尾随，几次三番劝朱买臣不要在路上诵读，朱买臣却提高嗓门，妻子觉得很羞耻，便要离去。朱买臣笑道："我五十岁时当富贵，现已四十多了。你跟着我受苦多年，等我富贵后再报答。"妻子愤然道："像你这种人，终究要饿死在沟壑中，如何富贵？"朱买臣只好任她离去。某日，朱买臣仍旧边走边诵书，担柴从墓间经过。前妻与其夫来上坟，见朱买臣又饥又寒，便叫他过来一起用饭。没过数年，朱买臣显贵，衣锦还乡，把前妻和其夫安置于太守府园中，供给食物。一个月后，前妻上吊自杀。朱买臣给她丈夫银两，让他安葬之。

武帝召画工画了一张"周公负成王"图，并赐给霍光。左右群臣一看就明白了，武帝要立少子为太子。可是武帝又担心子少母壮，外戚干政。少子的生母就是钩弋夫人。数日后，武帝斥责钩弋夫人，钩弋褪下簪珥连连叩头。武帝命人将其送到秘狱，钩弋回头求饶，武帝道："快走吧！你活不了！"之后，钩弋死于云阳宫。

王吉，字阳，年轻时求学，居住于长安城。东家有棵大枣树，其枝垂入王吉庭院中，王吉之妻摘了一些枣子给王吉吃。王吉得知枣子摘自东家树上，便休弃其妻。东家知道后就要砍倒枣树，邻居们前来劝阻，并恳请王吉让妻子返回。里中人就这事说道："东家有树，王阳妇去；东家枣完，去妇复还。"

王骏为少府时，其妻去世，此后再也没有续弦。有人问他何

【负薪挂角】

故，王骏道："我无曾参之德，子无华、元之贤，又怎敢再娶？"据说，因为妻子没有将藜叶之菜蒸熟，曾参就休了她，且终身不再娶妻。曾参之子曾元、曾华都请求父亲再娶，曾参道："高宗因为后妻而杀害儿子孝己，尹吉甫因为后妻放逐儿子伯奇。我上不及高宗，中不比吉甫，怎知再娶妻会如何呢？"

【牛衣对泣】

王章，字仲卿，曾在长安求学，求学的诸生中，只有他与妻子住在一起。王章患病，贫而无被，只能睡于麻编的牛衣中。他觉得自己必死，便与妻诀别而泣。其妻呵斥道："仲卿，朝廷中的那班贵人，他们的学问谁及得上你？现在贫病交迫，不自我激励，反而啜泣，何其浅陋呀！"

昭帝驾崩，昌邑王来京即位。可他淫乱无道，大将军霍光与车骑将军张安世密谋，打算废黜昌邑王重选皇帝。商议既定，让大司农田延年报知杨敞。杨敞听了，十分惊惧，不知该说什么，只是不停地支吾。田延年起身到茅厕方便，杨敞的夫人急忙从东厢房出来，对杨敞道："此乃国家大事，如今大将军计议已决，让大司农来告知。君侯不马上应允，却犹豫不决，必将先遭诛杀。"田延年返回，杨敞夫妇对田延年说，同意大将军的决定，遵奉大将军的命令。

赵飞燕出生后便被父母丢弃，三天后仍然活着，父母觉得怪异，就抱回开始哺育。稍大后，她同妹妹一同被送入阳阿公主府，学习歌舞。她天赋极高，学得一手好琴艺，舞姿更是出众。成帝经常与富平侯张放外出寻欢作乐，在阳阿公主家见到赵飞燕后，大为欢喜，就召她入宫，封为婕妤，极为宠爱。后又废了许皇后，立飞燕为后，赵飞燕之妹赵合德亦被立为昭仪。两姐妹专宠后宫，显赫一时。

东汉

李熊建议公孙述于蜀称帝，公孙述道："帝王自有天命，我怎可承当？"李熊道："天命无常，民众拥护贤能。贤能者就可承当，大王何必多虑!"公孙述做了个梦,梦中有人对他讲:"八厶子系,十二为期。①"醒来后,对妻子道:"梦中预示可算极贵,但时间短暂,怎么办?"其妻道:"朝闻道,夕死尚可,何况有十二年呢!"公孙述乃决定称帝。

吴汉外出征战,妻子在家买田产。吴汉回来,责怪她道:"军队在外,将士费用都不足,为何要多买田地房屋呢!"便把买的田产全部分给兄弟外家。

朱浮南奔至良乡,部下不想再逃,反而阻挡其去路。朱浮恐怕不能脱身,便下马刺死妻子,单身逃走,城池交给了敌人。

范迁在京城任高官时,家里有宅地数亩,田不到一顷,都送给了侄子。其妻道:"君有四子,却无立锥之地,可把俸禄攒下来,留给后代做家产。"范迁道:"我为大臣,却蓄积财富谋求私利,何以示后世?"他任司徒四年后去世,家中无一石余粮。

冯衍娶北地任氏女为妻,其妻性情暴躁,不许冯衍纳妾,又不理家务,只能儿女自操家务。夫妻生活多年后,冯衍忍无可忍,决心休掉妻子。他给妻子之弟任武达写信道:"不去此妇,则家不宁;不去此妇,则家不清;不去此妇,则福不生;不去此妇,则事不成。"

乐恢耿直进谏而被贵戚厌恶。窦宪之弟夏阳侯环想去问候乐恢,乐恢辞谢,不与他交往。窦宪的兄弟很放纵,自是痛恨乐恢。乐恢的妻子劝他道:"以前也有人为了安身而躲避祸害,你何必因言而招惹怨恨?"乐恢感叹道:"我哪忍心无功受禄立于他人朝廷之上呢!"

周泽任职太常,为人德行美好,对宗庙十分恭敬,经常带病住在斋宫。其妻怜悯他年老有病,就去探问他有何不适。周泽十分恼火,认为妻子触犯了斋戒禁忌,就把妻子送到诏狱请罪。时人怀疑周泽偏激得有悖常理,都道:"世上最不幸的事就是做太常的妻子,一年三百六十天,有三百五十九天要斋戒。"

符融妻子去世,没钱埋葬,乡人要为他置办棺服,符融不接

①此为符命之说,"八厶"即"公","子系"即"孙",合在一起就是"公孙"。

受，说道："古时死了人，就弃之荒野。只有老婆孩子死了可以按照自己意愿行事，不过也就是入土埋葬而已。"

杨秉生性不饮酒，早丧夫人，不再娶妻。曾从容道："我有三不惑：酒、色、财。"他于桓帝八年去世，时年七十四岁。

黄昌在州府担任书佐，其妻戴氏回娘家探视，路遇贼寇，被掳掠，辗转到蜀郡嫁给他人，并生儿育女。后黄昌迁为蜀郡太守，戴氏之子犯法，她去找太守申诉。黄昌怀疑她不是蜀郡人，就问缘由。戴氏道："我原是会稽余姚戴次公的女儿，州府书佐黄昌的妻子。我曾回娘家，被坏人掳掠，到了此地。"黄昌一惊，将戴氏叫到跟前问："你凭什么说认识黄昌？"她答道："黄昌的左足心有颗黑痣，他经常说自己可以做二千石的官。"黄昌乃出足示之。相持悲泣，重新成为夫妻。

黄允以俊才知名。郭林宗曾对他道："卿有绝人之才，足成伟器。然恐守道不笃，将失之矣。"后来司徒袁隗想为侄女求婚，见到黄允而叹息道："得婿如是足矣。"黄允闻之，便休了妻子夏侯氏。妻子对婆婆道："如今要被抛弃，将和黄氏永别，请求和亲属们相聚一次，倾吐离别之情。"乃大会宾客三百余人，其妻坐于当中，捋起袖子数说黄允十五件不为人知的丑恶事，言毕，登车而去。黄允因此为世人不齿。

李充家中贫困，弟兄六人同在一块儿吃饭，轮流穿一套像样的衣服。妻子私下对李充道："现在生活贫困到如此地步，很难长期安定，我个人有些财物，希望你考虑分家。"李充表面应酬道："如果想分家，应当准备宴会，请来乡人和亲戚，一同商量此事。"妻子照着他说的话备置酒宴请客人。李充于酒席上，跪在母亲面前禀告道："这妇人行为不端，竟然教我离开母亲和兄弟，其罪够得上休弃了。"接着大声呵斥妻子，逐出家门。妻子含泪而去。

权势之家仰慕梁鸿高节，都想把女儿嫁给他，梁鸿一概回绝。同县的孟氏女，形体肥胖，又丑又黑，力能举起石臼，选过不少人也没嫁，年龄已到三十岁。父母问她缘由，她道："想嫁给梁鸿那样的人。"梁鸿知道后就聘娶她。女子要求给粗布衣服、麻鞋、编织箩筐及纺织器具等。出嫁时，她才打扮了一番。梁鸿七天没理她。妻子于是跪在床前，道："我听说夫子高义，拒绝数妇，妾也拒绝了数男，现在妾被选中，敢问有何过错？"梁鸿道："我想找的是身穿粗布衣服，能够一同到深山隐居之人。现在你身穿精美衣服，脸上施粉，这难道是我希望看到的吗？"妻子道："以此观夫子之志耳，妾自有隐居之服。"遂重新梳妆打扮，梁鸿大为高兴，道："这才是梁鸿之妻，可以侍奉我了！"

【梁鸿孟光，举案齐眉】

　　献帝之妻伏皇后给她父亲写信，诉说曹操迫害董贵人的经过，请求父亲铲除曹操。后来事情泄露，曹操非常愤怒，逼迫献帝废掉伏皇后，派御史大夫郗虑手持符节策书，命令伏皇后上缴皇后玺绶，离开中宫。又让尚书令华歆做郗虑的副手，带兵进入宫中逮捕伏皇后。伏皇后紧闭门户，藏在夹壁里，华歆走过去把伏皇后拉了出来。当时献帝正在外殿，把郗虑领引到座位上。伏皇后披头散发，赤着脚，哭泣着从献帝身边走过，诀别道："不能再救我一命吗？"献帝道："我也不知道我的命何时了结！"回头对郗虑道："郗公，天下难道有这样的事吗？"最终伏皇后被幽禁致死，她所生的两个皇子也被鸩酒毒杀。

父子·第十三

　　与其他文化不同的是，中国奉行的是伦理文化，主张严父慈母。父子之间不存在对等的关系。现在则不然，我们应当和孩子成为朋友，要尊重孩子。不过，即便在秦汉时期，也存在儿子顶撞老子，惹得老子发狂的故事。

　　陈万年有一次病了，把儿子陈咸叫到床边，谆谆告诫，一直说到半夜。陈咸困意渐浓，不小心头撞屏风。陈万年怒火上蹿，要责打他，并道："父亲教导你，你反而打瞌睡，不听我话，是何道理？"陈咸慌忙认错道："您老人家要说的话我全都明了，无非是教我学会奉承拍马。"陈万年也就不再说了。

　　事实上，最好的父亲就是潜移默化地教会孩子做人。张霸临死前告诫儿子道："人生一世，应敬畏别人，如有坏事降到头上，就用正直的心来承受。"胸襟如此，非常人所能及也。对其子之影响不可谓不大。

　　一般而言，儿子是不敢当面指责父亲的过错的，起码古代如此。可这也不是绝对的，总有个案存在。崔烈靠给宫中妇人捐钱五百万才得以任司徒，于是声誉衰减。他心中不安，便问儿子崔钧道："我居三公之位，论者都说些什么？"崔钧道："父亲少有英名，历任卿守，论者都说可任三公之职；而今登此大位，天下失望。"崔烈道："为何？"崔钧道："议论之人嫌铜臭。"崔烈大怒，举杖就打。崔钧时任虎贲中郎将，身着武服，头戴鹖尾，狼狈而逃。崔烈骂道："死东西，父亲管教却逃跑，这是孝顺吗?"崔钧道："舜侍奉父亲，小杖则忍受，大杖则逃走，不是不孝顺。"崔烈惭愧而停止。

秦·西汉

始皇长子扶苏进谏道："天下初定，远方黔首尚未归附。儒生们诵读诗书，效法孔子，现在陛下一律用重法制裁他们，臣担心天下将会不安，希望陛下明察。"始皇听了很生气，就派扶苏到蒙恬的军队任监军。

赵高与李斯合谋私拟诏书，赐扶苏死。使者到达后，宣读诏书，扶苏便哭泣起来，进入内室就要自杀。蒙恬阻止道："陛下在外，没有立下太子，命我率领三十万大军守边，公子担任监军，此乃天下重任。现在一个使者来，您就自杀，怎知其中没有诈？希望您再请示复核，确认后，再死不迟。"使者连连催促。扶苏为人仁爱，对蒙恬道："父亲命儿子死，何须再请示！"随即自杀。

楚军大败汉军，刘邦见形势不妙，迅速逃奔。路上遇见刘邦的一双儿女，夏侯婴把他们抱上车。刘邦着急逃命，马跑得又疲累，楚军后面紧追，刘邦几次将两个孩子蹬下车，夏侯婴便下车把他们抱上来。刘邦大怒，多次恐吓要杀了夏侯婴，好在最后终于逃脱。

刘邦返回栎阳，每五天就拜见太公一次。太公家令劝太公道："天无二日，土无二王。皇上虽是你的儿子，却是人主；太公虽是皇上的父亲，却是人臣。怎么能让人主拜人臣！如此，皇上的威权何以体现？"后来刘邦拜见太公，太公握帚，在门口迎接退行。刘邦大惊，下车扶太公，太公道："帝是人主，岂能因我而乱天下法！"

惠帝怪相国曹参不理政事，以为曹参欺负自己年少。曹参的儿子曹窋为中大夫。惠帝便对曹窋道："你回去，不经意地问一下你父亲，'高帝（刘邦）新弃群臣，帝富于春秋，君为相国，天天喝酒，无所事事，何以忧天下？'但不要说是我告诉你的。"曹窋休假回家，找个机会劝谏父亲，曹参大怒，鞭笞其二百下，说道："快入朝做你的事，天下事轮不到你发言。"

084

陆贾佩带宝剑，乘豪华车，带着小戏团，到处游玩。他对五个儿子道："我和你们做个约定，当我出游经过你们家时要好生招待，每十天我就会换一家，我在谁家去世，我的宝剑、车马、随从就归谁所有。其实我还要到朋友那里去，所以嘛，一年当中我到你们家大概不过两三次，总见你们就不新鲜了，免得你们厌烦老头子。"

晁错力主削藩，诸侯哗然，憎恨晁错。晁错的父亲闻讯，从颍川赶来，对晁错道："皇上（景帝）刚刚即位，你执政掌权，侵削诸侯，疏人骨肉，人们都怨恨你，你为何这样做？"晁错道："当然了。不这样，天子不尊，宗庙不安。"晁父道："刘氏安矣，而晁氏危，我回去了！"遂服毒自杀，临死前道："我不忍见大祸连累自己。"

武帝年迈昏聩，怀疑身边的人都在搞巫蛊诅咒他，有无此罪都没有人敢诉冤。江充领会武帝的心思，便说宫中有巫蛊之气，先查办后宫中不受宠幸的妃子，接着轮到皇后头上，最后竟在太子宫中掘蛊，得到桐木人。太子很惶恐，又不能向武帝解释，就把江充抓起来，亲自监斩，骂道："赵国的奴仆！扰乱你家君主的父子关系还嫌不够吗？又来扰乱我们父子！"太子也因此败亡。巫蛊之祸后，武帝痛心太子无罪而死，乃修建思子宫，还在湖县建起了归来望思之台。天下人闻而悲之。

石建年老白首，每五天休假回家看望父亲，先是进入侍者的小屋，偷偷询问父亲近况，并取走父亲的内衣内裤，亲自洗濯，然后再交给侍者，不敢让万石君知道，且习以为常。

万石君的儿子石庆官居内史，一次醉酒回家时，进入里门没有下车。万石君闻知不肯进食。石庆恐惧，肉袒请罪，万石君仍不原谅。宗族的人和哥哥石建也肉袒请罪，万石君乃责备道："内史乃尊贵之人，进入里门时，里中父老急忙回避，而内史却坐在车中依然故我，逍遥自在，应该吗？"说完喝令石庆走开。从此以后，石庆和兄弟们进入里门时，都下车快步走回家。

陈万年有一次病了，把儿子陈咸叫到床边，谆谆告诫，一直说到半夜。陈咸困意渐浓，不小心头撞屏风。陈万年怒火上蹿，要责打他，并道："父亲教导你，你反而打瞌睡，不听我话，是何道理？"陈咸慌忙认错道："您老人家要说的话我全都明了，无非是教我学会奉承拍马。"陈万年也就不再言语了。

金日磾的两个儿子都很可爱，经常待在武帝身边。有一次，两小儿从后面抱住武帝的脖子，金日磾看见了，瞪了他们一眼。小儿跑开哭道："父亲发怒了。"武帝对金日磾道："为何对我儿发怒？"两小儿长大后，其中一个行为不谨，在殿下同宫女嬉戏，金日磾正好碰见，痛恨该子淫乱，就把他杀了。此子乃金日磾长子。武帝闻听大怒，金日磾叩头请罪，把事情原委告知，武帝哀而泣。

疏广返回故里，每天置办酒宴，邀请族人与故旧宾客娱乐。他多次询问还剩多少金子，并催促家人将金子花掉置办酒宴。过了一年多，疏广的子孙认为钱应该用来购置田地房产，而不是无节制地置办酒宴，乃求族中老人劝谏。疏广道："难道我真老糊涂了，不知为子孙着想？他们本来就有一些田产房屋，假使勤奋经营，足以解衣食之忧。如果现在又增加产业，只能让子孙懒惰懈怠。贤德而富有，会减损意志；愚昧而富有，会增添过错。况且富者，往往容易为众人忌恨。我没有什么可以教导子孙的，也不想增加其过失乃至招来怨恨。再说，这些金钱乃圣上恩赐给我养老的，我乐于与乡亲宗族共同分享，以此度过余生，不也很好吗？"听了疏广这番话，族人心悦诚服。

丙吉之子丙显少时做府曹小吏，曾跟随宣帝去高庙祭祀，到了检视祭祀的牲畜这天，才派人去取斋戒服装。丙吉当时为丞相，知悉此事，大怒，对夫人道："宗庙乃国家最庄重的地方，丙显却毫无恭敬谨慎，将来失我爵位的一定是这小子。"夫人替儿子说了诸多好话，丙吉才作罢。

韩延寿的三个儿子都为郎官。韩延寿临终之时，嘱咐儿子不要做官，要以他为戒。儿子听从父亲的话，都辞官而去。

陈汤少时喜好读书，学识渊博，文采斐然。陈汤家中贫困，靠乞讨借贷为生，可他为人却无操守，不被州里人所称道。后来，陈汤西到长安求取功名，谋得一职。数年后，张勃同陈汤交往，钦佩其才。初元二年，元帝诏令列侯举荐茂才，张勃举荐陈汤。陈汤为了等待升迁，父亲逝世也不回家奔丧。司隶弹劾陈汤不守孝道，张勃举荐存有不实。结果，张勃被削减食邑二百户，不幸此时张勃去世，赐予谥号为缪侯。陈汤则被下狱治罪。

张汤的父亲任长安县丞，有事外出，令张汤看家。张汤还是个孩子，家没有看好，父亲回来后发现老鼠偷走了肉，大发脾气，鞭打张汤。张汤恼怒，掘开鼠洞找到老鼠和剩下的肉，陈述老鼠的罪状，拷打审问，作出审问记录文书，写明审问判决上报的程序，并提取盗鼠和余肉，完成审判，案卷齐备，在厅堂下肢解盗鼠。父亲看他写的判决文辞非常老练，甚是惊奇，就让张汤学习刑狱文书。

薛宣之子薛惠任彭城令时，薛宣从临淮迁升到陈留，途经彭城，看到桥梁邮亭没有整修。薛宣心知薛惠缺乏才干，就留住彭城数日，巡视官舍，处置什器，观视园菜，始终不问薛惠治理之事。薛惠自知治理彭城不合父亲心意，派门下掾送薛宣到陈留，让他以自己的名义询问薛宣。薛宣笑道："为官就是以法令为师，询问便可得知。至于能与不能，每个人资质不同，如何能够学呢？"

宣帝多用法吏，又以刑罚管束群臣，大臣杨恽、盖宽饶等人竟因诽谤朝政而被杀。太子（未来的元帝）柔仁好儒，觉得父亲做得有些过分。一次，他陪侍宣帝宴饮，从容道："陛下执法太重，应该任用儒生。"宣帝作色道："汉家自有制度，本以霸王道杂之，怎可以完全行德教，用周政呢？况且俗儒不达时宜，好是古非今，使人眩于名实之争，不知所守，何足委任？"乃叹息道："乱我家者，太子也！"

郇相在王莽执政时被征为太子四友，因病去世后，太子派使者赠与丧服和衾被，郇相的儿子扶着棺材，不接受赠物，说道："父亲留下遗言，不接受师友所赠之物。现在，我父亲对于皇太子来说可算是友官，故而不能接受太子所赠之物。"

东汉

光武从戎时间已久，厌倦战事，且又深知天下虚耗疲惫，都向往太平安乐。自从陇、蜀两地平定以后，不是紧急状况，就不再提征战之事。太子曾经问他攻战之事，光武道："过去卫灵公向孔子问列阵用兵，孔子不答，这些事你不必知道。"光武每天早晨上朝理事，一直到日仄才停下休息。经常带领公卿、郎官、将领们讨论经书的义理，半夜时分才睡觉。太子见他勤苦劳累，乃劝谏道："陛下有禹、汤之明，而失黄、老养性之福，愿陛下保养精神，悠闲自得。"光武道："我很乐意做这些事，并不觉得疲劳。"

鲍德患病多年，其子鲍昂身边服侍，日夜不解衣带。后来居丧，鲍昂毁损身体，守孝三年，以至于扶靠着才能行走。三年服满，便隐居在墓旁，不过问时政。后来鲍昂以孝廉名义被推举，他却避开公府，接连几次征召都不到，最后死在家中。

张奋父亲张纯临终前告诫管家道："我没什么功劳，愧受爵土，我死之后，不要再谈传国之事。"张奋的哥哥张根，年少时就有病，光武下诏让张奋继承爵位，张奋说父亲有遗嘱，坚决不接受。光武因张奋违抗诏命，要将他收捕下狱，张奋惧怕，也就继承了爵位。

杨震生性公正廉洁，不接受私事请托。他的子孙常蔬食步行，故旧长者有的想让他置办产业，杨震不肯，说道："使后人被称为清白官吏的子孙，将这名声留给他们，不是很厚重的遗产吗？"

吴祐父亲吴恢为南海太守。吴祐十二岁时随父到官府。吴恢想加工一批竹简抄写经书，吴祐不赞成，道："现在大人跨越五岭，远在南海边，这里风俗固然鄙陋，但有不少珍奇古怪的物产，上为朝廷所疑，下为权贵所望。书要写成了，则需几辆车来装。当年马援就因为携带了一批薏苡而遭群官猜忌，王阳就因为衣着和车马鲜明而受世人议论。嫌疑之间，确是前辈贤达所要慎重对待的。"吴恢抚着吴祐的头道："咱吴氏世代不乏季札这样的贤能之士啊！"

张霸临死前，告诫儿子道："人生一世，应敬畏别人，如有坏事降到头上，就用正直的心来承受。"

钟离意任瑕丘令时，有个叫檀建的官吏在本县偷盗。钟离意单独询问他，檀建叩头认罪，钟离意不忍处罚他，便让他长期休假。檀建的父亲听说此事，为檀建备酒，说道："吾闻无道之君以刃残人，有道之君以义行诛。你的罪，应以命抵。"遂令檀建服毒。

陈咸生性仁厚宽恕，常告诫子孙："为人量刑，一定要从轻判处，即使有百金诱惑，也要谨慎，不判重刑。"

崔烈靠给宫中妇人捐钱五百万才得以任司徒，于是声誉衰减。他心中不安，便问儿子崔钧道："我居三公之位，论者都说些什么？"崔钧道："父亲少有英名，历任卿守，论者都说可任三公之职；而今登此大位，天下失望。"崔烈道："为何？"崔钧道："议论之人嫌铜臭。"崔烈大怒，举杖就打。崔钧时任虎贲中郎将，身着武服，头戴鹖尾，狼狈而逃。崔烈骂道："死东西，父亲管教却逃跑，这是孝顺吗？"崔钧道："舜侍奉父亲，小杖则忍受，大杖则逃走，不是不孝顺。"崔烈惭愧而停止。

周燮生下来便鼻子下巴歪斜，相貌丑陋吓人，其母想抛弃他，其父则不同意，说道："我听说贤圣大多都长相怪异。振兴我们宗族的，当是此儿。"

吴祐属下孙性私自征收民众钱财给父亲买衣，其父得知，大怒道："有这么好的上司，你怎忍心欺他！"催促他到吴祐处去领罪。孙性既惭愧又畏惧，带着衣服到府中自首。吴祐让左右退出，问他缘由，孙性把父亲的话告知。吴祐道："你因供养父亲而做了错事，人们常说'观过斯知人矣'。"就叫他回去向父亲道个歉，并把衣服送给他。

自安帝以后，禁令渐渐松弛，京城劫持人质事件时有发生。桥玄少子十岁，独自在门外玩耍，突然出现三个人将他劫持，并带到桥玄家的楼阁。劫匪让桥玄拿钱赎人，桥玄不答应。过了一会儿，司隶校尉阳球率河南尹、洛阳令包围桥玄家。阳球等怕伤害桥玄之子，所以没有紧逼。桥玄大喊道："奸人可恶，桥玄怎能因一子之命而放纵国贼!"催促士兵进攻。于是阳球等攻打劫匪,桥玄之子也不幸遇害。桥玄到朝廷谢罪,并乞求布告天下:"凡是劫持人质者一律诛杀,不许以财宝去赎人质,以免开启奸邪之路。"皇帝同意并且下诏。此后,类似事情便没有再发生过。

杨彪见汉朝气数将尽,便称脚有疾病,不再行走,如此这般,竟达十年。后来他的儿子杨修被曹操所杀。某次,曹操见到杨彪,问道:"公为何瘦成这样?"杨彪对道:"惭愧自己没有金日磾的先见之明,只是还怀有老牛舐犊之爱。"曹操听罢,神情凝重。

陈纪以德行淳厚闻名,兄弟孝顺互爱,闺门和睦融洽,后进之士都十分敬慕其家风。及遭党锢之祸,发愤著书数万言,书名为《陈子》。党禁解除之后,四府都来聘用,他一无所就。父亲去世,每当哭丧时,他便呕血绝气。虽孝服已除,但长期的哀毁使他枯瘦得不成人形。

母子·第十四

隽不疑每到地方州县巡视审查囚徒的罪状后返回，其母总要问："有没有囚犯被平反？有多少人被你所救而免于冤死？"如果得知隽不疑审案多有所平反，母亲就喜形于色，甚至连饮食言语都不同于平时；如果得知隽不疑未能使囚犯得以平反，母亲就会非常生气而不吃饭。

严延年为酷吏，河南人称其为"屠伯"，其母从家乡来，闻听严延年行事残酷，便斥责道："有幸当了一郡太守，治理方圆千里之地，没听说你以仁爱之心教化，反靠刑罚、大肆杀人建立威信，难道身为父母官就这样行事吗！"后来又道："天道神明，岂可胡乱杀人？想不到我在垂老之年还要目睹儿子身受刑戮！"

隽不疑的母亲与严延年的母亲既有仁慈之心，又能明辨事理，可是两位母亲的儿子却截然相反，前者威而不残，后者则以残杀树威。

吕后迫害戚夫人，却叫儿子惠帝来观看。惠帝见到一个似猪之物，一问乃知此物竟是戚夫人，他大哭一场，从此生病，一年多也没好。他派人对吕后道："这不是人干的事。作为太后之子，我无法治理天下了。"这又是母亲残忍、儿子仁慈的故事。

一般而言，母亲慈爱、儿子孝顺，此为常理。但母亲也好，儿子也罢，毕竟都是活生生的人，母亲可以影响儿子的身心，但却并非全部。隽不疑可以听从母亲的教诲，严延年却未必。所以即便两人的母亲都很仁爱，儿子却未必如此。吕后对惠帝也很慈爱，但她行事无意中却伤害了儿子，即便儿子再孝顺，也知道吕后做的事太不人道。当然，我们更希望母子连心，正如蔡顺与其母。母亲在儿子身心成长的时候，做个好母亲，言传身教影响儿子，这总归是不错的，如果出意外，那概率自是很小。谁让这个世界本身就不完美呢？

秦·西汉

　　东阳少年反秦，欲立前县令陈婴为王。陈婴之母道："自从我做陈家的媳妇，没听说你家先祖有过显贵人物。现在暴得大名，并非好兆头。不如让给别人，事情成功了可封侯，事情失败了也易避祸。"

　　项羽把王陵的母亲安置军中，王陵派使者来探望。项羽让王陵母向东而坐，以示尊敬，希望打动王陵，以便招降。使者走时，王陵母暗中跟上，泣道："请替老妇转告王陵，一心侍奉汉王，汉王乃仁厚长者，不要因老妇而生二心，我将以死相送。"遂伏剑而死。

　　吕太后残害戚夫人，让惠帝来观看。惠帝见了一个像猪的东西，一问才知道此物竟是戚夫人。他大哭一场，从此生病，一年多也没好。他派人对太后说道："这不是人干的事。作为太后之子，我无法治理天下了。"

　　张汤死后，家产不超过五百金。他的兄弟和儿子想要隆重地安葬张汤，张汤的母亲道："张汤作为天子的大臣，遭受恶语诬蔑而死，怎么能隆重地安葬呢！"于是用牛车装载尸体，有内棺而无外椁。武帝闻听，乃道："不是这样的母亲就不能生出这样的儿子！"

　　隽不疑被提拔为京兆尹，京师的官吏平民都敬服他。每次隽不疑到地方州县巡视审查囚徒的罪状后返回，其母总要问："有没有囚犯被平反？有多少人被你所救而免于冤死？"如果得知隽不疑审案多有所平反，母亲就喜形于色，甚至连饮食言语都不同于平时；如果得知隽不疑未能使囚犯得以平反，母亲就会非常生气而不吃饭。因此，隽不疑为官，威严而不残忍。

　　严延年为酷吏，河南人称其为"屠伯"，严延年的母亲从东海郡来，打算与严延年一起行腊祭礼。刚到洛阳，就碰上处决囚犯。母亲很震惊，便在都亭止歇，不肯进入郡府。严延年出城到都亭拜见母亲，母亲闭门不见。严延年在门外脱帽叩头，过了好一阵，母亲才见他，斥责道："有幸当了一郡太守，治理方圆千里之地，没听说你以仁爱之心教化，反靠刑罚与大肆杀人建立威信，难道身为父母官就这样行事吗！"严延年忙认错，叩头谢罪，乃亲自驾车，陪同母亲回到郡府。正腊的祭祀完毕后，母亲对严延年道："天道神明，岂可胡乱杀人？想不到我在垂老之年还要目睹儿子身受刑戮！我去啦！和你别离，回到家乡为你准备好葬身之地。"其母回到本郡，见到兄弟宗人，告知一切。过了一年多，严延年果然事情败露。东海郡人都称颂严延年母亲贤明智慧。

东汉

蔡顺少时失去父亲，与母亲相依为命。有次，蔡顺外出打柴，家中突然来了客人。母亲见蔡顺久久未归，乃咬手指。蔡顺心有所动，赶紧回家，跪问缘由。母亲道："有客突然到访，我咬手指提醒你。"母亲九十岁时，寿终而故。还未下葬时，里中失火，火焰将要逼近他家房子时，蔡顺抱着棺枢大声哭喊，火焰越过他家去烧别处。蔡顺母生时一直害怕雷声，自从去世后，每有雷声，蔡顺便环绕在坟边哭泣道："蔡顺在这儿。"

【啮指心痛，闻雷泣墓】

正遇天下大乱，盗贼四处出现。江革背着母亲逃难，经历了种种艰难险阻，常常靠采拾养活母亲。他多次遇到贼兵，有时他们要把他劫走，江革便痛哭哀求，说是有老母尚在，需要供养。他的语气诚恳，足以感动他人。于是贼兵不忍冒犯他，有人还指给他避开贼兵的方法，于是母子在患难中都得以保全。江革辗转客居到下邳，穷得只能光着脚为人做工来供养母亲。母亲所需要的随身之物，他一定想办法供给。

【江革负母】

建武末年，江革与母亲回归乡里。每到年末，县里要清查户口，江革因母亲年老，不想让她受牛车颠簸之苦，便自己驾辕拉车，乡里人都称他为"江巨孝"。太守曾备礼征召他，江革因母亲年老而不接受。母亲去世后，他曾经伏在坟墓上睡着了。服丧期满，他也不忍心脱下孝服。郡守派丞掾脱去他的孝服，并请他去做官。

蔡邕天性笃孝。母亲曾疾病缠身达三年之久，只要不是寒暑节变，他都不曾脱换衣服，连续七十天没有卧睡。母亲去世后，他在坟墓旁搭个屋子住着，一举一动按照礼法。有只野兔驯服地待在屋边，屋旁木生连理，远近的人都连连称奇，许多人前来观看。蔡邕与叔父及堂弟生活在一起，三代不分财物，乡人都称赞蔡邕仁义。

朱俊少孤，母亲靠贩卖丝帛为生。朱俊以孝敬奉养知名，在县衙里做书佐，好义轻财，受到乡人尊敬。当时同郡的周规被公府征召，临行，借了郡库房百万钱充当衣帽费，后来官府仓促责令他还钱，周规家贫无钱还债，朱俊就偷了母亲的丝帛帮助周规。母亲失去谋生的本钱，便责备朱俊。朱俊道："小损失会得到大收益，先贫后富是必然之理。"

戴良自小就行为放纵，母亲喜欢听驴叫，戴良就经常学驴叫。母亲去世后，兄长戴伯鸾住帐篷喝米粥，不合礼的行为绝对不做，而戴良却吃肉喝酒，悲哀时才哭，但两人都面容憔悴。有人问戴良道："您这样守丧，合乎礼吗？"戴良道："合乎礼。礼是用来控制感情放纵的，感情如果不放纵，还谈什么礼呢！吃美味而感觉不到甜美，所以才会面容憔悴。如果口中吃不出美味，那么吃这些是可以的。"

陆续入狱，其母远赴京师探听消息，可没机会与陆续见面。母亲只好做些熟食，让门卒帮忙送到里面。陆续虽被拷打得痛苦不堪，但辞色慷慨，未尝易容，却对着熟食悲泣不已。使者怪之，乃问缘由。陆续道："母亲来了，不得相见，故泣耳。"使者大怒，认为是门卒通报消息，召来门卒准备治罪。陆续道："因为喝了羹汤，知道是母亲做的，故知母亲来了，并非有人告知。"使者问道："如何得知是你母亲做的呢？"陆续道："母亲切肉从来都是方方正正，切葱以一寸为度，是以知之。"使者向客栈了解，陆续的母亲果然来了，心中不免赞许陆续，上书述说陆续之事。皇帝立刻赦免其罪，但终身不许为官。

赵苞，字威豪，为辽西太守。边境的习俗因他的威名而改变。他上任的第二年，派人去接母亲妻子儿女，可经过柳城时，碰上一万多鲜卑人入境劫掠，赵苞的母亲妻子儿女被劫持，鲜卑人用车拉着他们攻打辽西。赵苞率领两万士兵，与鲜卑人对阵。鲜卑人将赵苞的母亲推到阵前，赵苞哭泣着对母亲道："儿子不孝，本想以微薄俸禄奉养母亲，不承想却给母亲带来灾祸。我过去是母亲的儿子，现在是天子的大臣，大义不能顾及私恩，只有拼死一战，否则无法弥补我的罪恶。"母亲远远地对他道："威豪，人各有命，怎能为了顾及我而亏损忠义？过去王陵的母亲面对汉使以剑自刎，为的是让王陵坚定志向，希望你也一样。"赵苞乃下令出击，鲜卑人全被摧毁，可他的母亲和妻子也被鲜卑人杀害。赵苞殡殓母亲后，上表请求归葬。灵帝派人吊慰，封赵苞为鄃侯。赵苞安葬母亲后，对乡人道："食禄而避难，非忠也；杀母以全义，非孝也。如是，有何面目立于天地！"遂呕血而死。

朋友·第十五

古人常说的"八拜之交"，一般是指：

知音之交——俞伯牙与钟子期（高山流水）

刎颈之交——廉颇与蔺相如（负荆请罪）

胶漆之交——陈重与雷义

鸡黍之交——张元伯与范巨卿

舍命之交——羊角哀与左伯桃（舍己全友）

生死之交——刘备、张飞、关羽（桃园三结义[①]）

管鲍之交——管仲与鲍叔牙

忘年之交——孔融与祢衡

其中胶漆之交、鸡黍之交、生死之交、忘年之交的故事都发生在东汉，折射出东汉时期的社会风气，把道义看得很重。无论社会如何变迁，人世如何转变，只要一个人立于俗世，他就会有朋友。但朋友关系维持的程度、时间则多需靠彼此的真诚了。张元伯与范巨卿之交不免让人唏嘘不已。

张元伯病重于床，同郡人郅君章、殷子征无微不至地照顾他。元伯临死时，叹了口气道："遗憾的是不能见到死友！"子征道："我与君章对您诚心诚意，这不算死友，更有其谁？"元伯道："你们二位，乃是我之生友。山阳范巨卿，才是我之死友。"不久，元伯去世。范巨卿身穿丧服，驱车前往。尚未赶到，元伯灵柩业已上路，到了墓穴，准备下棺，可棺柩却不能移动。元伯母摸着棺柩

①正史中没有记载，出自《三国演义》，但三人关系若兄弟却有正史记载。

道:"元伯,你还有所期待吗?"乃停下棺枢。过了少许,见有人乘素车白马,号哭而来。元伯母道:"一定是范巨卿了。"巨卿一到,便向棺木叩头道:"走吧元伯!生死异路,从此永别。"参加葬礼的人无不为之挥泪。

秦·西汉

陈馀与张耳为刎颈之交。秦灭六国，两人被悬赏通缉，便隐姓埋名逃到陈地。陈胜起兵反秦，他们投奔而来。两人又共立赵歇为赵王，恢复赵国。是时，章邯攻赵，张耳、赵歇败走巨鹿，被秦将王离包围。陈馀自觉兵少，不敢进兵攻击。张耳大怒，派人责备陈馀不守信义，陈馀自知必败，无奈之下，出兵五千援救巨鹿，结果全军覆没。直到项羽率军赶到，才解巨鹿之围。张耳再见陈馀时，责怪他背信弃义。陈馀一气之下将帅印交出，没想到张耳却真的接受了。从此两人绝交，成为仇敌。

陈胜称王之初，其故人赶来陈县，敲着宫门道："我要见陈涉[①]。"宫门令要把他捆起来，经他一再解释，才没捆，但仍不给通报。等陈王出门时，他拦路高喊陈胜名字。陈胜听到喊声，召见他，与他同车回宫。进了王宫，看到殿屋帷帐，故人道："伙！陈涉做了王，深宫大宅如此阔气！"楚国人叫"多"为"伙"，所以天下流传的"伙涉为王"这句话，由陈涉开始。这位故人进进出出越发放肆无拘，任意谈论陈胜往事。有人劝陈胜道："此人愚昧无知，胡言乱语，有损您的威严。"陈胜乃杀了此人。结果，陈胜的故友大都离去。

项羽大将钟离眜素与韩信友善，项羽败亡后，钟离眜便投奔韩信。是时，韩信已为楚王。汉朝廷闻钟离眜在楚国，乃下诏给楚国抓捕。当时，刘邦欲擒韩信。韩信想反叛，但想不出自己有何过错；想朝见刘邦，又担心被逮捕。有人献计于韩信道："杀了钟离眜去觐见皇上，皇上一定很高兴，自然也就没有祸患了。"韩信去见钟离眜，商量此事，钟离眜道："汉之所以不敢加兵于楚，是因我在此。你若拿我去谄媚汉，我今日一死，你也马上不得好死。"乃骂韩信道："你不是什么好东西！"遂自杀。

栾布与梁王彭越曾有布衣之交，后来彭越又救了栾布一命，并委以梁国大夫。彭越派栾布出使齐国。栾布还没有回来，汉廷就征

①陈胜，字涉。

【伙涉为王】

召彭越，指责他谋反，诛灭彭越三族，将其首级悬挂于洛阳城门下示众，下诏令道："有收殓或看顾彭越首级的，立即逮捕。"栾布从齐国返回，于彭越首级下汇报，边祭祀，边痛哭。

【郦寄卖友】

吕太后去世后，大臣们要诛杀吕氏家族。吕禄当时统率北军，太尉周勃没有军权，便派人胁持郦商，让他的儿子郦寄诱骗吕禄。郦寄和吕禄乃好朋友，相互信任。趁着吕禄和郦寄出游，太尉周勃掌控北军，遂诛杀吕氏家族。天下人皆称郦寄出卖朋友。

平原君朱建与人交往不随意附和。辟阳侯审食其乃吕太后的宠臣，行为多有不端。他很想和朱建结交，朱建不肯相见。朱建母亲去世，没钱办理丧事，正要去借钱，好友陆贾让他稍等，便去见辟阳侯，祝贺道："平原君的母亲去世了。"审食其道："平原君母亲去世，为何向我道贺？"陆贾道："前些日子君侯想和朱建交友，平原君因老母尚在不与相见。现在你若以厚礼送丧，那么他自会为君赴汤蹈火。"辟阳侯乃送上厚礼，朱建遂与其成为好友。

安陵有位富人对袁盎道："我听说剧孟是个赌徒，将军为何与他交往？"袁盎道："剧孟是个赌徒不假，但他的母亲去世，来送葬的车子千余乘，这便有超人之处。况且人人都有急难之事。一旦有人敲门求助，既不以父母健在相推辞，也不以离家外出相拒绝。天下仰望之人，只有季心、剧孟而已。您身后虽跟随几名护卫，一旦有急事，靠得住吗？"斥责富人后，再也不与之往来。

大将军卫青已经足够尊贵，姐姐卫子夫又做了皇后，但汲黯对卫青依然行平等礼。有人规劝汲黯道："过去皇上就想让群臣对大将军保持谦恭，现在大将军地位更加显赫了，您不可不行跪拜礼。"汲黯道："让大将军有拱手行礼的客人，不也是很敬重他吗？"大将军闻听，认为汲黯贤良。

魏其侯窦婴自从窦太后去世后，更加被疏远，不受重用。没有了权势，宾客们也渐渐自引而退，甚至对窦婴态度傲慢，唯独灌夫对他还是一如既往。窦婴见了灌夫，也一扫心中不快。

窦婴想竭力营救灌夫，其夫人劝阻道："灌将军得罪了丞相，和太后家人作对，救得了吗？"窦婴道："侯爵是我自己获得的，就算把它丢掉，也没什么遗憾的。我总不能让灌仲孺（灌夫字仲孺）一人赴死，而我窦婴独活。"

张汤的门客田甲，虽然是个商人，但有很好的品德。当初张汤任小吏时，两人只是金钱朋友，等到张汤当上了高官，田甲却责备张汤品行方面的过失，不乏忠义慷慨之士的风度。

张敞执法虽严，却也知道适可而止。他同河南太守严延年友善，听说他动辄杀人，便写信劝道："战国时期韩国的名犬卢，跟随主人出去捕兔，总要先看主人的意思，才决定是否追捕，即便追捕成功，也很少咬死。愿次卿（严延年字次卿）慎用诛罚，吸取这个故事的经验。"可严延年自伐其能，根本不听。

汉宣帝时，琅邪人王吉（字王阳）和贡禹是很好的朋友，贡禹多次被免职，王吉在官场也很不得志。汉元帝时，王吉被召去当谏议大夫，贡禹听到这个消息很高兴，就把官帽取出，弹去灰尘，准备再戴。果然没多久贡禹也被任命为谏议大夫。世称"王阳在位，贡公弹冠"，言其取舍同也。

【贡禹弹冠】

萧育为人威严勇猛，曾数次被免职，很少提升。他小时候和陈咸、朱博为友，在当时很有名气。过去有王阳、贡公是好友，所以长安有句俗语道"萧育、朱博结绶交好，王阳、贡公弹冠相知"，是说他们互相推荐以至显达。

董贤为大司马，想要与名人桓谭相识。桓谭先奏书于董贤，陈说辅国保身之术，董贤不采纳，桓谭遂不与其交往。

孔子建自小游学长安，与崔篆友善。崔篆在王莽时担任建新大尹，曾劝子建为官。孔子建道："吾有布衣之心，子有衮冕之志。各从所好，不亦善乎！道既不同，请从此辞。"遂返回家乡。

东汉

贾复与寇恂不和，光武帝于是召见寇恂，寇恂到后，见贾复也在，想回避。光武帝道："天下未定，两虎安得私斗？今天我来和解。"两人一同入座，极尽欢乐，最后共车同出，结为朋友。

刘秀做大司马，征讨河北，任朱祐为护军，两人关系甚密。朱祐陪刘秀吃饭时，怂恿道："长安政治混乱，您额中隆起有帝王之相，这是天命。"刘秀道："叫刺奸将军逮捕护军！"朱祐不敢再说。

刘秀在长安时，曾与朱祐买蜜制作药丸，街头叫卖。刘秀称帝后，怀念往事，赐朱祐白蜜一石，问道："与长安时买的蜜相比如何？"

公孙述于蜀称帝，隗嚣派马援前去探视。马援和公孙述原是同乡，关系友善。他以为相见时，定将握手言欢，不想公孙述先盛陈警卫，才引马援见面，刚见过礼，就请马援出宫，入住宾馆。命人给马援制作都布单衣、交让冠。如此周折后，才于宗庙聚集百官，设宴款待他。公孙述来时，沿路仪仗威武，甚是壮观。到了宗庙，他毕恭毕敬，依君臣之礼招待百官，宴席也是十分丰盛。马援坐于故友之位。公孙述要赐他侯爵，并授大将军之职。马援的门客都很动心，想要留下。马援晓谕他们道："天下雄雌未定，公孙不吐哺走迎国士，与图成败，反而修饰边幅，如偶人形。此子何以留住天下贤人？"遂辞行而回，对隗嚣道："公孙乃井底之蛙，又妄自尊大，我们不如一心归附刘秀。"

第五伦少时耿介有义行。王莽末年，盗贼兴起，宗族闾里争先前往依附他。第五伦便依据险要地势建起营壁，一旦有贼来，便率人拉弓抵御。铜马、赤眉等前后来过数十批，都攻不下。第五伦以营壁之长的身份去见郡尹鲜于褒，鲜于褒见到他后，非常赏识，让他试任官吏。后来鲜于褒获罪被降职为高唐令，临走时，握着第五伦的胳臂，说道："相知恨晚。"

王丹为人正直，疾恶强豪。陈遵乃关西大侠，其友人丧亲，陈遵帮助处理丧事，提供甚多财物。王丹也去了，抱了一匹缣帛，放在主人面前，道："我王丹的缣帛，出自机杼。"陈遵闻言面有惭色，自以为名气很大，想跟王丹结交，可王丹却拒绝了。

大司徒侯霸想跟王丹结交为友，等到王丹被征入朝时，侯霸派儿子侯昱去相迎。侯昱迎接下拜,王丹下车答谢。侯昱道:"家父想跟您结交,您为何拜谢我?"王丹道:"君房(侯霸字君房)确说过这话,可我没答应他呀。"

王丹的儿子要去参加同学亲人的吊唁,找好了同伴正要出发,王丹怒气冲冲地责打他,让儿子寄些缣帛表达下哀悼之意即可。有人问王丹为何如此,王丹道:"交朋友的难处,不容易讲清楚啊!世人都赞管仲和鲍叔牙、王吉和贡禹的交情,却忘了张耳和陈馀兵刃相见,萧育和朱博反目成仇。有始有终的好朋友实在不多啊!"

杨政生性嗜酒,不拘小节,果断敢为,比较自负,但他对道义很专一。当时皇帝的女婿梁松、皇后的弟弟阴就,都仰慕杨政的名声,想与他结成朋友。杨政每次同他们在一起谈论切磋总是非常恳切,不卑不亢。

尹敏与班彪亲近友善,每次相遇,总是日旰忘食①,夜分不寝,自认为像钟子期和俞伯牙、庄周和惠施一样地投合。

有位门客向王丹推荐一人,王丹便向朝廷举荐,后来被举荐者犯了罪,王丹受牵连丢了官。门客既惭愧又畏惧,乃与王丹绝交,不再往来。王丹一直也没说什么。不久王丹被征入朝为太子太傅,他把这位门客叫来,道:"你跟我绝交,是不是把我王丹看得太薄情了?"遂不给他安排酒菜以示惩罚。不过王丹对他一如以往,无丝毫变化。

王良因病辞官,返回家乡。一年后,他接到朝廷征召,赶赴荥阳。途中病重不能前行,他就到朋友家去。朋友不见他,传话道:"毫无忠言奇谋而位居高官,来来往往不嫌麻烦吗?"拒绝接待王良。王良甚是惭愧。自那以后,虽然朝廷接连征召,王良就是称病不出。

郅恽的友人名叫董子张,其父被乡人杀害。后来董子张患病,将终前郅恽去探视。董子张目视郅恽,唏嘘不能言。郅恽道:"吾知子不悲天命,而痛仇不复也。子在,吾忧而不手;子亡,吾手而不忧也。"意思是,"我知道你不是伤感命运无常,而是遗恨父仇未报。你在世之时,我虽担忧你父仇未报,却也无须亲自出手;你一旦去世，我为你手刃仇人，也就无所担忧了。"子张只是看着他。郅恽立即去杀子张的仇人，取其头给子张看，子张见而气绝。

廉范与洛阳庆鸿是生死之交，当时人称赞道："前有管鲍，后有庆廉。"

皇后的兄长虎贲中郎将邓骘，在朝中地位显赫且有权威，闻听张霸有美名，想与他结交，张霸逡巡不答，众人笑他不识时务。

长安铸钱的官吏多耍奸弄巧，阎兴任命第五伦为督铸钱掾，管理长安市场。第五伦统一衡器，纠正斗斛，市场上再无弄虚作假、欺骗买主之事，民众欢悦，甚是叹服。第五伦每读诏书，常叹息道："此乃圣明君主，见他一面，便可与之参决大事。"同僚嘲笑道："你连州将都无法说服，岂能说动君主？"第五伦道："未遇知己，道不同罢了。"

【情同朱张】

朱晖与张堪在京师求学期间结识，甚为投缘。张堪曾对朱晖道："愿把妻儿相托！"当时张堪比朱晖知名，朱晖也就没有应答。两人分手后，多年不曾有往来。张堪去世后，朱晖闻听张堪妻儿生活艰难，便向张堪的妻儿伸出援助之手。朱晖的儿子很不理解，就问道："大人没有同张堪结交，也从未听您提及过，为何对他家人如此厚待？"朱晖道："张堪生前曾有知己相托之言。他之所以托付给我，是信得过我，我又怎能辜负这份信任呢？况且当时我虽未置可否，可心中已然应允。"

荀淑在客舍中遇到黄宪，当时黄宪才十四岁，同他谈话竟然非常投机，谈了将近一天。荀淑对黄宪道："您是我学习的表率。"不久荀淑前往袁阆处，还未及慰问，便迎上道："你国中有颜子，知道否？"袁阆道："你是遇到黄叔度（黄宪字叔度）了吧？"当时，同郡戴良才高气傲，见到黄宪未尝不恭敬，一回到家，惘然若有所失。母亲问他："你又是从牛医儿那里回来的吧？"黄宪父亲为牛医，故称黄宪为牛医儿。戴良道："我不见叔度，不觉得不及他；既见之后，则瞻之在前，忽焉在后，真是高深莫测呀。"同郡陈蕃与周举曾交谈，一致认为："一段时间不见黄生，则卑鄙贪婪之念又在心中重现。"

刘陶为人宽和仁厚，不拘小节。他所交的朋友，必须志同道合。若喜好不同，即使是富贵之人也不求苟同；但若情趣相投，即使是贫贱之士也不会改变。

钟皓自幼敦厚笃实，公府连续征召。因为两位兄长没有出仕做官，他就隐居密山，教授门徒一千余人。同郡的陈寔年龄没有钟皓大，钟皓引为朋友。钟皓后来任郡功曹，遇上征召司徒府，临走时，太守问他："谁可以接替您？"钟皓道："明府要得到适当的人选，西门亭长陈寔就很合适。"陈寔知道后，说道："钟君似乎没有认真考察人，不知为何独独看中了我？"钟皓没过多久自请辞职。前后九次被公府征召，他都没有应召。那时钟皓及荀淑同为士大夫们所钦慕。李膺曾叹息道："荀先生之清识难以企及，钟先生的至德可为人师。"

赵岐逃难四方，隐姓埋名，在北海的市上卖饼。有位安丘人叫孙嵩，年方二十，游玩于市，见到赵岐，觉得他并非常人，乃停车喊赵岐上来。赵岐大惊失色，孙嵩拉下车帷，让护骑遮住行人，秘问赵岐道："看你不像卖饼的，一问你脸色都变了，没有大的冤屈怎能亡命呢？我是北海孙宾石，全家百口，势能相救。"赵岐素闻孙嵩大名，便把事情原委告知。于是同往孙嵩家。孙嵩抢先一步向母亲诉说道："我出去走走，竟遇到一位以命相托的朋友。"遂迎赵岐进客厅，饭菜招待，相处甚欢。孙嵩把赵岐藏在复壁中数年。赵岐著有《厄屯歌》二十三章。

【卖饼】

陈蕃的朋友朱震担任县令，听到陈蕃死讯，弃官前往哭祭，收殓安葬陈蕃的尸体，把他的儿子陈逸藏了起来。事情泄露后朱震被捕入狱，其全家都被关押。朱震受到严刑拷打，誓死不语，陈逸才得以逃脱。

王允家世代在州郡府中任职为官，同郡人郭林宗看到王允后，说道："王生一日千里，是辅佐帝王的人才。"于是跟他结交。

陈蕃为光禄勋，范滂拿着笏板前往陈蕃门下。陈蕃没有留他，范滂心怀怨恨，扔下笏板弃官而去。郭林宗听到后，责备陈蕃道："像范孟博（范滂字孟博）这样的人，怎能用一般礼仪对待？现在

105

他博得了清高的美誉，岂不是给你自己找来恶评吗?"陈蕃乃认错。

赵壹去拜访河南尹羊陟，可平常人很难一见羊陟。赵壹便天天赖到羊陟家门前。羊陟拗他不过，便让他进来，但还是躺在榻上接见。赵壹径直走到羊陟榻前，道:"我蜗居西州，早就闻听君之美名。刚刚一见，却不料君已故去。我的命好苦呀!"乃放声大哭。羊陟见这阵势，晓得赵壹非等闲之辈，便起身下榻，请他坐下攀谈。赵壹谈吐优雅，极有见地，羊陟甚异之。第二天一早，他带着众多车骑侍从拜访赵壹。当时，其他郡吏都有华丽的车马帷幕，唯赵壹柴车草帘露宿其旁。他请羊陟坐在车下交谈，从容自若，直至黄昏，两人十分投机。临别时，羊陟道:"卞氏之玉未被人看出本色，乃是少了泣血之人的推荐。"不久羊陟与袁滂共推举赵壹，一时赵壹名动京城，士大夫都想一睹其风采。

范式，字巨卿。年少时到太学游学，同汝南人张劭（字元伯）交情甚笃。后来二人同时回归乡里，分手时，范式道:"两年后我将回来，顺道拜访尊亲，见见孺子。"快到约定的日子，元伯将事情禀告母亲，请母亲准备酒菜迎接范式。母亲道:"分开两年，千里之外的约定，如何还当真?"元伯道:"巨卿乃守信之人，定不会失约。"母亲道:"既然如此，我就为你酿酒。"到约定那天，巨卿果然来到，升堂拜饮，尽欢而别。

【鸡黍之交】

张元伯病重于床，同郡人郅君章、殷子征无微不至地照顾他。元伯临死时，叹了口气道:"遗憾的是不能见到死友!"子征道:"我与君章对您诚心诚意，这不算死友，更有其谁?"元伯道:"你们二位，乃是我之生友。山阳范巨卿，才是我之死友。"不久，元伯去世。范式梦见元伯身着黑色祭服，冠带下垂，抱着鞋子，呼他道:"巨卿，我在某天死去，将在某时安葬，永远命归九泉。您要是不忘我，还能赶来吗?"范式忽然醒来，悲泣不已，便告知太守，望能通融，得以前去奔丧。太守虽不信，也难违他们的情谊，就同意了。范式身穿丧服，驱车前往。尚未赶到，元伯灵柩业已上路，到了墓穴，准备下棺，可棺柩却不能移动。元伯母摸着棺柩道:"元伯，你还有所期待吗?"乃停下棺柩。过了少许，见有人乘素车白马，号哭而来。元伯母亲道:"一定是范巨卿来了。"巨卿一到，便向棺木叩头，道："走吧元伯！生死异路，从此永别。"参加葬礼的人无不为之挥泪。范式抓着灵柩的绳索前行，灵柩这才移动。下葬后，范式便住在坟墓旁，为元伯修坟种树，最后才依依不舍，洒泪离开。

孔融和蔡邕一向友善，蔡邕死后，有个虎贲中郎将长得酷似蔡邕，孔融每次喝多了，就拉他坐在一起，说道："虽已没有故友，但还有他的样子可看。"

师生·第十六

韩愈有言："师者，传道授业解惑也。"传道重在传为人之道，此乃师者最应该做的，其他则次之。学问没有止境，老师也不能教会学生一切。但为人之道却对学生影响颇大。观汉代师者，动辄授徒数千，可谓大观。然而为何如此多的人前往求学？其学问之深固然是一方面原因，但更重要的原因是有师者之风，师者之德。所谓先生之风，山高水长是也。这些师者中更有隐居者，不受皇权制约，保持独立人格，传业授道，就更加难得了。

为学生者仰慕先生之风学之，然学问之道则未必，所谓"吾爱吾师，吾更爱真理"。

任末闻听老师去世，立即去奔丧，可在路上却不幸逝世。任末临死时，吩咐侄子任造道："一定要将我的尸体送到老师门前，如果死人有知，我的魂灵不致感到羞惭；要是死人无知，不过是归于土罢了。"东汉时期的师生关系可见一斑。

秦·西汉

李斯随荀卿学帝王术，学已成，经过对各国情况分析比较，他决定到秦国建功立业。临行前，荀卿问李斯为何要到秦国，李斯道："成就事业需要时机，现在各国争雄，正是立功成名的好机会。秦国雄心勃勃，想要一统天下，到那里才可以施展才华。人生在世，卑贱是最大的耻辱，穷困是莫大的悲哀。一个人总处于卑贱穷困之地，就会受人讥讽嘲笑。无所作为，并非士人所愿。故而，我要到秦国去。"

叔孙通归降汉王刘邦，跟随他的书生有一百余人，然而叔孙通没有引荐他们，只推荐鲁莽草寇。弟子们道："侍奉先生多年，有幸投奔汉王，现今不举荐我等，专门推荐奸猾之人，何也？"叔孙通道："汉王正以武力争天下，你们能去作战吗？所以先推荐勇猛杀敌的壮士，你们暂且等待，我不会忘记你们的。"

梁王坠马而死，贾谊觉得自己作为太傅有不可推卸的责任，常常哭泣。过了一年多，逝世了。贾生去世时，年方三十三岁。

辽东高庙、长陵高园殿先后发生火灾，董仲舒便推论灾异和人世的关系，写了篇奏章，但还只是草稿，便放在那儿。主父偃来探望董仲舒，私自看了草稿。他一直嫉妒董仲舒，就把草稿偷走了，然后上交给武帝。武帝召集儒生，让他们阅览。董仲舒的学生吕步舒哪里知道这是老师的奏章呀，便说此文观点非常愚昧。于是武帝把董仲舒交给有司问罪，竟被判处死刑。后来武帝下诏赦免，董仲舒从此再也不谈论灾异变化。

张禹的门生中，有所成就者，当属彭宣和戴崇。彭宣待人恭敬卑谦，讲究法度，而戴崇则和乐简易，聪明多才，两人品行各不相同。张禹比较喜欢戴崇，对彭宣则敬而远之。戴崇每次拜访张禹，常要求老师置酒设乐与之共享。张禹便将戴崇带到后堂一同进餐，妇女相对，优人管弦铿锵极乐，直至深夜。彭宣来拜访，张禹则在便坐接待，与他讲论经义，用餐简单，从不邀请彭宣到后堂。待到彭宣与戴崇得知实情，都认为老师做得好，很适合自己。

吴章为当世名儒，弟子多达千余人，后来吴章反王莽，被腰斩。王莽下令禁止他的弟子为官。吴章的门人大多另拜他人为师。云敞时任大司徒掾，公开承认自己是吴章的弟子，收抱吴章尸体，置办棺材入殓安葬。京师之人无不赞之。

东汉

李固被罢官，知道不免于祸，就让三个儿子返回家乡。当时幼子李燮十三岁。姐姐李文姬已经出嫁，她为人贤惠，见两位兄长归来，得知事情原委，悲哀道："李氏灭了！自从太公以来，几代人积善累仁，何以这般遭遇？"秘密跟两位兄长商量先把弟弟藏起来，托言李燮又去了京城，人们也不怀疑。不久灾祸发生，朝廷到郡收捕李固儿子，两子遇害。李文姬找李固的门生王成，言道："君对我父亲很讲道义，有古人之节。今委君以六尺之孤，李氏存灭，其在君矣。"王成感其义，带着李燮顺江东下，进入徐州界内，让他改了名姓在酒家做小工，而王成则在市上卖卜，两人暗地里保持联系。

卢植身高八尺二寸，声如洪钟。年少时与郑玄师从马融，通古今之学，专研经义而不好章句。马融乃外戚豪门，平日多有女伎歌舞于前。卢植侍讲多年，对身边女人视而不见，马融因此敬重他。学业完成，卢植返乡，闭门教学授徒。他为人刚毅有节，胸怀救世安民之志。不爱辞赋，酒量惊人。

朝廷拜姜肱为太中大夫，诏书至门，姜肱派家人答道"久病就医"。接着姜肱便服而出，隐身青州界中，以卖卜为生。君主召见的命令已经结束，家人也不知他身在何处。过了一年有余，他才回来，七十七岁时逝于家中。弟子陈留人刘操追慕姜肱德操，乃刊刻石碑颂扬他。

侍御史景毅的儿子景顾是李膺的学生，却没有被记录到私党名单上。李膺获罪，牵连门徒，可景顾却没遭到惩罚。景毅乃慨然道："我认为李膺贤能，才让儿子拜他为师，怎能因为名单漏记了姓名，就苟且偷安呢！"乃上表免官回乡，时人赞其有道义。

任末闻听老师去世，立即去奔丧，可在路上却不幸逝世。任末临死时，吩咐侄子任造道："一定要将我的尸体送到老师门前，如果死人有知，我的魂灵不致感到羞惭；要是死人无知，不过是归于土罢了。"任造从之。

马融有门徒四百余人，学问精深的有五十多人。郑玄属于间接受业的学生，由马融的高业弟子传授。马融向来骄贵，郑玄在他门下三年，竟没有见过他一面。有一次，马融召集门生讨论谶纬之学，听说郑玄善于推算，便召他楼上相见。郑玄借机向马融请教一些疑难问题，问完后便告辞返乡。马融叹息着对门人道："郑生如今离去，我的学问也就东传了。"

女子·第十七

　　缇萦为了救父亲，不惜自己为奴，最重要的是她在上书中，提到肉刑过于残酷，即便人想改过自新，依然会身体终生伤残。文帝看罢，很受感触，乃废除肉刑。缇萦的见识首先是她把人放在了第一位，充满了人道关怀。

　　自从白登之围后，汉朝与匈奴便以和亲方式减少两国开战的频率。和亲虽然时断时续，但终究对和平有所裨益，避免了无辜民众的伤亡，从这个意义上讲，凡是出嫁到匈奴的汉女贡献不可谓不大。有名的如王昭君，她一出场就"丰容靓饰，光明汉宫，顾影徘徊，竦动左右"。其美可想而知。然和亲政策只是一时之举，非万全之策，唯有民富国强，才可固守疆土。

　　乐羊子曾在路上拾到一块金饼，回来交给妻子。妻子道："妾闻志士不饮盗泉之水，廉者不受嗟来之食，况拾遗求利，以污其行乎！"羊子大为惭愧，将金饼扔到野外，而到远方寻师求学。乐羊子之妻的话提出了怎么做人的问题：是做一个见利忘义之人，还是做一个重义轻财之人？是做一个自由独立之人，还是做一个趋炎卑下之人？

　　至于其他，诸如"政君无奈"、"韩女拍案"、"吕母起兵"、"马后至善"、"班昭修史"、"曹后守节"、"文姬救夫"等，就不一一论述。总之，每位女子都个性十足，演绎着自己的传奇人生。

秦·西汉

巴郡有位寡妇名叫清，她的先祖发现一座丹砂矿，数辈人一直开采，家资颇丰。清虽是个寡妇，却能守住家业，以钱财自卫。秦始皇认为她是位贞妇，待之以宾客之礼，特地为她建了一座女怀清台。

薄姬少时，与管夫人、赵子儿关系甚好，乃相约道："谁先富贵了，不要忘记其他姐妹！"后来管夫人、赵子儿先后得到汉王刘邦的宠爱。汉王四年，刘邦在河南成皋灵台游玩，两位美人侍立一旁，讥笑薄姬当年与她们的誓言。

文帝十三年，齐国人淳于意获罪，依法将押送长安。淳于意有五女，他在要被拘捕时，骂道："生子不生男，遇难时连忙也帮不上。"小女儿缇萦听了父亲的话，很是悲痛，乃跟随父亲到长安，上书道："妾父为官，齐人都称赞他清廉正直，如今犯法受刑。妾悲痛死者不能复生，而肢体受刑者亦不能复原，即使想改过自新，也是枉然。妾愿舍身为官府仆人，以赎父亲之罪。"文帝看罢，甚是伤感，遂除肉刑。

【缇萦救父】

高帝去世，吕后做了皇太后，便开始报复戚夫人，下令将戚夫人幽禁在永巷，剃去头发，颈束铁圈，身着囚装，让她做苦役。戚夫人边舂米边唱歌儿："儿子为王，母亲为奴，一天到晚舂着米，常与死为伍！相隔三千里，谁能告诉汝？"吕太后得知，大怒道："还想靠你儿子吗？"戚夫人的儿子乃赵王，可赵王此时还是个孩子，连自己都保护不了，怎么能保护母亲？吕太后把赵王骗到长安，最终把他害死。

【舂歌】

李夫人病重，武帝去看望她，夫人用被子蒙住脸，道："我卧病日久，相貌丑陋，不能拜见皇上。请皇上照顾好我的儿子和兄弟。"武帝道："夫人病得厉害，与我见上一面，嘱托他事，不好吗？"夫人道："妇人貌不修饰，不见君父。我仪容不整，不敢见

113

皇上。"武帝道："只要和我见上一面，就赏赐你千金，并且给你的兄弟加官晋爵。"夫人道："加官晋爵在于皇上，不在于是否见面。"武帝又说要见她，夫人乃转过脸去抽泣，不再言语。武帝不悦而走。姐妹们埋怨她道："您就不能和皇上见上一面，嘱托兄弟之事吗？何以对皇上如此怨恨？"夫人道："我不见皇上，就是为了兄弟之事。我靠美貌而得皇上宠幸，凭借容貌侍奉人，色衰而爱弛，爱弛则恩绝。皇上所以还眷念我，正是由于我以往的容貌。如果见到我容貌丑陋，定会嫌弃于我，哪里还能怜悯我、优待兄弟呢！"夫人死后，武帝以皇后之礼将她安葬，然后，封李夫人的哥哥李广利为贰师将军，封李延年为协律都尉。

刘细君嫁给乌孙国后，入境随俗，加之她知识渊博，通情达理，深受宫廷内外的崇敬爱戴。然而，她因远离故土，语言不通，生活也不习惯，思乡之情越发浓烈，乃写出千古不朽的思乡之曲《悲愁歌》。歌中写道："吾家嫁我兮天一方，远托异国兮乌孙王。穹庐为室兮旃为墙，以肉为食兮酪为浆。居常土思兮心内伤，愿为黄鹄兮归故乡！"

元帝到虎圈观看兽斗，后宫的人同坐观看。一头熊逃出虎圈，攀上槛栏要跑到殿上来。左右贵人如傅昭仪等都被吓跑了，冯婕妤却迎上去，挡在熊之前。与此同时，左右侍卫齐力格杀熊。事后，元帝问冯婕妤道："人们都又惊又怕，你为何敢上前挡住熊？"冯婕妤道："猛兽抓到人就会停下来，我怕熊走到陛下那里，所以才去挡住它。"元帝非常感慨，因此对冯婕妤倍加敬重，而傅昭仪等人很是惭愧。

王嫱，字昭君。元帝时，昭君以良家子入选后宫，进宫数年，却未受到皇帝御幸，悲愤郁积。一次，呼韩邪来朝见，元帝下令赐给他五名宫女。昭君乃请求赴匈奴。呼韩邪临行时，【昭君出塞】 朝廷举行盛大宴会。宴会上，元帝宣五名宫女上殿。昭君出场时，丰容靓饰，光明汉宫，顾影徘徊，竦动左右。元帝见之大惊，想要留下昭君，却又恐失信于人，只好把昭君送给了匈奴。

鸿嘉三年，赵飞燕诬陷许皇后与班婕妤诅咒后宫，谩骂皇上。

成帝盛怒之下，将许皇后废居昭台宫。赵氏姐妹趁机打击班婕妤。成帝听信谗言，便审问班婕妤，可班婕妤却道："妾闻'死生有命，富贵在天'。修正尚且未能蒙福，为邪还想有何指望？假使鬼神有知，岂肯接受不臣之诉，如果神明无知，诉之何益！所以，我不会做这种事情！"成帝觉得她言之有理，不予追究，并且厚加赏赐。

宗室安众侯刘崇和东郡太守翟义等人厌恶王莽，相继起兵。王太后得知，说道："人心不相远，想的都差不多。我虽是个妇道人家，却也知王莽定然担心自身安危。"

王舜拜见王政君王太后，太后知道他的来意，乃为王莽索取玉玺，便骂道："你们父子家族蒙受汉家恩泽，世代享受富贵荣华，不知恩图报，反趁托孤之机，谋篡汉家江山，丝毫不念恩义二字。人如此者，猪狗不如，天下哪有像你们这样的！王莽自以为上承天命，做了新朝皇帝，既然已改变汉家正朔服制，就应另制国玺，传之万世，何必苦苦索取亡国之玺，难道不怕此不祥之物吗？我是汉家的一个老寡妇，先帝的未亡人，将不久于人世，便和玉玺一同下葬，你们休想打它的主意！"禁不住老泪纵横，旁边的侍从也随之神伤。王舜也是悲伤不已，哽泣良久，才道："太后，事到如今，臣等也无可奈何。王莽对传国玉玺是志在必得，太后细想，真能不给他吗？"太后情知大势已去，便拿出传国玉玺掷之于地，狠狠地对王舜道："玉玺交给你。我也没多少天活头了，不能亲眼看到你们王氏灭族之日！"

王莽为了让王政君更符合新室文母太皇太后的身份，下令拆毁元帝庙，另建新庙，并特意在元帝庙的旧址上为她修了生祠。因王政君健在，不便称庙，便称为长寿宫。某日，王莽在长寿宫为王政君备下酒宴。王政君见元帝庙已被拆毁，不禁垂泪哽泣道："这里是汉家宗庙，皆有神灵，怎么毫无缘由地毁坏！倘若鬼神无知，修庙何用？若是鬼神有知，我本汉家妃妾，岂能有辱先帝庙堂，来此饮酒宴会！"私下对随从道："王莽如此侮慢神灵，岂能得到上天佑助！"宴会也就不欢而散。

王章任职京兆尹，想要上奏封事。汉代的奏章一般都不封口，只有奏陈秘密事项，才贴上双重封条呈进，称为封事。其妻制止道："人应当知足，怎不想想牛衣中涕泣之时？"王章道："此非女人所应知道的。"奏书于是进上，果然被成帝下到牢狱，妻子和孩子也被拘捕。王章的小女儿才十二岁，晚上起来大哭道："先前狱卒呼喊囚犯，常数到九，现在数到八就不呼了。我父素来刚直，先死的必是他。"第二日询问，王章果被杀。

东汉

更始娶了赵萌的女儿为夫人，很宠爱她，便把政事交给赵萌，日夜在宫中与嫔妃饮酒作乐。群臣有事汇报，更始常常因醉酒无法接见，如非见不可，就让侍中在帷帐内与大臣对答。大臣听出不是更始的声音，出宫后皆抱怨道："胜负未定，就放纵如此！"韩夫人嗜酒如命，每当陪更始畅饮，见中常侍来奏事，就怒骂道："陛下正和我对饮，偏要此时来奏事吗？"随即起身，拍毁书案。

琅邪海曲有位名叫吕母的妇人，她儿子原是县吏，因犯小罪，被县宰处死。吕母怨恨县宰，便秘密聚集宾客，图谋复仇。吕母家一向富有，便大量酿造美酒，购买刀剑衣服。少年们有来买酒的，就赊给他们，看到有贫穷的，就借给衣服。几年后，家中资财已然所剩无几，少年们都想偿还欠债。吕母流泪道："我厚待大家并非贪财求利，只因县宰不公，枉杀我儿。我想报仇雪恨！诸位壮士，能否助我一臂之力？"少年们都认为她志向可嘉，加上平时受她恩惠，便决定相助。他们中有位勇士号称猛虎，聚集数百人，乃与吕母一起来到海岛，招募亡命之徒，人众多达数千。吕母自称将军，带领兵马攻占了海曲县，捉获县宰。其他吏人都为县宰求情。吕母道："我儿罪不该死，却被县宰所杀。杀人者死，也是罪有应得！你们何必替他求情？"乃杀死县宰，重返海岛。

冯勤的母亲八十岁，每次参加朝见，光武帝都不让她下拜，并让侍者搀扶上殿。光武帝看着诸王、公主道："这位母亲了不起，冯勤就是靠她才尊贵受宠。"

马贵人没有生子，明帝便让她代养贾氏之子，解释道："人未必要自己生儿子，怕得只是不能精心养育而已。"马贵人对小儿精心抚育，小儿也天性孝顺，母慈子爱，没有一点隔阂。马贵人常因明帝子嗣不多，心怀忧虑，常常荐引左右侍奉明帝。后宫嫔妃有进见明帝的，她便安慰接纳。如果她们得到明帝宠爱，便提高她们的待遇。永平三年春，主管官员上奏，请求确定皇后人选，明帝没有表态。皇太后道："马贵人德冠后宫，就立她吧。"遂立为皇后。

明帝驾崩，章帝即位，尊马皇后为皇太后。马太后亲自撰写《显宗起居注》，删去其中兄长马防参管医药事务的内容。章帝请求道："舅舅马防朝夕侍奉将近一年，既无褒扬之举，又不记录他的勤劳，不是太过分了吗！"太后道："我不想让后世知道先帝多次亲近外戚，所以不记录。"

和熹邓皇后邓绥，乃太傅邓禹的孙女，邓皇后在五岁时，太傅夫人很喜欢她，亲自给她剪发。夫人年老眼花，误伤了她的后额，她却忍痛不言。旁边人怪而问之，她道："不是不痛，太夫人爱怜我，为我剪发，不能伤老人心意，故而忍住。"她六岁时通《史书》，十二岁时通晓《诗经》、《论语》。各位兄长每当读经传时，她总是虚心请教。她的志向在经典书籍，不过问居家琐事。母亲常常责怪道："你不学女红，竟一改女儿家的本分去学习经书，难道你要应举博士吗？"皇后难违母亲教诲，因此白天修习女子之事，晚上诵读经典，家里人送她外号"诸生"。父亲邓训觉得她不一般，遇事不论大小，都与之相商。

班昭兄班固撰写《汉书》，其中八表和《天文志》没来得及写就去世了，和帝下诏令班昭到东观藏书阁将《汉书》继续写完。和帝多次召她进宫，要皇后和贵人们以师礼侍奉班昭，称她为大家。每次有奇异的东西进贡，和帝总是下诏要班昭写诗赋和颂赞。邓太后执掌朝政时，班昭参与朝廷政务。当时《汉书》刚刚问世，许多人读不通，读不懂，同郡的马融伏于阁下，听班昭讲读《汉书》。但是班昭也未完成《汉书》的续写，她逝世后，朝廷下诏让马融的哥哥马续接替班昭，完成续写。《汉书》历经四位史学家之手，才得以完成。

阴皇后见邓贵人德称日盛，不知如何是好，就求鬼神加害邓贵人。和帝有次患了重病，阴皇后私下对人道："我一旦得志，决不让邓家有人活着。"邓贵人得知，对左右流涕道："我诚心侍奉皇后，竟得不到她的庇佑，却要获罪于天。妇人虽无从死之义，然武王有疾，周公以身为武王请命；楚昭王病，越姬践行昔日心誓，自杀从死。我唯有一死，上以报皇上之恩，中以解宗族之祸，下不令皇后蒙受人彘之讥。"邓贵人欲饮药自杀，宫人赵玉坚决阻止，谎称适才有使者来，说皇上的病已经好了。邓贵人信以为真，便打消了自杀的念头。第二天，和帝的病果然好了。

顺烈梁皇后名纳，是大将军梁商的女儿，少年时善于做女红，喜好《史书》，九岁能诵《论语》，研究《韩诗》，并能略举其中大义。她常把列女图置于左右，以自监戒。父亲梁商深感奇怪，私下对兄弟们道："我家先人于河西接济他人，救活多多。虽未得大位，但积德必有回报。假如积善能福及子孙，也许我家将由此女兴起吧？"

兴平二年，献帝立伏贵人为皇后。不久，献帝东归洛阳，李傕、郭汜等带兵在曹阳追击献帝的护卫和随从，献帝夜里偷渡黄河逃走，六宫嫔妃步行逃出营地。伏皇后手里拿着几匹缣帛，董承指使符节令孙徽持刀威逼抢夺，杀死伏皇后身边的侍者，鲜血溅到伏皇后的身上。到了安邑以后，伏皇后的衣服已经破烂不堪，充饥唯有枣子板栗。

献穆曹皇后曹节，曹操之女也。伏皇后被废，乃立曹节为皇后。魏接受汉的禅让，遣使者索求玺绶，曹皇后怒而不给。如此多次来取，曹皇后才让使者进来，数落责备后，将玺扔到槛板下，涕泣横流道："老天不会保佑你！"

梁冀虽被诛，可天灾人祸不断，乃大赦天下，昭雪冤狱，寻找被冤杀大臣的子孙。李固的儿子李燮逃亡他乡，闻讯，返回家乡，与姐姐相见，悲痛感伤。姐姐告诫道："父亲为人正直，是汉家的忠臣。可遭遇朝廷倾乱，梁冀肆虐逞威，令李氏家族险些绝后。现在你幸而存活，此乃天意。今后当杜绝外界，不要随便与人交往。万不能把怨言加于梁氏。若加于梁氏必牵连皇上，大祸又会降临。"李燮听从姐姐的教诲。后来王成去世，李燮以礼送葬，感激他的救命之恩，设上宾牌位，四时祭奉。

孔融的女儿七岁，儿子九岁，寄居在别人家中。兄妹对弈时，得知父亲被曹操拘捕，却安然不动。旁人问："父亲被抓了，你兄妹为何没反应？"答道："倾巢之下岂有完卵！"主人给他们肉汁，男孩渴了，便取来喝。女孩道："遭此大祸，岂得久活，还能品出肉味儿吗？"男孩哭着放下肉汁。有人告知曹操，曹操怕他们长大复仇，遂决定杀之。被抓捕时，女孩对男孩道："倘若死人有知，能够得见父母，岂不是我们最大的心愿！"乃引颈受戮，颜色不改，所见之人莫不伤悲。

鲍宣的妻子，是桓氏的女儿，字少君。鲍宣曾经求学于少君的父亲。少君的父亲欣赏鲍宣虽贫穷但很刻苦，便把女儿许配给他，陪嫁的财货甚丰。鲍宣见了并不高兴，便对妻子道："少君生来富贵娇气，习惯了华衣美饰。而我确实贫贱，不敢承受如此厚礼。"少君道："父亲因为先生能修德守约，所以要我侍奉您。既然我愿意侍奉您，自当唯命是从。"鲍宣笑道："能这样，甚合我意。"于是少君将陪嫁之物及其侍女全部退回，改穿短布衣裳，和鲍宣一同拉着小车回家。

鲍宣在哀帝时做到司隶校尉。鲍宣的儿子鲍永在中兴初年担任鲁郡太守。鲍永的儿子鲍昱空闲时问少君："奶奶是否还记得拉小车之事？"少君道："过世的婆婆曾说过，'存不忘亡，安不忘危'。我岂敢忘记？"

王霸与同郡的令狐子伯结为朋友，后来子伯担任楚国相，而子伯之子担任郡功曹。子伯让儿子送信给王霸。王霸的儿子当时正在田中耕种，听说来了客人，就赶回家里，见到子伯之子雍容华贵，感到非常沮丧，不敢仰视。王霸看着儿子，面有愧色。客人走后，王霸久卧不起，妻子问他怎么了，王霸也不肯说，妻子便请罪，王

119

霸这才说道："我与子伯素来不同，见其子衣服光鲜，容貌俊雅，举止得体，而我儿蓬发历齿，不知礼节，见到客人面有惭色。父子情深，我的心也不好受啊。"妻子道："君少修清节，不顾荣禄。子伯的显贵怎比得上君之高节？为何忘记志向，却因儿女感到惭愧呢？"王霸一跃而起，笑道："有这事！"遂一同终身隐居。

河南人乐羊子的妻子不知是谁的女儿。羊子曾在路上拾到一块金饼，回来交给妻子。妻子道："妾闻志士不饮盗泉之水，廉者不受嗟来之食，况拾遗求利，以污其行乎！"羊子大为惭愧，将金饼抛之野外，而到远方寻师求学。

曾经有别人家的鸡错进了乐羊子家的菜园，婆婆将其偷杀炖熟。乐羊子的妻子面对鸡肉，不吃而泣。婆婆问她缘故，她道："感伤生活贫困，饭桌上竟摆他家之肉。"婆婆遂将鸡肉倒掉。

蔡文姬的丈夫董祀担任屯田都尉，犯法应被处死，蔡文姬去向曹操求情。当时公卿大臣、名士以及远方的驿使都在座，曹操道："蔡伯喈（蔡邕字伯喈）的女儿就在外面，现在让她跟诸位一见。"蔡文姬进来时，头发蓬乱，赤着脚，向曹操叩头请罪，声音清晰，言辞流畅，说得甚是酸楚悲哀，闻者为之动容。曹操道："实在对夫人同情，但判定文书已经送走，怎么办？"文姬道："明公有马上万，虎士如林，为何舍不得一马一士，以救将死之人？"曹操被文姬的话感动，于是追令赦免董祀之罪。当时天气渐近寒冷，曹操赐给她头巾和鞋袜。借机问文姬："听说令尊藏有许多典籍，夫人还能记得否？"蔡文姬道："从前家父赐给我四千来卷书，遭战乱流离，没有一卷留下。现在能够记得的，也就四百多篇吧。"曹操道："现在就派十名吏人到夫人那里写出来。"文姬道："我听说男女有别，礼不亲授。请给我纸和笔，楷书、草书随便您吩咐。"文姬写好后送给曹操，文无遗误。

求知·第十八

　　求知是种美德，如果你愿意美德伴随你的终生，那就把求知当做毕生的事业来做。知识的功用不仅仅能改变个人的命运，还能净化人的心灵，陶冶人的情操。在通向知识的海洋上，大家都很平等，只要你敢于做个水手迎风破浪，就必然有所成就。中国人常言："书山有路勤为径，学海无涯苦作舟。"获得知识必须要刻苦，而且要坚持不懈。"不经一番寒彻骨，那得梅花扑鼻香"。

　　夏侯胜与黄霸被下狱，黄霸想跟夏侯胜学习经术，夏侯胜以已获死罪为由拒绝了。黄霸道："朝闻道，夕死可矣。"夏侯胜觉得他说得对，便教他学习经术。这便是对求知的态度，求知最终的指向就是求道，人事之道与天事之道，能接近此道，那么人终究是没有白在世上走一遭。生与死，我们无从选择，但我们却可以尽量选择怎么活着，然如何选择，则与自己所知有很大关系。

　　求知的道路从来不是康庄大道，而是布满荆棘，本节中有很多刻苦求知的故事。并不是说人一定要把自己弄成苦行僧，才会学有所成，倘若有很好的求学环境，那么自然少走很多弯路。可即便如此，也需要刻苦努力，人虽有才智高下，可只要坚持求知，必有所成。更多的时候，执著坚守的成就要强于运用才智的成就。

秦·西汉

【截蒲为牒】

路温舒的父亲做东里的监门，让路温舒去牧羊，路温舒就采集水中的蒲草，裁成简牍，用绳子编缀起来，在上面写字。

公孙弘年轻时做过狱吏，因犯罪而被免职。由于家中贫寒，只好在海边放猪。四十多岁时才开始研习《春秋》及各家杂论。

河间献王刘德修学好古，实事求是，喜欢从民间搜集图书。一旦拿到图书，他一定抄录好副本给书主，而留下正本。他又以重金征集古籍，有人不远千里来献书，甚至有的把先祖收藏的旧书也奉上。献王所拥有的图书，数量不亚于汉朝廷所拥有的。

【带经而锄】

倪宽受业于孔安国。他家境贫寒，便在学府为同学们烧菜做饭，以获得求学的机会。有时他还要去做佣工，于田中耕锄。每当歇息时，就取出随身携带的经书认真诵读。

夏侯胜与黄霸被投入狱中。黄霸提出要跟夏侯胜学习经术，夏侯胜以两人身获死罪为由拒绝。黄霸道："朝闻道，夕死可矣。"夏侯胜觉得他说得对，便教他经术。

夏侯胜讲学时，常对学生道："士人最怕不明经术，经术一旦通晓，要取得公卿之位如俯拾草芥一般。学经不明，不如回家种地。"

【河东三箧①】
①泛指亡失的书籍。

张安世少时仰仗父亲张汤做了郎官，因熟悉图书供职尚书。他尽心尽职，休假也不外出。武帝驾临河东，曾丢失书籍三箧，他人都不记得书中内容，只有张安世记得，并将其默写下来。后来购求得书，把张安世所写的与之对照，竟无遗失。武帝奇其才，擢升他为尚书令，迁光禄大夫。

【匡鼎解颐②】
②指讲诗清楚，非常动听。

匡衡喜好读书，可是家贫，便做雇工，以资自养。他精力过人，专研刻苦。诸儒赞美道："无说《诗》，匡鼎来；匡语《诗》，解人颐。"意思是，不要讲《诗》，匡衡马上来；匡衡来讲《诗》，让人开心怀。

匡衡勤奋好学，但家贫，没有蜡烛照明。邻家有灯烛，匡衡便把墙壁凿了个孔，借着微弱的灯光读书。有个大户，名叫文不识，家中藏书颇丰。匡衡乃到他家做雇工，却不要报酬。文不识甚异之，问何故。匡衡道："我想遍读你家藏书。"文不识听了，深为感叹，便把书借于他。

【凿壁偷光】

翟方进十二三岁时，丧父失学，乃到太守府中担任小吏，可他生性迟钝，办事不力，常常遭到掾史辱骂。方进心中苦闷，顿生去意，便去找汝南蔡父相面，看看自己适合做什么。蔡父见他形貌与众不同，乃道："你有封侯骨，当努力研究经术。"方进本就厌恶了做小吏，又听蔡父一番言语，遂托病回家，向继母辞行，欲到长安求学。继母怜其年幼，同往长安，纺绩做鞋供方进读书。方进研习《春秋》，历经十余年，终有大成。

刘向为人平易，廉洁清静，喜好圣贤之道。他不与世俗来往，专心研究经术，白天朗诵书传，晚上观察星宿，有时到天亮也不睡觉。

朱云年少时，喜欢结交游侠，并依靠他们为自己复仇。他长八尺余，容貌甚壮，素以勇力闻名。四十岁时，一改昔日作风，跟随博士白子友学习《周易》，又师从前将军萧望之研习《论语》。皆有所成，并可授业传承。

眭弘，鲁国蕃人也。年少时尚气任侠，喜欢斗鸡跑马，后来却一改性情，跟嬴公学习《春秋》。因通晓经术而做了议郎，官至符节令。

扬雄少而好学，博览群书。他研究经书，不拘泥于章句，通其大义即可。为人简单洒脱，因口吃而不善谈，常静默沉思，又清心寡欲。不汲汲于富贵，不戚戚于贫贱[1]，不故作姿态博取声名。他家产不超过十金，存粮不到一石，却安然自在。其心胸宽广，非圣哲之书不好也。非其意，虽富贵不事也。

赵充国为人沉勇有大略，年少时崇拜将帅，乃习兵法，并通晓四方蛮夷之事。

①不追逐富贵，不担忧贫贱。

东汉

桓荣少时求学长安，师从博士九江人朱普，学习《欧阳尚书》。桓荣贫穷如洗，毫无资财，常靠做短工维持生计，如此这般十五年，竟然一次也没有回家。直至王莽代汉才返回家园。朱普去世，桓荣到九江奔丧，背土堆成坟，之后便留下来教书，门徒数百人。王莽败亡，天下大乱。桓荣抱着经书同弟子们逃匿山谷，虽然饥饿困乏，却讲论不辍，后来客居江淮一带授徒。

【负土成坟】

桓荣最初遭遇离乱时，与族人桓元卿都是饥乏困厄，可桓荣仍讲诵不息。元卿讥笑道："只是自苦气力，何时能派上用场？"桓荣笑而不应。等到桓荣任职太常，元卿感叹道："我乃农家子，如何料得学问竟有这般好处！"

朱祐当初在长安求学，刘秀前去看望他，却总见不到。因为朱祐学习刻苦，提前去了讲堂。后来刘秀当了皇帝，到朱祐的府第探望，想起长安旧事，便笑道："主人该不会又去讲经书了吧？"

郑玄年少时任乡下小吏，可他并不喜欢做官。一旦回家休息，便去学宫那里学习。父亲很生气，却也拿他没办法。郑玄最终辞官，到太学求学，拜在京兆第五元先门下，学习《京氏易》、《公羊春秋》、《三统历》、《九章算术》。又跟随东郡张恭祖学习《周官》、《礼记》、《左氏春秋》、《韩诗》、《古文尚书》。他认为山东已无人可请教了，乃西入关，通过涿郡卢植引见，拜扶风马融为师。

寇恂一向好学，乃修建乡学，教授学生，聘请会讲授《左氏春秋》之人，亲自向其问学。

鲁恭十五岁时，和母亲以及弟弟鲁丕住在太学，学习《鲁诗》。他闭门讲习诵读，不理人间俗事。兄弟两人受到诸儒称赞，学士们争相归之。

鲁丕拒绝和别人结交，对别人的问候也不答礼。儒士们也因此对他颇有微词，可鲁丕却怡然自得，孜孜不倦地研究经书。他通晓五经，教授学生《鲁诗》、《尚书》，成为当时著名的儒者。后来回到本郡，任督邮、功曹，所跟随的将领，无不以师友相待。

曹褒喜好礼仪之事，感叹朝廷礼仪不完备。他仰慕叔孙通为汉制定礼仪，乃昼夜钻研，沉吟专思，寝则怀抱笔札，行则诵习文书，由于太过专一，常常忘记该去之地。

陈寔出身低微。自儿时起，虽是玩耍，小伙伴们也都爱归依他。年少时做县吏，常常干些杂事劳役。后为都亭佐，乃有志于学，坐立诵读。县令邓邵想看他学识如何，乃与之攀谈，结果让县令大吃一惊，便让陈寔入太学深造。后来县令又聘他为吏，他却避居阳城山。

丁鸿十三岁时，师从桓荣学习《欧阳尚书》，三年便明晓章句。他又善于议论辩难，得以任都讲。这给丁鸿莫大的激励，使他专一于经学，遂布衣荷担，不远千里再去求学。

杜林曾在西州得到一卷《古文尚书》，非常珍爱之，虽遭遇艰难困苦，却总是随身携带。杜林把经书拿给卫宏等人看，说道："我在兵荒马乱中颠沛流离，常恐此经失传。不料东海卫子、济南徐生又可传之，使这门学问不至于湮没。古文虽不合时务，但愿诸生莫要后悔所学。"卫宏、徐巡闻言，更加重视此经，于是古文经得以流传。

承宫幼时丧父，八岁时，还要为别人放猪。乡里的徐子盛精通《春秋》，授徒数百。有一次，承宫在徐子盛的学舍旁休息，看到他授徒，很羡慕，便前去听讲，请求留在门下，为诸生拾薪柴。如此，执苦数年，勤学不倦。他学通经典后，便回家讲学授徒。

【樵薪苦学】

朱穆好学，用心专一，由于精力专注，或丢失衣冠，或跌落坑中，他父亲曾认为他很愚笨，几乎搞不清马有几条腿，而朱穆则更加专诚笃实。

张霸，字伯饶，几岁时便懂得孝顺礼让，即使在出入饮食的小事上，也自然而然地合乎礼仪，乡人送他绰号"张曾子"。他七岁时便通晓《春秋》，又想修习其他经书，父母道："你还小，不行的。"张霸道："我多学几遍就是。"所以，张霸字"饶"。

周燮还是小儿时，便知谦让。他十岁就学，能通《诗经》、《论语》。长大后，专攻《礼》、《易》。非圣贤书不读，又不注意寒暄交往。他住在草庐，亲自耕种渔猎，自给自足，乡党宗族很少能看见他。

包咸少时于长安求学，师从博士右师细君，学习《鲁诗》、《论语》。王莽末年，他返回乡里，在东海境内为赤眉所劫，并被关押起来。十余日中，包咸不分晨夜诵读经书，镇静自若。抓他的人很惊异，就放了他。包咸便于东海住下，建立学舍讲学授徒。光武即位后，他才回归乡里。太守黄说要他暂任户曹史，想召包咸教授其子。包咸道："根据礼数，只有来学习的，而没有去教的。"黄说于是派儿子去拜包咸为师。

张玄少时习《颜氏春秋》，同时通晓数家学说。建武初年，补弘农文学，迁陈仓县丞。他为人清净无欲，专心经书，讲学问难之际，竟然终日不食。若有人提出难题，他便列出几家说法，让诘难者自选。儒生们对张玄甚是信服，其著录在册的学生有千余人。

王充少时丧父，在乡里以孝顺闻名。后来到京城太学求学，拜扶风人班彪为师。王充博览群书，但不拘泥章句。由于家穷，无书可读，便常在洛阳的市集上游走，阅读人家所卖之书，看过一遍就能诵忆，由此，他博通各家学说。

【王充求学】

王充擅长辩论，起初好似诡辩，最终却是有理有据。他认为世俗儒生拘泥文字，大多背离经典本意，乃闭门潜思，回绝庆吊之礼，户牖墙壁都放置刀笔。遂著有《论衡》八十五篇，二十余万字，阐释物类同异，纠正时俗疑问。

李固少而好学，常不远千里步行拜师，因而能综观历代典籍，结交各地英贤。四方有志之士多钦佩其风采而来求学。

高凤少为书生，虽以种田为业，却专心读书，昼夜不息。有一

126

次，妻子要到田间去劳作，让高凤看护庭院中所晒之麦，以免被鸡啄食。不久天下暴雨，而高凤却依然手拿竹竿诵读经书，水冲麦走，他却浑然不觉。妻子回来后，见此般情景，不免责问于他，高凤这才如梦方醒。

初平四年九月甲午，朝廷考核四十余名儒生，上等者赐位郎中，次等者为太子舍人，下等者罢之。献帝下诏道："孔子感叹'学之不讲'，不讲习则所学知识就会忘掉。现在老儒生年纪超过六十岁的，却要去离本土，谋求生计，不能专心研究学问。没想到结童入学，白首空归，长年委身于乡野，永绝荣耀之望，我很怜悯他们。那些被罢免的儒生，就让他们做太子舍人吧。"

【高凤笃学】

问道・第十九

本节涉及的内容很多，如政治理念、伦理道德等，在此简单整理勾勒一下：

何谓道？"天地定位，上悬日月，布列星辰，划分阴阳，确定四时，排列五行，以视圣人，名之曰道"（翼奉语），此道即为天道，然后有地道、王道。可"天道有常，王道亡常"（翼奉语）。既然如此，王者该如何看待天道、地道呢？"天道以信为贵，地道以正为贵；不信不正，万物不生。生，天地之所贵也。王者承天地之所生，理而成之，昆虫草木各得其所。王者法天地，非仁无以广施，非义无以正身；克己就义，恕以及人。"（杜钦语），可见王道要回应天道与地道，就要施行仁政。

天生众民，因其相互不能治理，就替他们设立君主来统治，可这并不意味着君主可以为所欲为，因为"天下乃天下人之天下，非一人之天下也"（谷永语）。如此看来，没有民众的存在，自然也就无须君主存在了，民众乃君主的基础。如果君主不能奉行天道，仁政爱民，那又如何？那么上天就会警示，民众就可以凭借武力推翻王朝，或者逼迫君主禅让贤者。可武力推翻了君主是否可以完全解决问题呢？在君主专制时代，的确无法根本解决，但当君主已然破坏了天然契约，让民众过着"七亡"、"七死"（鲍宣语）的生活，那么民众动用暴力推翻这个王朝，则具有天然的正义性。要知道人寿命有限，忍耐有限，当忍无可忍时，就剩下了一双拳头。至于和平云云，只是书生呓语而已。班固曾言："仓颉造字时，把'止'与'戈'组成一个'武'字。圣人用武力禁止暴乱，终止战争，而不是用来施行残暴胡作非为。"可当君主动用暴力胡作非为时，那就不要指责民众以暴抗暴。

秦·西汉

陆贾常在高帝面前谈《诗经》、《尚书》。高帝骂道："老子马上得天下，和《诗经》、《尚书》有何关系？"陆贾道："马上得天下，岂可马上治天下？况且商汤、周武以武力打天下，却以仁义守天下，文武并用才是长久之术。以前吴王夫差、智伯都因穷兵黩武而灭亡；秦一味重刑而不知变更，社稷乃亡。倘若秦并天下后能施行仁义，效法古代圣贤，陛下安能得天下？"高帝不悦且有惭色，于是让陆贾写文章分析兴亡原因，遂有《新语》一书。

叔孙通着手制汉廷礼仪，便去鲁地征选儒生三十余人，其中有两位儒生不肯同行，说道："你侍奉的主人不下十位，对待每位主人都以奉承阿谀为能事。如今天下初定，死者未葬，伤者未愈，你就要急于制定礼乐。须知，礼乐兴起要有百年积德。我们无法接受你之所请。你行事不合古道，我们不去，你走吧，不要玷污了我们的人格。"叔孙通笑道："你们真是迂腐的书呆子，不知时务，不懂变通。"

贾谊上疏文帝道："屠牛垣一个早晨宰十二头牛，可锋利的刀刃并没变钝，这是因为他拍击剥割的地方都在肌肉和骨头的缝隙之间。至于对付大腿骨处，则不是用砍刀就是用斧头。仁义恩厚好比人主的利刃，权势法制好比人主的砍刀斧头。"

汉初推行郡国并行制度，诸侯国不但享有自治权，且封地广大。到了文帝时，已有尾大不掉之势。为了避免地方威胁中央，贾谊建议诸侯国的国君也要分封土地给子孙。如此，诸侯国的数目增多，实力却被分解削弱，自然无力对抗中央。这便是："欲天下之治安，莫若众建诸侯而少其力。"

贾谊道："确立君臣的地位，规定上下的等级，使父子之间有礼可遵，六亲之间有法可循，这并非上天所为，而是人所设立。人之所以设立这些规矩，是因为不设立就不能建立社会的正常秩序。

不建立秩序，社会就不存在。不维护秩序，社会就会败坏。"

贾谊上《治安策》，劝文帝勿辱大臣，如果大臣犯下大罪，君主对他讲："你犯有过失，但我以礼相待。君主对群臣以礼相待，群臣就会自爱；君主以廉耻约束臣子，臣子就会重视气节品行。如果君主以廉耻礼义对待臣子，而臣子却不以气节品行报答，那他就不是人。

贾谊警告执政者，与民为敌迟早要付出惨痛代价。为什么人民的力量如此之大？贾谊认为"故夫民者，大族也，民不可不畏也。故夫民者，多力而不可适也"。贾谊道："上选吏焉，必使民与焉。"提出让民众参与对官吏的选拔。

贾山上疏文帝道："我听说忠臣侍奉君主，如果言语恳切率直而不被接受，就会危及性命，而不恳切率直，又不能说明道理。所以恳切率直的谏言，是贤明君主急于听到的，也是忠臣不惜生命要说的。贫瘠的土地，即使有良种，也不会长出庄稼；江河岸边的淤地，再差的种子，也能长出茂盛的禾苗。"

贾山道："雷霆所击，无不摧折；万钧所压，无不破碎。现在人主之威，不只是雷霆；权势之重，不仅是万钧。即使广开言路以求谏言，和颜悦色接受建议，并使进谏之人得到荣耀地位，可士人依旧心怀恐惧，不敢充分表达自己的观点；更何况君主恣行暴虐，讨厌听到自己的过错，以权势威慑士人。即使有尧舜的智慧，孟贲的勇猛，也一样被摧折。如此，人主则听不到自己的过错，社稷也就危险了。"

汲黯多次在武帝面前质问廷尉张汤，道："公为正卿，上不能褒先帝之功业，下不能化天下之邪心，安国富民，使囹圄空虚，却为何把高皇帝所定之律令乱改一气？公会因此断子绝孙的！"两人经常争辩，张汤的言论紧扣律令条文，在小节上苛求。汲黯伉直严峻，坚守原则，却也无法驳倒张汤，愤极而怒，便大骂张汤道："天下人言刀笔吏不可为公卿，果真如此！倘若一切都依张汤所行，将使天下人陷入叠足而立、侧目而视的恐慌之中！"

汉武帝策问道："闻听五帝三王治民之道，乃是改制作乐，故而方有天下洽和，后代百王也都效法而行。尧氏之乐莫盛于《韶》，周人之乐莫盛于《勺》。圣王已没，钟鼓管弦之声未衰，而大道式微，衰败至桀纣之行，王道大坏矣。这五百年间，守文之君，当权之士，欲学先王之法以助当时者甚众，可惜不能如其所愿，而王道却是日趋没落，直到后王兴起，没落之势才止息。难道是他们信奉有误，才失掉了道统吗？还是天命就是如此，人力无法扭转，非要到衰败极致后才停止吗？呜呼！夙兴夜寐，力求效法远古，难道就没有补益吗？那么，三代（夏、商、周）君主受命于天，依据何在？灾异变故，又因何而起？性命之情，有人夭折，有人长寿，有人仁慈，有人卑鄙，常听说其名，却不明其理。为何？想力行风俗教化，使刑罚减轻，奸邪改变，让民众和乐，政治清明。如何做呢？又如何才能使甘露降，百谷登，德润四海，泽臻草木，三光全，寒暑平，受天之祜，享鬼神之灵，德泽洋溢，施乎方外，延及群生呢？"

董仲舒上疏武帝道："臣听说，命就是天的命令，性就是生来的本质，情就是人的欲望。为何有人夭折，有人长寿，有人仁慈，有人卑鄙？这就好比造瓦铸金，不可能都纯粹美好，由于社会治乱的影响，人的寿命、品行自是不同。"

董仲舒道："《春秋》推重大一统，这是天地永恒的法则，古今共通的道理。如今师者所遵循的道彼此不同，人们的议论也彼此各异，诸子百家各有陈说，意旨也不一样，所以处在上位的人君无法掌控统一的标准，法令制度多次改变，在下的平民不知道如何遵守。臣认为凡是不属于六艺的科目和孔子的学说都一律禁止。邪说消失了，纲纪就可一统，法度自明，民众也知道服从的对象了。"

公孙弘上疏武帝道："臣闻言，仁者爱也，义者宜也，礼者所履也，智者术之原也。（仁就是爱，义就是合乎时宜，礼就是践履之标准，智就是术之本源。）兴利除害，兼爱无私，谓之仁。明辨是非，明断可否，谓之义。进退有度，尊卑有分，谓之礼。独揽生杀之权，开通堵塞之路，权衡轻重缓急，探讨得失之道，使真假之事如实呈现，谓之术。以上四条是治理天下之根本，都应制定实施，不可荒废。掌握其要领，则天下安乐。否则人主蔽于上，官吏

132

乱于下。"

徐乐上疏武帝道:"臣闻言,天下之祸患在于土崩,不在于瓦解,古今同理。何谓土崩?秦朝末年即是。何谓瓦解?吴、楚、齐、赵七国叛乱就是。"

孝昭元凤三年正月,泰山、莱芜山之南发出了类似数千人喧哗的声音,有民往视之,但见一大石自立而起。经细察,此大石高丈五尺,粗四十八围,入地深八尺,又有三石为其足。大石自立后,有数千只白乌鸦聚集于旁。是时,昌邑社庙中枯死倒地的树居然复活,而上林苑中枯萎倒卧的大柳树竟然自立而起,重获新生,有虫食其叶,被食树叶形状酷似几个字:"公孙病已立"。眭弘道:"先师董仲舒曾言,即使有继体守文之君主,也不妨碍圣人受命于天。汉家乃尧之后代,有传国于他姓的运势,汉帝应普告天下,征求贤能,将帝位禅让,而自退于封地,就像殷周二王的后代一般,以承顺天命。"眭弘让友人内官长赐上此书。

路温舒上疏宣帝道:"刑狱乃国之大事,处死者不能复生,受肉刑者肢体不能复续。《书经》上写道:'与其杀不辜,宁失不经。'意思就是说,罪有疑问时要从轻,不可从重,宁可有'不依常法'之误,也不能枉杀无辜。可是,今天的刑狱裁决,却恰恰相反。法官上下勾结,把刻薄当做廉明,把残忍当做公正。执法公平者却多有后患。所以,法官审讯案件,必用重刑,其实他与犯人并无私人恩怨,只是用别人的自由和生命,来保全自己的自由和生命。于是可以看到,死罪被诛者鲜血流离于市,获罪受刑者比肩而立,每年处以死刑者数以万计。这必然损伤仁圣之政。"

路温舒道:"于人而言,安则乐生,痛则思死。酷刑之下,什么口供求而不得?疑犯不能忍受酷刑,只好照着问案人的暗示,捏造自己的罪状。问案人利用这种心理,把疑犯的口供诱导至犯罪。罪状既定,再用种种办法,修补口供,使它天衣无缝,让每字每句都符合法律条文,最后行成公文,即令上帝看到,也会认为疑犯罪有应得。俗话说,'画地为牢,无人敢上朝议政;刻木人为吏,必无人敢对策'。这都是痛恨执法苛暴而发出的呼声。"

翼奉上疏元帝道："臣闻师言，天地定位，上悬日月，布列星辰，划分阴阳，确定四时，排列五行，以视圣人，名之曰道。圣人见道，然后知王治之象（在天成象，在地成形），据此划定疆界，建立君臣制度，制定历法，总结成败经验，以视贤者，名之曰经。贤者见经，然后知人道之要务，则有《诗》、《书》、《易》、《春秋》、《礼》、《乐》。《周易》讲阴阳，《诗经》讲五际，《春秋》讲灾异，皆列出终始，推求得失，考察天意，以言王道之安危。"

翼奉道："天道有常，王道无常，无常的王道要顺应永恒的天道。故而，一定要有非常之主，才能建立非常之功。"

成帝尽召直言之士到白虎殿对策，策问："天地之道何为贵？王者之法如何？六经之义何为上？"杜钦对答道："臣闻天道以信为贵，地道以正为贵；不信不正，万物不生。生，天地之所贵也。王者承天地之所生，理而成之，昆虫草木各得其所。王者法天地，非仁无以广施，非义无以正身；克己就义，恕以及人，这是六经的要旨。"

鲍宣上疏哀帝道："凡民有七亡。阴阳不和，水旱为灾，一亡也；县官重责更赋租税，二亡也；贪官污吏，搜刮不断，三亡也；豪强大姓蚕食无厌，四亡也；苛吏徭役，失农桑时，五亡也；部落鼓鸣，男女遮列，六亡也；盗贼劫略，取民财物，七亡也。七亡尚可，又有七死。酷吏殴杀，一死也；治狱深刻，二死也；冤陷无辜，三死也；盗贼突发，四死也；仇怨相残，五死也；岁恶饥饿，六死也；时气疾疫，七死也。民有七亡而无一得，想要国家安定，难哉；民有七死而无一生，想要搁置刑罚，亦难哉。此种状况难道不是官吏贪残成风所致吗？"

鲍宣道："天下乃皇天之天下，陛下上为皇天之子，下为黎民之父母，代替皇天统育万民，对他们自当一视同仁。"

东平王刘宇上疏请求赐予诸子之书和《太史公书》，成帝就此事询问大将军王凤。王凤认为诸子之书有悖经术，非议圣人；《太史公书》则记载有战国纵横权谲之谋，汉兴之初谋臣奇策，以及介绍天象灾变、地势险要等内容，这些都不适合给诸侯王看。王凤教成帝回绝之辞："五经乃圣人所制，万事万物都有记载，王果然乐于道，而太傅、国相又皆为儒者，只要一起旦夕讲诵，足以正身虞意。"

张禹对成帝道："春秋二百四十二年间，共出现三十余次日食，五次地震，其间或诸侯相互残杀，或夷狄侵扰中原，灾变之异难以预见。因此古之圣人很少谈论天命，也不语怪力乱神。自从子贡开始就不再探讨本性与天道的关系，何况浅见鄙儒所言之语！陛下应整顿国政以应时变，与民同乐，此为当下第一要务。"

谷永上疏成帝道："帝王以民为基础，民众以财产为根本，财产枯竭了，民众就会叛乱，民众叛乱了，社稷就会灭亡。"

谷永道："我听说天生众民，因其相互不能治理，就替他们设立君王来统治，控制海内非为天子，列土封疆非为诸侯，一切都是为了民众的福祉。流传三统历法，排列三正次序，去无道，开有德，不私一姓，明确天下乃天下人之天下，非一人之天下也。"

郅恽上疏王莽道："刘氏享天永命，陛下应顺节盛衰，取之以天，还之以天，才可以说是知命。如不早图，不免有窃位之名。"

东汉

范升上疏光武道："古时大臣病了君主来探视，大臣去世了君主要吊唁，这一礼仪衰落已久。到了陛下复国，又得以兴起，群臣感动，无不自加勉励。臣私下看到祭遵修行积善，竭忠于国，北平渔阳，西拒陇蜀，先登坻上，深取略阳。各路部队撤退后，他却独守要冲。制约军心，不越法度，当地官民，不知有军。清名闻于海内，廉白著于当世。所得赏赐，总是悉数分给将士，身无奇衣，家无私财。兄长祭午因祭遵没有子嗣，娶妾送之，祭遵拒不接受，以为身受国家大任，不敢顾及自身。临终遗言，牛车载丧，薄葬洛阳。问及家事，终无所言。任重道远，死而后已。祭遵为将，取士皆用儒术，对酒设乐，必雅歌投壶。又建议给孔子立后嗣，奏请设五经大夫。虽在军队，不忘祭祀，可谓是喜好礼乐、至死爱道之人了。按照礼法，活有爵位，死有谥号，爵位用来区别尊和卑，谥号用来彰明善和恶。臣认为当以祭遵去世为契机，评定各人功绩，详案谥法，以礼成之。表明朝廷笃信古制，以为后人之表率。"

桓谭上疏光武道："善于为政者，针对世俗而施行教化，明察过失而设立防范，威与德更兴，文和武迭用，才能够政兴人和。从前董仲舒说过，治理国家就像调理琴瑟，对那些不可调理的琴弦就应改换新的。但改弦更张很难实行，而违逆众人者多自取灭亡，故而贾谊以才被逐，晁错以智受死。世上虽有殊能者却终究不敢议政，怕的是重蹈贾谊、晁错覆辙。"

桓谭上疏光武道："纵观先王的记述，都是以仁义正道为立国之本，并没有奇异荒诞的记载。有关天道性命的问题，即便圣人也难以说清。从子贡以下，孔门弟子都无从听说，何况后世浅薄儒生，能通晓天命吗？"

光武帝认为尹敏博通经书典籍，命他校正图谶，删除崔发为王莽所作的著录叙列。尹敏道："谶书非圣人所作，其中多有浅俗别字，颇类世俗之语，恐贻误后生。"光武不采纳。尹敏遂在缺文处增加："君无口，为汉辅。"指的是"尹"姓之人当为汉室宰辅。光武看了很奇怪，召见尹敏问缘由。尹敏道："我看见前人增减图书文字，便自不量力地效仿。"光武大为不满，虽没有加罪于他，可尹敏从此也不再得到重用。

申屠刚给隗嚣写信道："夫圣人不以独见为明，而以万物为心。顺人者昌，逆人者亡，此古今之所共也；夫离道德，逆人情，而能有国有家者，古今未有也。"

苏竟给刘龚写信道："世上那些俗儒末学，醒醉不分，却要议论当下时局，混淆视听。有的说王朝交替兴起，鹿死谁手尚未可知，自认为称兵据土，就可以图谋非分之想；有的说圣明的君主尚未出现，宜观时世变化，依附强者以求自保。这两种看法真有道理吗？"

范晔论道："古人有云，善言天者，必有验于人。张衡亦云，天文历数，阴阳占候，乃当下急需。郎颛、襄楷能仰观天象，俯察世事，参诸人事，所预言祸福吉凶既已应验，所引教义也就明确了。这大概便是道术对时世有所补益，后人所应引以为鉴之处吧。然其弊端在于过分沉迷于巫术，所以君子不应过于专注于此。"

梁统上疏光武道："臣闻立君之道，仁义为先，仁乃爱人，义乃政理（为政之道）。爱人以除残为要务，政理以去乱为核心。设置刑罚在于适度，所以五帝时有流、殛、放、杀之刑罚，三王时有大辟、刻肌之律。"

建初中，有人侮辱某人之父，某人把侮辱者杀死，按律当死。章帝赦免其死刑而减罪宽宥，后成惯例，并依此制定《轻侮法》。张敏上疏反驳道："决定生死之事，应当遵从古今成例，如同天之四时，有生有死。如果把宽恕也写进法律，便是助长犯罪的发生。《春秋》大义，子不报仇，非子也。然而法律对此也不会减刑，因为相杀之路不可开。有人认为执法当先考虑生者。臣愚以为天地之性，唯人为贵，杀人者死，此为三代通制。如今想要偏袒生者，反倒开了杀路，一人如果不死，则天下人就要遭殃。须知，春生秋杀，乃天道之常。"

张奋上疏和帝道："圣人所美，政道至要，本在礼乐。五经同归，而礼乐之用尤急。孔子言'安上治民，莫善于礼；移风易俗，莫善于乐。'又言'揖让而化天下者，礼乐之谓也。'先王之道，礼乐可谓盛矣。孔子对子夏道'礼以修外，乐以制内，丘已矣夫！（如能以礼饰容貌，用乐荡涤心性，我就满足了!）'又道'礼乐不兴，则刑罚不中；刑罚不中，民众就会不知所措。'我认为汉应当制定礼乐，先帝圣明有德，多次下诏，哀伤礼乐之残破，可是儒生不通达，奏议之中多有异议。"

鲁恭上疏和帝道："万民乃上天所生，上天爱所生，犹如父母爱其子。天下万物中，只要有一物不能安适，那么天象就会因此发生错乱，何况对于人呢？故而，爱人的，上天必有回报。"

班固道："仓颉造字时，把'止'与'戈'组成一个'武'

字。圣人用武力禁止暴乱，终止战争，而不是用来施行残暴胡作非为。"

郑兴上疏光武道："《春秋》以天反时为灾，地反物为妖，人反德为乱，乱则妖灾生。"大意是，《春秋》认为天以寒暑易节为灾，地以群物失性为妖，人以违反道德为乱，乱则会产生妖和灾。

梁冀骄暴不悛，朝野怨恨。朱穆是他的故吏，怕梁冀积怨太多招来祸端，便劝谏道："一日行善，天下归仁，终朝为恶，四海倾覆。"

徐防认为五经流传久远，圣人的意旨已经难以明白，应该做章句进行注释，以使后代学习者理解。他上疏和帝道："臣闻《诗》、《书》、《礼》、《乐》，是由孔子确定的，章句的发明，始于子夏。此后各家分析，各有异说。汉承乱秦，经典废绝，原文大略存在，但有的已经没有章句。现在应该整理残缺的，搜集遗失的，建立明经，广博征求儒术，开设太学。孔圣已经遥远，微妙的旨意即将断绝，故立十四家博士，设甲乙科，用以鼓励学习者，目的是让人明白好恶，去恶就善。"

王符道："夫窃位之人，天夺其鉴。虽有明察之资，仁义之志，一旦富贵，则背亲弃旧，丧其本心，疏骨肉而亲小人，薄知友而厚犬马，宁见朽贯千万，而不忍贷人一钱，情知积粟腐仓，而不忍贷人一斗，骨肉怨望于家，细人毁谤于道。前人以败，后人争袭之，诚可伤也。"

杨震上疏安帝道："用人不当以致黑白混淆，清浊不分，天下哗然，都说钱财上流，朝廷因此招来讥讽。臣闻师言'上之所取，财尽则民怨，力尽则民叛'。怨叛之人，不可再受驱使。所以，孔子言'百姓不足，君谁与足'。"

李固对顺帝道："臣闻君主以天为父，以地为母，珍爱山川土地。王道通行则阴阳和穆，政化乖张则地震山崩。这些关乎天心民意的观点已被往事效验。所谓化以职成，官由能理。古之进者，有德有命；今之进者，唯才与力。"意思是说，教化由专职完成，官府由能吏运作。古时为官，有德才会有爵命；今日为官，只凭财与力。

李固上疏顺帝道："臣闻气之清者为神，人之清者为贤。养身者以练神为务，安国者以集贤为要。"

范晔论道："被称颂为仁人之人，其道可谓宏大！立言践行，岂能只考虑个人利益？以自身之行动，匡正天下之风，使生而有道，死而有义。一心求义自会伤生，一心求生自会违理，一心求利自会戕害心智，一心为己自会损伤仁义。如果义重于生命，那就舍生罢了；如果生命重于义，求生罢了。在上位者以其昏残失去为君之道，在下位者仍尽臣子之节。臣子尽节而死，此谓杀身成仁；否则也不为求生而害仁！顺帝桓帝年间，国统三绝，太后临朝，权臣虎视。李固坚守道义职责，不肯屈服让步。他岂不知守节必然招致杀身之祸，但为了江山社稷，只能担此大任。我们看他所发之论，予梁冀之书，固然良策无法实现，仍不忘舍身成仁。忠君爱国之心明月可鉴！再看胡广、赵戒之流，粪土一堆罢了。"

大将军梁冀掌控朝政，而桓帝又无子，加上连年饥荒，灾异多次出现。刘陶当时游学太学，于是上疏陈述道："如今的牧守长吏，上下相争；封豕长蛇，蚕食天下；货殖者为穷冤之魂，贫馁者做饥寒之鬼；官宦有杀身之祸，富豪负叛逆之罪；死者悲伤于坟墓，生者忧愁于朝野。这些就是愚臣常常为之叹息的。"

荀爽对桓帝道："臣闻有夫妇然后有父子，有父子然后有君臣，有君臣然后有上下，有上下然后有礼义。礼义具备了，人才知道如何活着。夫妇乃人伦之始，王化的起点。故而周文王作《易经》，上经以《乾》、《坤》二卦开端，下经从《咸》、《恒》二卦起始。孔子云'天尊地卑，乾坤定矣'。夫妇之道，一个顺字而已。"

桓帝期间，有人对"仁"与"孝"二者的前后轻重有疑义。延笃回应道："我观仁孝之辩，众人各执一端，互引经传，各找论据，讨论得不能说不深。其实，人的仁孝两端同出一源，统率人的一切言行，不能用轻重前后来论定。如要大概分析一下，则孝在于侍奉亲人，仁在于广施万物。广施于物则天下得利，侍奉亲人则德行归己。于己则事寡，广济则功高。以此推论，仁的作用就大了。

不过物有由微而著，事有从隐到显。近取于身，那么耳有听受之用，目有察见之明，足有致远之劳，手有饰卫之功，功虽在外，而根本还在于心。远取于物，则草木的生长，开始于萌芽，而终于满地铺展，枝叶扶疏，花絮缤纷。枝叶虽然繁茂，还在于有其根。仁人之有孝，犹如四肢之有心腹，枝叶之有根本。圣人知晓这个道理，故曰'夫孝，天之经也，地之义也，人之行也''君子务本，本立而道生，孝悌也者，其为仁之本与！'然而体大者难以兼备，物性总有所偏，所以所施加的目标不同，事情就难以顾及两端。如果一定要分出优劣，那么仁以枝叶茂盛为大，孝以心体本根为先，这是不言自明的。有人说先孝后仁，这不符合孔子论颜回、曾参之意。一般来说，仁孝同质而生，纯一地体察它们，就互以为称，舜帝和颜回的情况就是如此。若执其一端而观察它们，则各有其专名，公刘和曾参的情况便是如此。曾、闵以孝悌为至德，管仲以九合诸侯为仁功，世人论德行以颜回、曾参为先，论功业则以管夷吾为先。如此说来，各从其质而称之好了。"

李膺等人因为党锢事件被下狱拷问，陈蕃乃上疏极力劝谏桓帝道："臣见前任司隶校尉李膺、太仆杜密、太尉掾范滂等人，正身无玷，死心社稷，却因忠贞违背圣旨而横遭拷问审判，有的被禁锢隔离，有的被杀或被流放。杜塞天下之口，聋盲一世之人，这与秦的焚书坑儒何异？往昔周武王灭商，还要给商朝的忠臣修墓立碑，今陛下临政，竟先诛忠贤。遇善何其薄？待恶何其优？进谗言者貌似诚实，却巧舌如簧，使听之者迷惑，视之者昏花。吉凶之见，在于识善，成败之机，在于察言。人君者，摄天下之政，秉四海之维，举动不可以违圣法，进退不可以离道规。谬言出口，则乱及八方，何况髡无罪于狱，杀无辜于市乎！"

范晔论道："袁绍奉天命讨伐，将宦官全部杀光，但以暴易乱，又有何用呢？自从宦官曹腾劝梁冀拥立昏弱的君主桓帝，曹腾之孙曹操因袭之，也挟制昏弱的君主，遂夺汉家天下。所谓'君以此始，必以此终'①，真的就是这样啊！"

国家大权握在曹操手中，献帝只是垂手恭坐而已。荀悦本意在于为献帝参谋兴革，但其谋划一无所用，于是作《申鉴》五篇。

①汉家开始宠信宦官，终因宦官而灭亡。

他的一些政论文章，识大体，明要害，写成后呈送给献帝。其大意是：谈及治道之本，便是仁义。五经贯穿这一理念，百家学说阐述这个道理，咏之歌之，弦之舞之，前人证明它，后人重申它。故此，自古以来圣王明君，其对于仁义大道，总是反复申述。治理国政之要，当屏除四患，倡导五政。四患，一伪，二私，三放，四奢。伪乱俗，私坏法，放越轨，奢败制。俗一乱则治道荒，天地也不能保其常态。法一坏则时世倾，国君也无法守其常度。轨一越则礼仪亡，圣人也不能保全其常道。制一败则人欲肆，穷尽四海之财也不能满足其贪欲。四患不除，国政就无从实施。兴农桑以养其生，审好恶以正其俗，宣文教以彰其化，立武备以秉其威，明赏罚以统其法。是谓五政。

识鉴·第二十

　　识鉴就是知人论世，鉴别是非，赏识人才。刘邦识张良、韩信、萧何而委以重用，项羽有范增却不能用，刘邦知人善任强于项羽，这也是项羽失败的重要原因。许劭也能识人，他给曹操的评价为"清平之奸贼，乱世之英雄"。桥玄见到曹操也曾言道："如今天下将要战乱，能够安定天下的岂不是你吗？"

　　不但要会识人，而且要对社会中的大事有个清晰的判断。王莽杀了儿子王宇，逢萌对友人道："三纲已废绝！如果不赶快离开，灾祸必至。"汉朝廷要出兵平定吴楚七国之叛，列侯封君要随军作战，只好借贷以供军旅之资。可放贷者有所顾虑，关东战事未定，谁能保证放出的贷就能收回？故而都持谨慎态度。可毋盐氏肯出千金借给他们，利息十倍。三个月后，七国兵败。一年之中，毋盐氏获利十倍，成为关中富豪。

秦·西汉

居巢人范增，七十岁了，一向善出奇计，前去游说项梁道：
"陈胜失败是必然的。秦灭六国，楚最无辜，自从怀王到秦国一去
不返，楚国人怀念他直到如今。所以楚南公曾言'楚虽三户，亡秦
必楚'。"

张苍喜好文书、音律、历法。秦时任御史，主管天下户籍图
册，因犯罪逃回家乡。刘邦行军经过阳武时，张苍作为宾客追随刘
邦攻打南阳。没多久，张苍又获罪，且是死罪，解下衣服伏在砧板
上，等候受斩。当时王陵见张苍身材高大，肥白如瓠。觉得这个美
男子自是非常之人，便言与刘邦，遂赦免之。

项羽设下鸿门宴，准备诛杀刘邦。樊哙在营门外听说情况紧
急，乃带剑拥盾冲入军门。卫士阻止，樊哙侧盾撞去，卫士仆倒于
地。樊哙乃进，掀开帷帐朝西站着，瞋目视项王，头发上指，目眦
尽裂。项王握剑挺身，问道："客乃何人？"张良道："是沛公的参
乘樊哙。"项王道："壮士！赐之卮酒。"则与斗卮酒，樊哙拜谢，
起身，立而饮之。项王又道："赐之猪腿。"则与一生猪腿。樊哙
覆其盾于地，加猪腿于盾上，拔剑切而啖之。项王道："壮士！还
能饮酒吗？"樊哙道："臣死且不避，卮酒有何推辞？夫秦王有虎
狼之心，杀人唯恐不能杀尽，惩罚人唯恐不能用尽酷刑，天下皆叛
之。怀王曾和诸将约定，先破秦入咸阳者为王。今沛公先破秦入咸
阳，毫毛不敢有所近，封闭宫室，还军霸上，以待大王来。派遣将
领把守函谷关，是为了防备盗贼出入和意外发生。劳苦功高如此，
未有封侯之赏，反而听信小人谗言，欲诛有功之人。此亡秦之续
耳，窃为大王不取也！"项王没有回应，只道："坐。"

【鸿门宴】

汉朝廷要出兵平定吴楚七国之叛，长安城中的列侯封君也要随
军出关作战。这些列侯封君人虽在长安，但食邑封国却在关东。而
此时的关东已经不在朝廷的掌控之下，列侯封君要随军作战，自然
需要军旅之资，此时也只好借贷。可放贷者也有所顾虑，关东战事

未定，谁能保证放出的贷就能收回，故而都持谨慎态度。但也有大胆的，毋盐氏肯出千金借给他们，利息十倍。三个月后，七国兵败。一年之中，毋盐氏获利十倍，成为关中富豪。

逄萌获知王莽杀子王宇，乃对友人道："三纲已废绝！如果不赶快离开，灾祸必至。"随即解下帽子挂在东都城门，快马加鞭返回家中，率领全家渡海，客居辽东。

琅邪太守赵贡巡视属县，见到薛宣，很赏识他，便让薛宣随他巡视。回到府署后，赵贡让妻子、儿子与薛宣相见，告请薛宣道："赣君（薛宣字赣君）官至丞相之际，我的两个儿子做丞相史也是可以的。"

东汉

刘伯升会众起兵反抗王莽，许多人恐惧，跑的跑，藏的藏，都道"刘伯升要害我们"。不过，当他们看到刘秀也穿戴红衣大帽的将军服时，又惊奇地道"谨慎厚道的人也兴兵了"，便都渐渐安定了。

邓禹十三岁时便能背诵《诗经》，受业于长安。当时刘秀亦游学于京师，邓禹虽然年幼，可一见刘秀，也知其非常人，乃和刘秀亲近。

【汉官威仪】

更始帝将北上洛阳建都，便让刘秀代理司隶校尉，前往洛阳整修宫府。刘秀到后，重建行政机构，恢复以往的典章制度。当时三辅吏士东迎更始帝，见诸将走过，竟戴头巾，身着妇人衣，甚觉可笑。有人竟畏而跑之。只是见到司隶府的僚属，都喜不自胜。老吏中有人垂泪道："想不到今日又见到汉官威仪了！"所谓汉官威仪，就是汉朝廷的礼仪、服饰制度。后来泛指华夏正统的皇室礼仪、典章制度。从此有见识的人都心向刘秀。

王莽末年，刘秀曾和兄长刘伯升以及邓晨一起到宛地，与蔡少公等人宴饮闲谈。蔡少公学过图谶，说刘秀当为天子。有人问：

"是国师公刘秀吗？"刘秀开玩笑道："怎知不是我？"在座之人哈哈大笑，唯独邓晨心中欢喜。后来，刘秀和家属因躲避官吏来到新野，住在邓晨家。两人关系甚是亲密，邓晨便对刘秀道："王莽悖乱暴戾，盛夏杀人，此乃上天要他灭亡之时。从前我们在宛地聚会，所言之语会在你身上应验吗？"刘秀笑而不答。

光武帝对耿弇道："从前韩信攻破历下开创基业，如今将军攻下祝阿立功扬名，二城都位于齐地西部，将军功劳足以比之韩信。但韩信袭击的是已降之兵，将军却独自攻克劲敌，功劳之取难于韩信。另外田横烹煮郦生，等到田横投降后，高帝诏命卫尉不得与田横结仇。张步曾杀伏隆，倘若张步来降，我也要命令将军尽释前怨，这又是相似之处。将军先前在南阳定下大计，我曾以为落落难合，可毕竟有志者事竟成！"耿弇最终降伏张步，平定齐地。

【有志者事竟成】

杜笃的外高祖破羌将军辛武贤，以军事谋略著称。杜笃常感叹道："杜氏明于法令，擅长治政，而我却做不了官；辛氏秉持正义，用兵打仗，可我又胆小怕事。外内五代，到我这一代真是衰微了啊！"

贾复少时好学，研习《尚书》，师事舞阴李生，李生见之，甚惊奇，对门人道："贾君的容貌志气如此，又勤于学习，有做将相之才。"

朱勃十二岁能诵《诗经》、《尚书》。常去拜访马援之兄马况。朱勃身着儒服，进退有度，言辞文雅。马援此时刚读书，见到朱勃便感惭愧。马况知他心思，就安慰马援道："朱勃少年早成，才智也就如此，最终他会随你学习，不要怕。"

马援十二岁时便成了孤儿。他少有大志，几位兄长都觉惊奇。马援曾学《齐诗》，认为不该墨守章句，就去告别兄长马况，打算到边郡耕田放牧。马况道："你有大才，当晚成。良工不会把没有雕琢的玉给别人看，你可按照自己的爱好行事。"后来，马况去世，马援服丧一年，不离墓所。敬事寡嫂，不冠不入庐。

河南尹田歆的外甥王谌，以知人识人见长。田歆对他讲："如今要推举六名孝廉，多有贵戚书信推荐，又不好违背，可我想自己选位名士以报效国家，你帮我找一下。"第二天，王谌送客到大阳郭，远远看见种暠，觉得此人非比寻常。回来后对田歆道："我为府尹找到孝廉了，近处洛阳门下史便是。"田歆笑道："应该找山泽隐居之人，如何是洛阳小吏？"王谌道："山泽不必有异士，异士不必在山泽。"

京师游士汝南范滂等人攻击朝政，自公卿以下都屈尊礼遇他们。太学生争相追慕其风采，以为文学将要兴盛，处士将被重新任用。唯有申屠蟠叹息道："战国之时，处士横加议论，列国之王，甚至拥彗先驱，以示敬意，最后有焚书坑儒之祸。今天的情形也差不多呀。"乃绝迹于梁、砀之间，依树建屋，把自己弄得和用人一般。过了两年，范滂等遭受党锢之祸，或死或受刑者数百人，而申屠蟠则免于灾祸。

荀爽，字慈明。自幼好学，十二岁就能通《春秋》、《论语》。太尉杜乔见而赞道："可为人师。"荀爽便更加专心研读经书，喜庆丧吊一概不参加，朝廷征召也不应答。颖川一带盛传："荀家八条龙，慈明世无双。"

李膺的儿子李瓒，官至东平相。当初，曹操地位低微时，李瓒就看出曹操才能非比常人，临终之际，对儿子李宣等人道："时局将乱，天下英雄无过曹操。张孟卓与我要好，袁本初是你们的外亲，即便如此你们也不要依附他们，一定要投靠曹操。"儿子们听从他的遗训，幸免于难。

【林宗过茅】
茅容四十多岁时，有一天在田里耕种，遇上大雨，便与伙伴们到树下避雨，众人张开两腿坐于地，唯独茅容正襟危坐。恰巧，郭林宗路过，见他与众不同，很是惊异，主动与之交谈，甚是投缘。郭林宗乃要求在茅容家寄宿。第二天早晨，茅容杀鸡做饭，郭林宗以为是招待他，不料茅容却把鸡肉端给老母，而只以山肴野蔬与郭林宗共享。郭林宗起身拜礼道："您真是贤明啊！"便劝他读书。茅容最终德才有成。

【孟敏堕甑】
孟敏客居于太原，有一次，随身瓦罐坠落于地，他头也不回，依然前行。郭林宗看见，就问他缘由。孟敏道："瓦罐已破，视之何益？"郭林宗据此认为孟敏不是常人，乃劝他游学。十年后，孟敏成名，三公征召，他一概不去。

史叔宾年少时便有盛名，郭林宗见后，对别人道："墙头高，根基浅，虽有所获，也必然失去。"后来史叔宾果然因为言论偏私不公而败坏了名声。

荀彧父荀绲为济南相。荀绲畏惮宦官，便为荀彧娶了中常侍唐衡的女儿。由于荀彧年少时就有名气，才免于被世人讥讽。南阳何颙号称知人，见到荀彧后，认为他奇异不凡，便道："此人有辅佐帝王之才。"

杜安少时便有志向和气节，年十三入太学，被称为奇童，成人后，更是名重当时。京师贵戚仰慕杜安的名望，有人写信给他，他接而不拆，而是全都藏在夹壁中。后来查处贵戚宾客，杜安打开夹壁取出书信，印封如故，因而没有受到牵连。

毛义家中贫困，以孝行闻名。南阳人张奉敬慕他，便前去拜访。入座后，正巧官府的任命文书送到，委任毛义为守令，毛义捧文书进来，喜形于色。张奉素有志向，见毛义如此行事，甚是鄙视，后悔来此，固辞而去。毛义多次被公府征召，出任县令，进退必以礼。母亲去世后，毛义辞官守孝。虽被推举为贤良，公车来征召，他终未前往。张奉感叹道："贤者本不该去揣测他。往日他喜形于色，只是为了父母而委屈自己。这就是所谓的'家贫亲老，不择官而仕'。"

【毛义捧檄】

黄巾军又来侵犯，时任北海相的孔融出兵驻扎在都昌，被管亥围困。孔融不得已派东莱太史慈向平原相刘备求救。刘备吃惊道："孔北海竟还知道天下有个刘备？"当下派兵三千援救，围兵这才四散逃走。

曹操未出名时，曾去见桥玄，桥玄觉得他与众不同，乃言道："如今天下将乱，能够安民者当是你吧？"曹操常感激其知己。后来经过桥玄墓，亲作悼文曰："故太尉桥公，道德高尚，泛爱博容。国家不忘他的明训，士人思念他的嘉谋。幽灵隐蔽，诚心缅怀！操以幼年，进升堂室，资质愚钝，为君所纳。荣耀得以增加，全赖君之奖助，犹如仲尼自称不如颜渊，李生厚赞贾复一般。士为知己者死，我一直不敢忘怀。又想起我们约定的誓言'辞世之后，如路经此处，不以斗酒只鸡相祭，车过三步，腹痛勿怨'。虽是一时戏笑之言，可若不是至亲好友，怎会有此之语？怀旧思顾，念之凄怆。奉命东征，屯兵乡里，北望贵土，心在陵墓。谨致薄奠，公来享之！"

袁绍外表宽厚文雅，忧喜不形于色，但他刚愎自大，不听田丰言，乃至兵败于曹操。得知袁绍回返，有人对田丰道："君定会受到重用。"田丰道："袁公表面宽厚，然内心猜忌，不信我之忠，况且我多次直言冒犯。若胜而喜，必能赦我，战败而怨，内忌将发。若军出有利，当蒙全耳，今既败矣，吾不望生。"袁绍回来后，说道："吾不用田丰言，果为所笑。"遂杀田丰。

乡里有人偷牛，被主人抓住，盗贼请罪道："我情愿受刑被杀，请您不要让王烈知道。"王烈知道后派人向他表示感谢，并送给他一端布。有人问王烈为何这样做，王烈道："盗贼害怕我知道他的罪过，说明他心里耻于做坏事。既然心里耻于为恶，一定能够改过行善，所以用这个办法激励他。"

曹操未发迹时，曾经带着厚重之礼，言语谦卑地请求许劭为自己做个评语。许劭鄙其为人而不应允，曹操乃找个机会威胁他，许劭不得已，便道："君乃清平之奸贼，乱世之英雄。"曹操大悦而去。

品藻·第二十一

品藻就是品评、鉴定、评论人物。刘邦对张良的评价是"运筹帷幄之中，决胜千里之外"；对萧何的评价是"治理国家，安抚百姓，供给粮饷，不绝于道"；对韩信的评价是"统领百万大军，战必胜，攻必取"。楚地有民谚言"得黄金百两，不如得季布一诺"，是对季布的评价。

在东汉时期，刮起了一股"清议"之风，这里简单介绍一下清议的由来及其影响。

自从孔子创立儒家学说，便力图把自己的政治理想付诸现实，但终究没有如愿。儒家学说本不过是对传统思想的增损补益而已，既然传统思想已经深入人心，再改造一番，为人接受也相当容易，更何况儒家思想主要根基在于伦理，自是人所必知，否则社会哪有秩序可言。故而儒家思想虽在政治上失败，但却一直在民间传承。秦始皇重法家，却也不能彻底把儒家推翻，而秦朝短命，自是证实了单纯的法家思想是不能治理好国家的。

汉初，虽采取黄老思想治国，但并不打压儒家学说。而刘邦拜祭孔子，无疑传递给儒家子弟一个良好的信号。到了武帝时期，把经董仲舒改造的儒家思想定为一尊，武帝虽重儒，但观其一生，所作所为大多有悖儒家精神。可不管怎样，此时教育大兴，中央有太学，地方有郡学，民间有私学。其主要传授的课程便是儒家五经。既然朝廷重视儒家思想，而要通往仕途，非学儒家经典不可，这自然而然导致儒家大盛，其他学说则被边缘化。

武帝时期太学的博士弟子名额仅有五十人，昭帝时期增至百人，宣帝时增倍，元帝时增至千人，成帝时偶尔增至三千人，王莽时增至万人。东汉时期，光武本人就是太学生，则更重视教育。太学在安帝时期有所颓废，但很快恢复，规模更大。顺帝时期求学者达到三万余人，这个数字一直保持到东汉末年。这里仅仅说的是太学，郡学还没有算，至于私学则是更胜于太学，一位大儒有数千学生很正常。

教育的兴盛，培养了大批儒家子弟，他们自然引领社会风尚。光武帝出身太学，更是提倡士人要有气节，其选拔官吏的首要一条就是德行气节名声。以后便出现了评论人物的风气，即清议。其评语往往会左右舆论，影响士大夫的升迁。清议的中心在太学，太学生已经形成不可小觑的势力，外戚秉政时，也要顾及他们的舆论，就连皇帝也要退让，刘陶等太学生数千人上书，桓帝便不得不让步。

当时太学生推崇李膺、陈蕃、王畅等人，流行的评语便是："天下模楷李元礼，不畏强御陈仲举，天下俊秀王叔茂。"后来党锢之祸发生，士人更是把不畏宦官势力的士大夫加上"三君"、"八俊"、"八顾"、"八及"、"八厨"等美誉。

清议之风起着激浊扬清的作用，士人们不仅仅读书，还要把自己的观点表达出来，形成舆论，造成对朝廷的压力，在社会上会聚一股正义的力量，给那些因抗强权而受打压的士大夫以道义支持，让那些含冤而死的士大夫名声得以传扬，而不是默默无闻。

值得注意的是，东汉士人，如果有名节，官府就要征召，拒绝后名声会更大。当然有人会作秀，然风气已成，即便不当官的名流，也可与高官平起平坐。无论朝官、外戚还是宦官都以能结识名流为荣耀，读书人的地位在东汉一朝不是一般的高，即便今之读书人也望尘莫及。

秦·西汉

　　刘邦置酒洛阳南宫，对群臣道："运筹帷幄之中，决胜千里之外，我不如子房；治理国家，安抚百姓，供给粮饷，不绝于道，我不如萧何；统领百万大军，战必胜，攻必取，我不如韩信。三人皆人杰，我能任用，这是我所以能取天下的原因。项羽有一谋士范增而不能用，这是他被我擒获的原因。"

【运筹帷幄之中，决胜千里之外】

　　刘邦即帝位后，论功行赏。他以萧何功劳最大，先封为酂侯，食邑八千户。功臣们都道："臣等身披铠甲，拿持兵刃，多者经历百余战，少者也有几十战，攻城略地，多少不等。今萧何无汗马功劳，徒以文墨议论，功劳却在我等之上，何也？"刘邦道："诸君知打猎之事乎？"功臣们答："知之。"刘邦又问："知猎狗乎？"功臣们答："知之。"刘邦道："打猎时，追捕野兽的是狗，而发号施令的是人。如今诸君只是追捕到野兽，可谓'功狗'；至于萧何，发号施令者，可谓'功人'。况且各位只身随我，多不过一家两三人，可萧何宗族几十人随我征战，功不可忘也。"

　　叔孙通于长乐宫行新朝仪，整个过程，没有人敢喧哗违礼。刘邦乃道："我现在才知道做皇帝何等尊贵啊！"叔孙通制定了朝廷礼仪，刘邦拜他为奉常，赐金五百斤。叔孙通顺势进言道："我的弟子跟随我久矣，与我共同制定礼仪，望陛下也能封给他们一官半职。"刘邦便封他们为郎官。叔孙通出宫后，把五百金都分给众弟子。弟子们兴奋地说："叔孙先生真是圣人也，了解当今之时势。"

　　楚地有民谚道："得黄金百两，不如得季布一诺。"

【季布一诺】

　　灌婴驻兵荥阳，听说魏勃教唆齐王起兵讨伐吕氏。等到周勃等人诛灭吕氏，齐国的军队撤回后，灌婴便召魏勃责问之，魏勃道："家中失火，当赶紧救火，哪有时间通知家长！"接着退后而立，浑身发抖，一直没有言语。灌婴看了许久，笑道："人们都说魏勃骁勇，现在看来不过是个狂妄的平庸之辈，哪有什么作为！"便免了魏勃的职。

绛侯周勃担任丞相，退朝后快步走出，扬扬得意。文帝待他也是恭谨有礼，常常目送于他。袁盎上前问道："丞相如何？"文帝道："国家重臣。"袁盎道："绛侯只是一般意义的功臣，非国家重臣。国家重臣是主在臣在，主亡臣亡。吕后时，诸吕掌握权柄，擅自封王，刘氏天下虽在，可也软弱无力。那时绛侯担任太尉，手握兵权，却不能匡扶挽救。吕后逝世，大臣们齐力诛灭诸吕，当时太尉拥有军权，恰好成功罢了。以此看来，他只能是一般意义的功臣，而非国家重臣。丞相若在陛下面前有骄傲之态，而陛下又谦恭退让，臣下主上都违背礼节，我认为陛下这样做不太好。"

灌夫不好文学，却爱行侠仗义，应诺之事，必然做到。和他交往之人，无非是豪杰、侠客或大奸巨猾。他家有资产几千万，每日食客少则数十，多则近百。他在田园中修筑堤塘，以兴灌溉之利。为了垄断水利田地，灌夫的宗族宾客往往扩张权势，在颍川一带横行无忌。所以颍川的儿童传唱道："颍水澄清，灌氏安宁；颍水污浊，灌氏灭族。"

张汤虽位居高官，却内有修为。他结交宾客，款待饮食，对于任职属吏的故人子弟以及贫穷的本族兄弟尽心照顾，拜访公卿不避严寒酷暑。故而张汤虽用法深刻，处事不公，却博得了好声誉。

于定国判案公允，尽可能体恤鳏寡孤独。他执法奉行罪疑从轻，就是罪行轻重有可疑之处，便从轻判处。为人特别谨慎。朝中上下都称赞道："张释之为廷尉，天下无冤民；于定国为廷尉，民自以不冤。"

江充于犬台宫被召见。他身穿纱縠禅衣，曲裾后垂，交输如燕尾，头戴禅纚步摇冠，以鸟羽为缨。江充身材魁梧，容貌甚壮，武帝见之深感惊异，对身边的人道："燕、赵就是多奇士。"

扬雄评论道："有人问，既然君子怕终身无名，何不借助名卿之势成名？我以为，君子自蓄其德，则名声可立。梁、齐、楚、赵等诸侯王并非不富贵，可是用什么来成就他们的名声呢？谷口的郑子真不屈其志，耕于岩石之下，名震于京师，难道其为公卿吗？楚地的两龚（龚胜、龚舍）自洁其身，有清明之名，难道其为公卿吗？蜀郡的严君平深沉无欲，不草率行事，不见利忘义，长久幽居而不改节操，即使是随侯之珠、和氏之璧，又怎能与之相比呢？举此人而用之，不也是国宝吗？"

韦贤有四个儿子，小儿子韦玄成因精通经术多次升迁，官至丞相。所以邹鲁地方有谚语道："留给儿子满箱黄金，不如留给他一部经书。"

当初，赵充国因为功德同霍光相当，其像被画在未央宫。成帝时，西羌曾有警报，成帝思念将帅大臣，追思赞美赵充国，就召黄门郎扬雄在赵充国的画像边题写颂辞。

王商为人质朴，外露威严。他高八尺余，身体宏大，容貌甚伟。河平四年，单于前来，被引见于白虎殿。丞相王商坐于未央宫中，单于走上前，拜见王商。王商离开座席同单于叙谈，单于仰视王商容貌，非常敬畏，连连后退。成帝闻之，赞叹道："此真汉相矣！"

东汉

刘秀与诸将攻下昆阳、定陵、郾等地。王莽于是派大司徒王寻、大司空王邑统兵百万，赶赴颍川，与严尤部队会合。当初，刘秀曾因季父拖欠佃租之事找严尤诉讼，严尤见了刘秀，觉得此人非比常人。现在，据城中出降者讲，刘秀不掠取财物，只知操练军队和筹划方略。严尤闻言，笑道："是那个美须浓眉的人吧？果然变成这样了！"

光武帝到章陵，祭祀后，置酒作乐。宗室诸母畅饮美酒，相互说道："文叔（刘秀字文叔）少时谨信，不与人应酬，只坦率柔和待之。不料竟做了皇帝！"光武闻言，大笑道："我治理天下，也要以柔道行之。"

赤眉投降光武，光武在洛水河边阅兵，让刘盆子君臣列队观看。光武对刘盆子道："你自知是否该死？"刘盆子道："我罪自然该死，还望陛下可怜赦免。"光武笑道："你小子很狡黠，看来刘氏宗族没有愚笨之人。"

庞萌为人谦逊和顺，很受光武信赖。光武曾经称赞道："可以托六尺之孤、寄一方使命的人就是庞萌。"后来庞萌反叛，光武获知后，大怒，亲自率兵讨伐。他在给诸位将领的信中写道："我常认为庞萌乃社稷之臣，将军们不会笑话我吧？老贼当灭族，请各位厉兵秣马，会师睢阳！"

【反风灭火】

建武二十二年，朝廷征刘昆为光禄勋。光武召问刘昆道："以前你在江陵任职，风突然反向，灭了大火；后来担任弘农太守，老虎却北渡黄河，不再扰民。你到底实行了什么德政才会如此？"刘昆答道："巧合而已。"左右皆笑刘昆质实木讷。光武感叹道："此乃长者之言。"

【差强人意①】
①原指还能振奋人的意志，现在表示大体上能让人满意。

不少将领一见战事失利便会垂头丧气，惶怵不安。吴汉却不然，每到这时，他整厉战械，激扬士卒，不但毫不气馁，反而愈加意气风发。光武时常派人去吴汉处，看他在做何事。回报道，大司马正在修治攻战之具。光武感慨叹道："吴公差强人意，威严庄重得可以匹敌一国。"

祭遵去世后，光武帝常慨叹道："如何寻到像祭征房那样忧国奉公的臣子呢？"

武威将军刘尚攻打武陵五溪蛮夷，深入敌境，却全军覆没，马援于是请求前往平定。马援时年已经六十二岁，光武见他年纪大，不忍应允。马援请求道："臣还能披甲上马。"光武让他一试。马援扶着马鞍环顾前后，以示还可用。光武笑道："这老头真精神啊！"

伏湛即使在仓促紧迫时，也一定讲求文德。所谓文德，即礼乐教化。他认为礼乐是政化之首，虽颠沛流离也不可放弃。

宣秉，字巨公，为人生性节俭，常穿布衣，盖布被，吃粗食，用瓦器。光武曾经去过他家，见他生活俭朴，便赞叹道："楚国有

154

以清苦立节而闻名的龚胜和龚舍，可这两人都不如云阳宣巨公。"

张湛端庄严肃，崇尚礼节，举手投足都有定规，即便深居家中，也必定修饰仪容，就算遇见妻子儿女，也表现得同见父母一般。与乡亲们在一起，他言谈谨慎，表情庄重，三辅一带的人都以他为表率。有人说张湛虚伪狡诈，张湛听后笑道："我确实伪诈，别人皆诈恶，我独诈善，不可以吗？"

张湛任光禄勋。光武临朝，有时显得无精打采，张湛经常指出他的过失。张湛常骑白马，光武每次见到张湛，就道："白马生又要进谏了。"

章帝东巡经过任城，亲临郑均家，诏令赐给他尚书的俸禄直至去世。故而，时人把郑均称作"白衣尚书"。

朱浮虽是武将，却有文才。因与彭宠积怨，遭彭宠举兵来袭。朱浮乃写信谴责他，信中言道："汝彭宠与吏人语，何以为颜？行步拜起，何以为容？坐卧念之，何以为心？引镜窥影，何施眉目？举措建功，何以为人？惜乎！弃休令之嘉名，造枭鸱之逆谋，捐传世之庆祚，招破败之重灾，高论尧、舜之道，不忍桀、纣之性，生为世笑，死为愚鬼，不亦哀乎！……定海内者无私仇，勿以前事自误，愿留意顾老母幼弟。凡举事无为亲厚者所痛，而为见仇者所快。"大意是，"你彭宠和手下吏民讲话，还有何脸面？行走拜起有何仪容？坐起躺下想一想，你如何对得起良心？拿起镜子照一照，你还好意思举目张眉？说到建功立业，你又如何做人呢？可惜你丢弃美名，却要逆谋，抛弃传给后代的福祚，招来破败的重灾，高谈尧、舜之道，不弃桀、纣之性，活着被世人耻笑，死了也只是个愚鬼，岂不是太可悲了吗！……安定海内成大业的人没有私仇，可不要被过去的事误了前程，望你想想老母幼弟。凡做事都不要让亲者痛而仇者快啊。"

【亲者痛，仇者快】

桓荣入朝参加宴会。光武帝下诏赐给诸臣一些奇果，只有桓荣双手捧着果子拜谢，余者只是忙着将果子揣在怀中。光武笑指桓荣道："这是真正的儒生！"

胡广，字伯始，虽年已八十，可精神和体力甚佳。继母在堂，他朝夕探望，身旁也不设几杖，谈话时不自称年老。继母去世，他极尽哀伤，严格遵守礼仪置办丧事。他性情温柔谨慎，处事通达干练，明晓朝廷典章，虽没有正直之风，却常有补缺之益。因此京师谚语道："万事不理问伯始，天下中庸有胡公。"后来在拥立新帝的问题上，他出尔反尔，又与中常侍丁肃结亲，在当时饱受讥讽。

申屠蟠家贫，受雇做漆工。郭林宗赏识他，同郡蔡邕也器重他。当蔡邕被州征辟，乃辞让道："申屠蟠禀气玄妙，性敏心通，丧亲尽礼，几于毁灭。至行美义，人所鲜能。安贫乐潜，味道守真，不为燥湿轻重，不为穷达易节。方之于邕，以齿则长，以德则贤。"大意是，申屠蟠禀气玄妙，天性聪敏，丧亲尽礼，几乎至于自毁。高行义美之德操，鲜有人能比。安贫乐道，保持本真。不因世态炎凉，心有所改，不因身处穷达，节操有变。与蔡邕相比，论年岁申屠蟠长，论德操则申屠蟠更贤德。

杨震，字伯起，少时好学，从太常桓郁学习《欧阳尚书》。他明经博览，无不穷究。诸儒评论他是"关西孔子杨伯起"。杨震常客居湖城，数十年不应州郡的礼聘与任命，很多人说他年纪已老，应当出仕了，他不仕的心志反倒更坚决。后来有冠雀衔了三条鳝鱼，飞栖讲堂前，弟子进前道："蛇鳝象征卿大夫。三表示三台之意，先生从此要高升了。"五十岁时，杨震任职州郡。

杨震改葬前十余日，有大鸟高丈余，聚集在杨震丧位前，俯仰悲鸣，泪落于地，葬礼完毕，飞离而去。郡府把此事上报朝廷。当时接连出现灾异，顺帝觉得杨震有冤，乃下诏策道："故太尉杨震，为人正直，匡正时政，然而青蝇污染白素，恶人颠倒黑白。上天降威，屡次发生灾祸，经过卜筮，都因杨震之冤而起。朕实不德，彰扬其过，山崩栋折，我诚危矣！今让太守丞以中牢祭祀，魂如有灵，请来享用吧。"时人立石鸟像于杨震墓前。

陈寔在乡间时，待人接物平和静气，要是有争讼，总是公正评判，向当事人剖析利害曲直，事后无人埋怨他。以至有人慨叹道："宁为刑罚所加，不为陈君所短。"

朱震，字伯厚。当初他担任州从事，上书举报济阴太守单匡贪污，并且牵连到单匡的兄长中常侍车骑将军单超。桓帝下令逮捕单匡并交廷尉治罪，又斥责单超，单超前往监狱认罪。三府有谚语道："车如鸡栖马如狗，疾恶如风朱伯厚。"意思是说，朱伯厚所乘车马非常寒酸。车如鸡笼，瘦马如狗。可他为人却疾恶如风。

【疾恶如风】

桓帝为蠡吾侯时，受学于甘陵人周福，等他登上皇位，便提拔周福担任尚书。这时周福的同郡人河南尹房植在朝廷中声望正隆，甘陵乡人就给他们编了两句歌谣："天下规矩房伯武（房植字伯武），因师获印周仲进（周福字仲进）。"意思是说，天下的楷模是房植，因当老师而做官的是周福。两家的宾客相互讥讽，各自结成朋党，渐渐生出怨尤，从此甘陵出现南北两派，党人之说，自此发端。

汝南太守宗资任用功曹范滂，南阳太守成瑨把大权交给功曹岑晊，两郡人都给他们编歌谣道："汝南太守范孟博（范滂字孟博），南阳宗资只画诺。南阳太守岑公孝（岑晊字公孝），弘农成瑨坐那叫。"这些歌谣传进太学后，儒生们也效仿。三万多儒生，以郭林宗、贾伟节为首，同李膺、陈蕃、王畅等人相互褒奖。太学流传："天下模楷李元礼（李膺字元礼），不畏强御陈仲举（陈蕃字仲举），天下俊秀王叔茂（王畅字叔茂）。"另外渤海人公族进阶、扶风人魏齐卿，都敢直言评论，不避豪强。自公卿以下，莫不畏其批评议论，都急于上门结识。

海内希风之流，共相标榜，指天下名士，为之称号。上曰"三君"，次曰"八俊"，次曰"八顾"，次曰"八及"，次曰"八厨"，犹古之"八元"、"八凯"也。窦武、刘淑、陈蕃为"三君"。君者，言一世之所宗也。李膺、荀翌、杜密、王畅、刘祐、魏朗、赵典、朱寓为"八俊"。俊者，言人之英也。郭林宗、宗慈、巴肃、夏馥、范滂、尹勋、蔡衍、羊陟为"八顾"。顾者，言能以德行引人者也。张俭、岑晊、刘表、陈翔、孔昱、苑康、檀敷、翟超为"八及"。及者，言其能导人追宗者也。度尚、张邈、王考、刘儒、胡母班、秦周、蕃向、王章为"八厨"。厨者，言能以财救人者也。

有人问汝南范滂："郭林宗是个怎样的人？"范滂答道："隐不

违亲，贞不绝俗，天子不得臣，诸侯不得友，吾不知其他。"意思是，隐居而不放弃侍奉父母，保持操守而不拒绝与俗人往来，天子不能使之为臣，诸侯不能使之为友，其他的，范滂就不知道了。

郭林宗，人称有道先生，四十二岁，便于家中逝世。四方之士，一千余人，赶来参加他的葬礼。和他意气相投者为其刻石立碑，蔡邕为其撰写碑文，过后蔡邕对涿郡卢植讲："我写过的碑文不少，都因有谀美之辞而感羞惭，唯有为郭有道写的碑文于心无愧。"

【太丘道广】

许劭曾到颖川和诸多长者交游，却不去拜访陈寔。陈蕃丧妻回乡埋葬，同乡人去吊唁，许劭也不去。有人问他缘由，许劭道："太丘（陈寔字太丘）道广，广则难周；仲举（陈蕃字仲举）性峻，峻则少通。故不造也。"意思是，太丘交游甚广，广则难以照顾周全；仲举性情严厉，严厉则少通融。故而不去。

建安年间，曹操北伐柳城，路过涿郡，对守令道："已故北中郎将卢植，名著海内，学为儒宗，乃士之楷模，国之栋梁。昔年周武王入殷，为商容封赠门闾；郑国丧子产，孔子为之落泪。我到涿州，嘉慕其流风余韵。《春秋》之义，对贤者之后应予殊礼。赶快派人去清理卢植坟墓，慰问其子孙，并祭祀薄酒，以彰其德。"

【辕门射戟】

袁术派将领纪灵等人率领三万步兵和骑兵进攻刘备，刘备向吕布求救。吕布对纪灵讲："玄德（刘备字玄德）是我兄弟，被诸君所困，故来救之。我吕布从来不喜欢让双方互斗，只喜欢给双方和解。"乃令军士将戟立于军营门口，吕布拉开弓，回首道："诸君看我射戟上小枝，射中，就各自罢兵；射不中，就此决斗。"随即一箭，正中戟上小枝。纪灵等人惊讶道："将军天威也。"

魏文帝很喜爱孔融的文章，每每赞叹道："孔融堪比扬雄、班固。"他征集孔融文章，凡是能提供文章者，皆给赏赐。

感悟·第二十二

　　李斯年轻时，在郡里做小吏，常常看到官衙厕所里的老鼠吃污秽之物，一见到人或狗，老鼠就被吓跑。一日，李斯走进粮仓，发现这里的老鼠吃的都是囤积的粟米。老鼠就住在大屋檐下的房室里，根本不担心人或狗的靠近。李斯乃叹息道："一个人的贤能或是不肖，就像老鼠一样，看它所处的环境了。"

　　翟公任廷尉时，宾客盈门，丢官后，门可罗雀。后来官复原职，宾客想再来，翟公大书其门，曰："一死一生，乃知交情；一贫一富，乃知交态；一贵一贱，交情乃见。"

　　永平五年，天子下诏逮捕一个名叫周虑的男子。周虑一向有名气，而且同尹敏要好，尹敏因此被免官关押。出狱时，他感叹道："聋哑之徒才是世上真正得道之人，为什么明辨反而遇到祸害呢？"

　　李斯因老鼠身处外部环境不同而有所感悟，觉得人和老鼠一样，处在不同的环境，便会有不一样的人生，突出了外部环境对人生影响的重要性。但老鼠毕竟是老鼠，换个地方待遇自然改观，可人却未必如此，于是李斯才会先求学，强化自己的内在实力，然后选择去自认为最好的外部环境——秦国，最后终于改变自己的人生之路。翟公的感悟是因为他对世态炎凉、人情冷暖的亲身体验，围绕在他身边的人都是为利益而来，世道就这么残酷，如果没有这番经历，翟公会有此感悟吗？尹敏的感悟是基于正直的人、明辨的人竟然遭到不公，而糊里糊涂、装聋作哑的人却能安定祥和，问题到底出在哪里？

没有经历的人，不会有深刻的感悟，因为这些感悟饱含血与泪。少有阅历的人，看到他人之感悟，也多不会触动自己的心灵。这也不难理解，既然感悟饱含感悟者的血与泪，其他人没有相似经历，自是无法体会。

秦·西汉

李斯年少时，在郡里任小吏，经常看到吏舍厕所中的老鼠食不洁之物，一见人或犬靠近，便惊恐万分。一日，李斯进粮仓，发现这里的老鼠以囤积的粟米为食。老鼠就住在大房屋下，根本不担心人或犬的惊扰。李斯乃叹息道："人之贤不肖譬如鼠矣，在所自处耳！"意思是，一个人有无出息，就像老鼠一样，看它所处的环境了。

【在所自处】

李斯的长子李由任三川郡守，其他子女也都与皇室联姻。有一次，李由回咸阳，李斯备置家宴，百官前来赴宴祝酒，车马竟达千数。李斯不禁长叹道："唉！我曾听荀卿说过'物忌太盛'。我李斯原不过是上蔡一布衣，闾巷之黔首而已，皇上不知我才能低下，竟把我升迁至丞相之位，人臣之中，无人在我之上，可以说富贵到了极点。但是，物盛则衰，不知将来归宿如何！"

张良曾言："我家世代为韩相，至韩亡，不爱万金之资，向强秦报仇，以致天下震动。现在凭三寸舌而为帝王师，封邑获万户，位在列侯中，已是布衣之极至，对我张良而言足矣。希望放弃人间事，跟随赤松子云游。"他学习道家之术，想修炼成仙，便练辟谷，限制饮食。高帝去世后，吕后认为张良有德于她，便强迫他进食，说道："人生一世，如白驹过隙，何苦这样对待自己！"张良不得已，勉强进食。

周勃入狱，受狱卒欺辱，出狱后，大发感慨道："吾尝将百万军，安知狱吏之贵也！"意思是，他曾统率百万大军，怎知狱吏如此威风！言下之意，他做将帅时也没有狱吏威风。

汉文帝时，栾布任燕国丞相，后为将军。他扬言道："穷困不能辱身，非人也；富贵不能快意，非贤也。"于是，对有恩于己之人，给予厚报；对有怨于己之人，必定设法报复。

丙吉的驭吏曾犯过错，丙吉宽恕了他，这个驭吏熟悉边事，便把知道的消息告知丙吉。宣帝于朝堂之上询问边事，丙吉详细对答，而御史大夫的回答令宣帝很不满意。宣帝称赞丙吉为相恪尽职守，管理下属十分得力。丙吉乃叹道："士人要包容，人的才能各有所长。倘若我不是先听取驭吏之言，如何会被称赞呢？"

息夫躬多次直言不讳地大发议论，恐怕以后招来祸害，就写下绝命辞。其首两句道："玄云泱郁，将安归兮！鹰隼横厉，鸾徘徊兮！"就是说，天空布满乌云，鹞鹰正无所顾忌地在空中疾飞，鸾鸟则无可奈何地在一旁徘徊，无处可去。

翟公任廷尉时，宾客盈门，丢官后，门可罗雀。后来官复原职，宾客想再来，翟公大书其门，曰："一死一生，乃知交情；一贫一富，乃知交态；一贵一贱，交情乃见。"意思说，一生一死，可知交情深浅；一贫一富，可知人情世态；一贵一贱，交情可见。

东汉

马援为郡督邮，押送囚犯到司命府。囚犯本有重罪，马援同情他，便把他放了。私放囚犯当属大罪，马援逃往北地躲避，后遇大赦，乃留北地放牧，有众多宾客归附于他。马援游历陇汉之间，常对宾客道："丈夫为志，穷当益坚，老当益壮。"他在当地耕田放牧，牛马羊达到数千头，谷物几万斛。遂慨叹道："凡是经营获取财产的，贵在能施舍赈济他人，否则只是守财奴而已。"于是把财产全部分给兄弟朋友，自己却身着羊裘皮裤。

【老当益壮】

马援斩交趾叛军首领征侧、征贰，把他们的人头送达洛阳。光武帝封马援为新息侯，食邑三千户。马援杀牛滤酒，犒劳军士。他从容地对部下道："我堂弟少游曾爱我慷慨有大志，说道'士生一世，但取衣食裁足，行有车马，任郡掾史，守着祖坟，乡邻称赞就足矣。追求过多，便是自寻苦楚。'当我在浪泊、西里之间，贼虏尚未灭时，足踏积水，头顶浓雾，毒气重蒸，仰视飞鹰坠落于水，卧念少游生时语，哪能做得到呢！现在仰赖士大夫之力，承蒙朝廷大恩，于各位面前佩带金印紫绶，且喜且惭。"吏士皆伏称万岁。

冯衍自论道："冯子以为，夫人之德，不碌碌如玉，落落如石。风兴云蒸，一龙一蛇，与道翱翔，与时变化，夫岂守一节哉？用之则行，舍之则藏，进退无主，屈伸无常。故曰'有法无法，因时为业，有度无度，与物趣舍。'常务道德之实，而不求当世之名，阔略杪小之礼，荡佚人间之事。正身直行，恬然肆志。"意思是，冯子以为，人之道德，不必如玉之美好，亦不必如石之粗劣。风兴云蒸，一龙一蛇，与道翱翔，与时变化，哪能固守一节？出仕就推行己见，不被任用就把己见藏于心中，进用废退本无依据，委曲伸展岂有常规。所以说，"有法无法，随时设置，有度无度，按物取舍。"常追求道德之实，而不追求当世之名，省简烦琐之礼节，不拘泥世俗之事。品行正直，恬然自乐。

冯衍虽年老，然胸怀大志，不为贫贱而忧，生活中常慨然长叹："衍少事名贤，经历显位，怀金垂紫，揭节奉使，不求苟得，常有陵云之志。三公之贵，千金之富，不得其愿，不概于怀。贫而不衰，贱而不恨，年虽疲曳，犹庶几名贤之风。修道德于幽冥之路，以终身名，为后世法。"大意是，"我年少时，师从名贤，曾为高官，身配印绶，持节出使，不求不义之得，常胸怀凌云之志。三公之高位，千金之巨富，如不得其愿，则心无此念。贫困而不衰退，低贱也不遗憾，如今虽年老力衰，却仍有名贤风范。至死不忘修身养性，保持终身美誉，以为后代之表率。"

【怀金垂紫】

郅恽与郑敬一同隐居了数十天。可郅恽志在从政，故而感叹不已，对郑敬道："上天生俊雅之士，并非让他与飞禽走兽为伍。你随我去做伊尹、吕尚吧！要是做巢父、许由，一味隐居，那么尧与舜也无非是常人而已。"郑敬道："我知足了。起初追寻尧舜而入世，就打算日后追随赤松子。如今既能保全性命，又后继有人，自可回归故里，祭扫祖坟，尽学问道。虽不从政，可也与施政相关，也是为政！我老了，怎能随你前往？你好自为之，切莫伤害生灵。"于是郅恽告别郑敬离去。郑敬志向清高，光武帝多次征召，他都不受。

樊宏虽是外戚，为人却谦柔。他常告诫儿子道："富贵太过，难保善终。我并非不喜荣耀与权势，怎奈天道厌恶盈满而好谦，前世贵戚的下场就是明戒！保身全己，岂不乐哉！"

梁竦长于京城，不乐本土乌氏，身负其才，郁郁不得志。他曾登高远眺，叹息道："大丈夫居世，生当封侯，死当庙食。如其不然，闲居可以养志，《诗》、《书》足以自娱，州郡之职，徒劳人耳。"征他做官的诏书多次下达，他都辞而不受。

仲长统生性倜傥，敢直言，不矜小节，默语无常，时人或谓之狂生。他曾论道："使居有良田广宅，背山临流，沟池环匝，竹木周布，场圃筑前，果园树后。舟车足以代步涉之艰，使令足以息四体之役。养亲有兼珍之膳，妻孥无苦身之劳。良朋萃止（萃止，聚集也），则陈酒肴以娱之；嘉时吉日，则亨羔豚以奉之。蹰躇畦苑，游戏平林，濯清水，追凉风，钓游鲤，弋^①高鸿。讽于舞雩之下，咏归高堂之上。安神闺房，思老氏之玄虚；呼吸^②精和，求至人之仿佛（仿佛，大略也）。与达者数子，论道讲书，俯仰二仪^③，错综人物。弹《南风》之雅操^④，发清商^⑤之妙曲。逍遥一世之上，睥睨天地之间。不受当时之责，永保性命之期。如是，则可以陵霄汉，出宇宙之外矣。岂羡夫入帝王之门哉！"

前越嶲太守李文德与延笃友善，他在京师时，希望公卿举荐延笃。延笃闻之，乃写信制止，信中道："夫道之将废，所谓命也。传闻您设法让我再返朝廷，您的用意虽善，而我却不敢当。我曾黎明梳洗，坐于客堂。朝则诵羲、文之《易》，虞、夏之《书》，历公旦之典礼，览仲尼之《春秋》。夕则逍遥内阶，咏《诗》南轩。百家众氏，投闲而作。洋洋乎其盈耳也，焕烂兮其溢目也，纷纷欣欣兮其独乐也。当此之时，不知天之为盖，地之为舆；不知世之有人，己之有躯也。虽渐离击筑，旁若无人，高凤读书，不知暴雨，不足与我相比。且我自束修以来，为人臣不陷于不忠，为人子不陷于不孝，上交不谄，下交不欺，从此而殁，下见先君远祖，亦不惭愧。"

建宁元年，太傅陈蕃、大将军窦武被宦官杀害，郭林宗到郊外哭祭，极为悲痛。他叹息道："'人之云亡，邦国殄瘁'，'瞻乌爰止，不知于谁之屋'耳。"意思是，贤人去世，国家危困。眼看乌

①弋，射也。

②呼吸，咽气养生也。

③二仪，天地也。

④雅操，雅正之乐。

⑤清商，清商乐也。

164

鸦就要止栖，不知道落到谁家的屋顶。

永平五年，天子下诏逮捕一个名叫周虑的男子。周虑一向有名气，而且同尹敏要好，尹敏因此被免官关押。出狱时，他感叹道："暗聋之徒，真世之有道者也。何谓察察而遇斯患乎？"意思是，聋哑之徒才是世上真正得道之人，为什么明辨反而遇到祸害呢？

论谈·第二十三

本节主要是对话，涉及内容可谓五花八门，自是不能一一解读，只择若干分析以为导读。

汉朝正抵抗匈奴入侵，卜式上书，愿捐家资一半以助边事。这对朝廷来说当然是件好事，且还能起到表率作用，以便他人也随之捐助家资。可问题在于，此事纯属于个人道德问题，不该强迫他人也要高尚。卜式虽没有说要强迫他人高尚，但他还是希望"贤者应以死明节，富有者应捐些钱财，如此匈奴就可以被消灭"。卜式的出发点好不好？当然好。可问题不在于此，如果有人不愿意捐钱，是不是就要动用国家强力？既然人们已经纳税和服兵役，就是在保家卫国，何以需要另外再捐资？如果确实到了亡国灭种之际，自是无须政府动员，人们也会自发组织起来抵抗外侮，可武帝时代显然不是。

武帝将此事告知丞相公孙弘，公孙弘道："这并非人之常情，超出常规之臣不可以推行教化，以免违犯法规，希望陛下不要答允。"公孙弘提到很重要的一点，就是不符合人之常情。你可以道德高尚，但你不能强迫别人高尚，一旦打着道德高尚的名义行事，那么任何恶都有正当的目的，而一旦政府的公权力也是如此，那么就会危及每个国民的安全与幸福，这样的国还有必要保卫吗？

也是这位公孙弘丞相建议私人不得拥有弓弩，声称此举对朝廷有利。这倒是不假，统治者最怕的就是民间拥有武器，妨碍他们作威作福。吾丘寿王持反对意见，他认为武器本非用来互相残杀，而是用以禁止强暴，讨伐奸邪。当下有持有武器的盗贼出现，是因为当地官吏职责有失，不能因此禁止所有人拥有武器。否则盗贼持有弓箭，官吏无法制止；善良的人用弓箭防身，却因此触犯了法律。他又讲了有关射礼，以此反对丞相的建议。

其实，民间拥有武器主要是防范政府为恶。虽然私人拥有武器会出现一些社会问题，但是这种恶与政府为恶相比简直不值一提。当我们人类无法阻止恶的存在，那么只能尽力禁止大恶的存在，而大恶的制造者往往就是政府。如果你家有枪支，谁敢半夜三更到你家收水电费。汉代的法律规定，官吏夜闯民宅，如果被房主人杀死，不负法律责任。那总归是有武器的吧，否则怎么杀官吏呢？

京房与元帝的一场对话，可谓发人深思。京房问元帝："幽王、厉王为何会导致社稷灭亡？他们任用的是什么人？"并连连追问，尤其不客气地问道："陛下即位以来，日月失明，星辰逆行，山崩泉涌，地震石陨，夏霜冬雷，春凋秋荣，陨霜不杀，水旱螟虫，民人饥疫，盗贼不禁，刑人满市，《春秋》记载的灾异已经全都具备了。请问陛下看今日天下是治呢，还是乱呢？"元帝承认确实很乱，但是不承认用人有问题，虽然最后说明白了，但是又能解决什么呢？到了王朝末年大概只能如此，破车按照惯性再走一程而已。

秦·西汉

项羽入函谷关，屠咸阳，杀子婴，烧宫室，大火三月不灭。他又掠夺财宝、美女向东而去，秦民人失所望。这时韩生劝项羽道："关中山河险阻，四面要塞，土地肥沃，可建都称霸。"项羽见秦宫室都已焚烧残破，又思恋家乡，便道："富贵不归故乡，就如衣锦夜行。"韩生道："人家说楚人沐猴而冠①，果真如此。"项羽闻言，烹杀韩生。

中山靖王刘胜为人乐酒好色，有子一百二十余人。他常与赵王刘彭祖相互指责，道："兄为王，却做些官吏所做之事。为王应当听音乐，赏歌舞，有美女相伴。"赵王道："中山王只顾奢侈淫乐，不辅佐天子安抚黎民，如何配称藩臣！"

汉朝正抵抗匈奴入侵，卜式上疏，愿捐家资一半以助边事。武帝派使者问卜式道："想做官吗？"卜式道："从小牧羊，不知为官之道，不想做。"使者道："你家有冤情？"卜式道："乡人贫困，我救济他们；不善之人，我劝导他们；走到哪里，人们都顺从我，我又怎会有冤情？"使者道："倘若如此，究竟为何？"卜式道："天子讨伐匈奴，我认为贤者应以死明节，富有者应捐些钱财，如此匈奴就可以被消灭。"使者报告朝廷，武帝又告知丞相公孙弘。公孙弘道："此非人之常情，超出常规之臣不可以推行教化，以免违犯法规，希望陛下不要答允。"武帝便没有接受卜式的请求。

卜式不愿为郎官，武帝道："我有羊在上林苑中，想让先生去牧养。"卜式便做了郎官，穿着布衣草鞋去牧羊。过了一年多，羊多而肥。武帝经过羊所，多有称赞。卜式道："不只牧羊如此，治民也是一般。按时起居，坏的即刻除去，以免祸害其他。"武帝奇其言，便想让他治理一方之民。乃任卜式为缑氏令，缑氏大治；后迁为成皋令，管领漕运，其考核最优。

匈奴求和亲，群臣于殿前商议。狄山认为自从出击匈奴以来，

【衣锦夜行，
沐猴而冠】

①虚有其表之意。

168

国中空虚，边民窘困。由此看来，不如和亲。武帝便问张汤有何想法，张汤道："此愚儒之见，甚是无知。"狄山道："我固然愚忠，但你张汤却是诈忠。你在处理淮南王、江都王案件上，用法苛刻，诋毁诸侯，别疏骨肉，使藩臣自感不安。我就知你张汤是诈忠。"

武帝派使者责问张汤，张汤却不承认有罪。武帝又派赵禹责问张汤。赵禹责劝张汤道："阁下怎么不明事理？阁下办理的案件中被灭门夷族的有多少，如今指控阁下的问题都有根有据，天子不愿阁下入狱，要让阁下自己想办法，为何多次对证呢？"张汤无奈上书谢罪道："张汤无尺寸之功，从刀笔吏起家，得到陛下宠幸而位至三公，实在无法弥补应负的责任。不过阴谋陷害我的，便是丞相府的三位长史。"遂自杀。

丞相公孙弘奏言禁止平民持有弓箭，言此举于国有利。武帝乃让众臣讨论。吾丘寿王道："臣闻古时制作兵器，本非用来互相残杀，而是用以禁止强暴，讨伐奸邪。天下安定就用来对付猛兽，或防备意外；有战事便用于战争。现在陛下明德，建立太平之世，但是还有盗贼出没，此乃郡国二千石的罪责，不是持有弓箭之过。臣闻圣王召集射手集中训练，以此来宣扬教化，不曾听闻禁止弓箭。再说禁止弓箭是为了制止盗贼攻杀抢掠。按律法，攻杀掠夺者当判死罪，可现在还是不能禁止，原因就是胆大的盗贼对重刑本就不怕。我担心坏人持有弓箭，官吏却无法制止；善良的人用弓箭防身，却因此触犯了法律。这反倒让盗贼独占威风，却剥夺了民众自卫的武器。臣私下认为，对禁止奸邪没有好处，而且废弃先王法典，使学者不能学习射礼，更没什么好处。"

宣帝即位后，想褒扬武帝，乃下诏书罗列武帝的功绩，以此为武帝立庙设乐。接着召集群臣讨论，众臣都道："如诏书所宣。"长信少府夏侯胜却道："武帝确有开疆扩土之功，然而他多杀士众，竭民财力，奢泰亡度，使天下虚耗，百姓流离，死去的人过半。他为帝期间，蝗虫大起，赤地数千里，甚至人民相食，以往的积累至今尚未恢复。所以武帝对民众没有恩泽，不宜为他另立庙乐。"公卿责难夏侯胜道："这是诏书啊。"夏侯胜道："此诏书不可用。为人臣，应该照实说话，而不能曲迎意旨。我要说的已经说了，虽死不悔。"

哀帝召集众大臣讨论是否可以恢复孝惠、孝景之庙。龚胜道："应当遵礼行事。"夏侯常道："礼也是有所变化的。"龚胜反驳道："你上一边去！是时势变了。"夏侯常恼羞成怒道："你知道我怎么看你吗？你就是想标新立异，哗众取宠，你不过是殷末申徒狄一类的人而已！"

有一次京房在元帝闲宴时被召见，就问元帝道："幽王、厉王为何会导致社稷灭亡？他们任用的是些什么人？"元帝道："幽王、厉王昏庸，任用的都是巧佞之人。"京房道："幽王、厉王是知道他们是巧佞之人后任用的呢，还是以为他们是贤能的人才任用呢？"元帝道："是认为他们贤能才任用的。"京房道："那么今天又怎么知道他们不是贤人呢？"元帝道："因为当时社会混乱，且君主最终败亡，所以知之。"京房道：那么"如此说来，任贤必治，任不肖必乱，必然之道也。幽王、厉王为何不觉悟而用贤能之人，却用不肖之人，以至如此？"元帝道："身临乱世的国君各以其臣为贤，假使他们都觉悟了，天底下哪会有身危国亡之君呢？"京房道："齐桓公、秦二世也曾听说过幽厉二君之事，并且取笑过他们，但他们还是任用了竖刁、赵高，乃至政治日乱，盗贼满山。为何不把幽王、厉王作为鉴戒呢？"元帝道："只有有道者才能惩前毖后啊。"京房于是脱帽叩首道："《春秋》已载了二百四十二年的灾异以给后代的君主借鉴。陛下即位以来，日月失明，星辰逆行，山崩泉涌，地震石陨，夏霜冬雷，春凋秋荣，陨霜不杀，水旱螟虫，民人饥疫，盗贼不禁，刑人满市，《春秋》记载的灾异已经全都具备了。请问陛下看今日天下是治呢，还是乱呢？"元帝道："是太乱了。你有什么话要说吗？"京房道："如今您任用谁呢？"元帝道："毕竟现在的灾异比以前要好多了，应该跟任用的人没关系。"京房道："以前的君主也是这么认为的，我恐怕后人看我们就像我们看前人一样。"过了好久，元帝道："如今行乱的是谁呢？"京房道："圣明的君主应该知道。"元帝道："我不知道，如果我知道了，为何还用他呢？"京房道："您最信任的，能与您一起在帷幄之中谋划大事，并且可以任用罢免天下士人的那个便是。"当时中书令石显专权，京房指的就是石显。元帝对京房道："我明白了。"

王尊拜见东平王，对东平王道："我来做丞相，众人都来为我哀吊，都觉得我不被朝廷所容，所以才被派来辅佐大王。天下人都说大王行事果敢，可您总是依仗富贵权势，哪里算得上果敢？像我这般才可算上果敢。"东平王脸色微变，不住打量着王尊，见王尊在挑战自己的权威，便想杀了他。东平王和颜悦色道："我想看一下您的佩刀。"王尊举起胳膊，回头对侍郎道："把佩刀取下给大王看，大王想以此来诬陷我，是也不是？"东平王正有此意。他也素闻王尊大名，今日一见，果然名不虚传，乃屈尊，置办酒食，宴请王尊。

侯文去见孙宝，孙宝道："今日鹰隼开始搏击，应顺天时逮捕奸恶之人，以成严霜之诛，你的辖区可有其人？"侯文抬头道："若无其人，我就不敢空受其职了。"孙宝道："那是谁呢？"侯文道："霸陵的杜稚季。"孙宝道："其次还有谁？"侯文道："豺狼横道，不宜复问狐狸。"

严诩以师友善待下属，如果下属有了过失，他就闭门自责。郡里出现骚乱，王莽派人征调严诩，官属中数百人为他祭祀路神，设宴送行。严诩伏地痛哭，下属不解道："这是好事，不该如此。"严诩道："我是哀怜颍川士人，我个人有何忧虑！我因行事软弱，处理骚乱不力被征召，朝廷必然会派刚猛之人来接任。新任者一到，必定会杀人，故而难过。"

三年之中，王仲翁升至光禄大夫给事中，萧望之因为考中甲科才做了郎官，代理小苑东门候。王仲翁出入有仆人跟从，下车进门，前呼后拥，甚是尊宠，他回头对萧望之道："你不肯遵循常规，反而只做了个守门官。"萧望之道："各行其志。"

东汉

光武来到南阳，因其父任过南顿县令，故而到南顿县舍置办酒宴，赏赐官民，免除了南顿一年的田租。南顿的父老叩头道："皇考居此日久，陛下也熟悉这里，每次来都会施加厚恩，请陛下免除

171

南顿十年的赋税吧。"光武道："天下重器，常恐不任，日复一日，哪敢奢望十年啊？"父老又道："陛下明明是舍不得，何必出言这般谦逊？"光武听后大笑，将免租的期限增加了一年。

东海人公宾在渐台杀死王莽，收缴玺绶，将王莽的头送到宛城。更始帝当时坐在正堂便殿，接过王莽的头看了看，高兴道："王莽要是不这般折腾，可与霍光一样受人尊敬。"他的宠姬韩夫人笑道："王莽如果不这样，陛下又怎能得到他的头呢？"

吴汉兵进驻成都。公孙述对延岑道："现在应当如何应对？"延岑道："男儿当死中求生，岂可坐以待毙？财物容易得，不应舍不得。"公孙述乃散发全部财物，招募敢死队五千余人，配备给在市桥的延岑。他们假竖旗帜，击鼓挑战，而暗中派遣一支部队从吴汉军队的后路突袭。吴汉堕入水中，抓住马尾才得以生还。

永平年间，法令制度十分严厉。北海王刘睦谢绝宾客，专心音乐。某年年底，他派遣中大夫捧璧玉到朝廷朝贺。刘睦对中大夫道："天子如果问及我，你怎么对答？"中大夫道："就说大王忠孝慈仁，敬贤乐士。我虽蝼蚁，怎敢不如实相告？"刘睦道："唉，你这是坑我呀！你说的这些都是我年少时的志向。你应该说，我们大王自从承袭王位以来，志意衰惰，声色是娱，犬马是好。"中大夫受命前往。

王常要推举刘氏为王，他的朋友都不赞同，说道："大丈夫既然已经举兵，就应各自为主，为何要受人管制？"王常只想依附汉家，就劝说将帅道："从前成帝、哀帝衰弱，没有子嗣，所以王莽得以乘机篡位。但他得到天下后，政令严苛，渐失民心。民众思念汉王室，已非一日，所以我们起兵才如此顺利。须知，民所怨者，天所去也；民所思者，天所与也。举大事必须下顺民心，上合天意，功乃可成。若负强恃勇，触情恣欲，虽得天下，必复失之。秦始皇、项羽的势力不可谓不强，尚且会失败，何况我们这些布衣之士呢？如果一意孤行，定将走上灭亡的道路。现在南阳刘氏举族起兵，细察他们派来议事之人，皆深谋远虑，有王公之才，我们如果与他们联合，必成大功，这是上天佑护我们呀。"

刘秀举兵反王莽，邓禹前来投奔，刘秀见到他甚是欢喜，便说道："我有任免官吏之权，你从远方奔我而来，必然想做个官吧？"邓禹道："不想。"刘秀道："既然这样，你来此为何？"邓禹道："我只希望明公威德加于四海，邓禹可以为您效尺寸之功，垂功名于竹帛。"

刘秀在城楼上打开地图，指着地图对邓禹道："天下郡国如此之多，可我才得之一个。子曾言我定天下相当容易，何也？"邓禹道："方今海内淆乱，人思明君，犹赤子之慕慈母。古之兴者，在德之薄厚，不在地之大小。"刘秀闻言，很是受用。

王霸年少时也曾任职小吏，但他并不喜欢，其父觉得他很有个性，便让他到长安求学。汉兵起事，刘秀路过颍阳，王霸带领门客求见刘秀，说道："将军起义兵，我不自量力，仰慕您的威势功德，愿意充兵效力。"刘秀道："我梦想贤士，想要共成大业，岂有二心！"

建武四年冬天，公孙帝部下隗嚣派马援奉书到洛阳。马援到洛阳，于宣德殿见光武。光武笑谓马援道："卿在两个皇帝之间奔走周旋，今天见到卿，让人很惭愧。"马援顿首致歉道："当今之世，不仅是君主选择臣子，臣子也选择君主。臣和公孙述同县，少时关系友善。臣先前到蜀，公孙述列好卫士方让臣进。臣从远方来，陛下怎知不是刺客奸人，而如此轻易接见？"光武又笑道："卿非刺客，只是说客罢了。"马援道："天下混乱，盗用皇帝名号的不可胜数。今见陛下，恢弘大度，同高祖一般，才知道帝王自有真的。"

李法被免为庶人，回归乡里后，闭门自修。故人儒生时常有来探视的，言谈之余，问起他不合皇帝旨意的原因，李法也不回答。友人坚持问，李法道："鄙夫可与事君乎哉？敬患失之，无所不至。孟子有言，'夫仁者如射，正己而后发。发而不中，不怨胜己者，反诸身而己矣。'"意思是说，能与浅陋之人共同事君吗？他们一旦担心失去地位，便无所不做。孟子曾言："仁者如同射箭之人，端正自己然后射出。射而不中，不埋怨胜己之人，而要从自身找原因。"

灵台到底应该建在何处，光武下诏要求众臣商议，不过他倒是早有想法。光武对桓谭道："我想用谶语裁决，如何？"桓谭默然良久道："臣从不读谶书。"光武问他因何不读，桓谭竭力陈说谶书并非经典。光武大怒道："桓谭诋毁圣人之道，推下斩首。"桓谭叩头直至流血，许久才得到光武宽恕。桓谭被贬出京师担任六安郡丞，于赴任途中病逝，时年七十余岁。

　　光武遣宗正刘延攻天井关，刘延与田邑连战十余合，终究无法前进。田邑迎接母亲兄弟妻子儿女，可他们于途中尽被刘延所获。后来田邑闻听更始大败，便投降了光武。冯衍闻之，给田邑捎去书信，责备他不忠不义。田邑回信道："我虽愚笨胆小，也想堂堂正正做人，岂敢贪生怕死！曲戟在颈，不易其心，确实是我的心愿。夫人道之本，有恩有义，义有所宜，恩有所施。君臣大义，母子至恩。如今故主已不在，我为谁守义呢？老母被关押，为了报恩，我应当留下。"

　　廉范受公府征召，恰遇薛汉因楚王之事被朝廷诛杀，故人门生没有敢去看望的，廉范却前往收殓。官吏将此事上报朝廷，明帝大怒，召廉范责问道："薛汉与楚王同谋，扰乱天下，廉范乃公府掾，不与朝廷同心，却为罪人收殓，何也？"廉范叩头道："臣无礼愚笨，认为薛汉等人已然伏诛，只因有师生之情不能自禁，实在罪该万死。"明帝的怒气渐消后，问廉范道："卿是廉颇之后？与右将军廉褒、大司马廉丹有亲属关系吗？"廉范答道："廉褒，是臣之曾祖；廉丹，是臣之祖父。"明帝道："难怪卿有这般志气胆略！"遂赦免了他。

　　光武帝向郑兴询问郊祀之事，说道："我想用谶纬来推断，如何？"郑兴道："我不研究谶纬。"光武怒道："你不研究谶纬，难道认为它不对吗？"郑兴惶恐道："有些书我没有学习过，并非认为它们不对。"光武帝这才息怒。郑兴数言政事，依经守义，文章温雅，却因不熟悉谶纬而不被重用。

　　有兄弟一同杀人，可如何定罪却不见法律记载。明帝认为兄不教导弟，因此判兄重罪而免弟死罪。中常侍孙章宣诏时，误说成两人都是重罪，尚书上奏孙章假传旨意，罪当腰斩。明帝召郭躬问及此事，郭躬道："孙章应被罚金。"明帝道："孙章假传诏书杀人，为何只是罚金？"郭躬道："法令有故意、失误之分，孙章传诏令出错，属于失误，按法律条文规定，处罚就轻些。"明帝道："孙章与囚犯同县，我怀疑他有意如此。"郭躬道："'周道如砥，其直如矢''君子不逆诈'，君王法天，刑不可以委曲生意。"意思是，周朝制度公平公正，如箭一般平直。君子不迎合欺骗。君王效法上天意旨，施刑不能妄加猜测。明帝道："好。"

宁阳主簿到京城告御状，申诉其县令获罪乃冤案，但六七年间顺帝都不曾过问此事。主簿便上疏道："臣为陛下子，陛下为臣父。臣上奏章达百次，始终不被省阅，臣难道要到北边单于那里去申诉吗？"顺帝大怒，把奏章给尚书看，尚书便以大逆之罪弹劾主簿。虞诩申辩道："主簿所申诉的，正是君父所怨恨的；百次申诉却无回应，乃有司之过。愚蠢之人，不值得过重处罚。"顺帝采纳虞诩的建议，只是处主簿以笞刑。虞诩又对诸尚书道："小人有怨，不远千里，断发刻肌，到朝廷来申诉，却得不到受理，此是臣子所应为吗？诸位与那些贪官污吏有何亲戚，与告状申诉之人有何仇怨？"闻者皆感惭愧。

河南尹朱俊向董卓陈述军事。董卓指责朱俊道："我百战百胜，决之于心，你不要乱说了，以免弄脏我的刀。"盖勋道："昔日武丁圣明，仍征求意见，何况像你资质平平，还想堵住他人之口吗？"董卓道："戏言而已。"盖勋道："没听说气话可以当做戏言的。"董卓乃向朱俊谢罪。

董卓倾慕蔡邕有才学，对他恭敬有加，一旦举行宴会，往往令蔡邕鼓琴助兴，蔡邕也颇出力。可董卓毕竟刚愎自用，蔡邕怨恨董卓很少采纳他的建议，便对从弟蔡谷道："董公性情刚猛，坚持谬误，终究难成大事。我想东奔兖州，可路途遥远，不易到达，暂且逃到山东以待时机，你看如何？"蔡谷道："您的相貌与众不同，每次外出，观看您的人四面云集，想躲起来难啊！"蔡邕只好作罢。

有位广陵籍的孝廉名徐淑，年纪不到四十，前来参加考选。可按照规定,年龄不到四十无资格参加考选,主持考选的台郎很为难,就问他凭什么资格参选。他道:"诏令上明文规定,'有如颜回、子奇之才干者,不拘岁数大小',所以我们郡把我推荐来了。"台郎驳不倒他。左雄诘问道:"当年颜回能做到闻一知十,这位孝廉,你闻一能知几呀?"徐淑答不上来,乃被遣送回原籍。

顺帝因周举学问高深,便于诏书中询问周举道:"朕以不德,仰承三统①,夙兴夜寐,但思清明。可近年来,旱灾屡应,稼穑焦枯,民食困乏。教化不行,德政难兴,群司素餐,据非其位。想来真该贬黜他们。可扭转灾变的方略又在哪里呢?请您逐条讲来,不要有所顾忌。"周举等一致认为应该慎用人,斥退贪赃之徒,远离谄谀小人,依文帝节俭之风,兴明帝重教之政,那么苍天自然会降润雨。顺帝问道:"那么,朝中贪污邪佞之人又是谁呢?"只有周举坦率答道:"我从地方超升至机要位置,不足以甄别在朝大臣的优劣。不过,公卿大臣中屡屡直言者定然忠贞;阿谀迎合者必然佞邪。司徒在职六年,不曾听说他有忠言异谋,我看这种人就是了。"

桓帝派中常侍王甫依次查问范滂等人。王甫责问范滂道:"君为人臣,不想着尽忠报国,却结党营私,相互推举,讥评朝政,无端虚构,意欲何为?从实招来。"范滂道:"孔子曾言'见善如不及,见恶如探汤',本想使善善同其清,恶恶同其污,自认所为乃朝廷之所愿,不料却被认为结党营私。"王甫道:"卿相互推举,有意见不合的,便排斥,其意如何?"范滂乃慷慨仰天道:"古之循善,自求多福;今之循善,身陷大戮。身死之日,愿埋范滂于首阳山侧,上不负皇天,下不愧伯夷、叔齐。"王甫闻之,不觉动容。

曹操屠邺城,袁氏妻女多被霸占,而曹操之子曹丕私纳袁熙的妻子甄氏。孔融便给曹操写信,提到"武王伐纣,把妲己赐给了周公"。曹操不明就里,问他典出何处。他答道:"以今日之事推测,想当然罢了。"后来曹操征讨乌桓,孔融又嘲讽道:"大将军远征,海外凋敝。昔日肃慎不进贡,丁零偷过苏武的牛羊,两事也要一并追究,尽可出兵讨伐。"言下之意,曹操出兵乌桓乃小题大做。

沮授被曹兵擒获,他大声呼道:"我是不会投降的,只是被捉住而已。"曹操见沮授，言道："分野殊异，乃至隔绝，不料今日得见君。"沮授道："袁冀州（袁绍）谋略失当，以致战败。我能力有限，自然被捉。"曹操道："本初（袁绍字本初）无谋，不用君言。如今混乱已过十二载，国家仍未安定，我欲与君共图之。"沮授道："叔父、母亲、弟弟的性命悬于袁氏之手，如蒙好意，赐我速死。"曹操感叹道："我若早得足下，天下不足虑也。"于是赦免沮授厚待之。不久，沮授企图回到袁氏处，被曹操所杀。

吕布与麾下登上白门楼。曹兵围之甚急，吕布命左右取其首送给曹操。左右不忍，便只好下楼投降。吕布见到曹操，道："从今以后，天下平定了。"曹操道："何以言之?"吕布道："明公所虑者不过吕布耳，今我已归顺。让我统率骑兵，明公统率步兵，平定天下轻而易举。"又转过头对刘备道："玄德（刘备字玄德），卿为座上宾，我为降虏，被绳缚得太紧，不能为我说句话吗?"曹操笑道："缚虎焉能不紧。"乃下令将绳索松开些。刘备道："不可。明公不见吕布侍奉丁建阳、董太师之事乎?"曹操点了点头。吕布目视刘备道："你这个大耳朵家伙最不可信!"

曹操擒获陈宫，乃道："公台（陈宫字公台）平生自谓足智多谋，今意何如?"陈宫指着吕布道："此人不用我计，以至于此。如依我言，结果未可知。"曹操道："卿之老母怎么办?"陈宫道："老母如何取决于公，不取决于我。夫以孝理天下者，不害人之亲。"曹操又道："卿之妻儿怎么办?"陈宫道："我听说成就霸业者，不绝人之祀。"乃坚持受刑，义无反顾走出。曹操不觉为之泣涕。

悔思·第二十四

　　陈平一生使用阴谋诡计居多，自知必遭报应。可明知会遭报应，为何还要去做呢？如果是善恶不分也就罢了，但明知恶，却为之，为何呢？理由可以找出千万。知善恶与行善恶是两回事，一般而言，知善自然行善，知恶自然拒之，但这属于个人道德修养问题，并不具有强制性。陈平行阴谋诡计，不会遭到法律制裁，最多有舆论的非议，其主要压力来自内心良知的谴责。当陈平反思自己所为，知道会遭报应，但并不见他有任何悔意，况且他认为的报应仅是侯爵能传几代而已。也许对陈平而言，悔恨也无意义了。

　　"但使龙城飞将在，不教胡马度阴山。"这是流传极广的诗句，飞将军李广千百年来也自是为人熟知。很多人为李广抱不平，认为他有大功，却不得封侯。当时的李广也是心有不平，乃咨询望气专家王朔。王朔道："将军回想一下，可有悔恨之事？"李广道："我任陇西太守时，羌人反叛，我引诱他们投降，投降的有八百余人，被我欺诈而于同日被诛。至今，最大的悔恨莫过于此。"王朔道："祸莫大于杀降，这便是将军不得封侯的缘由啊。"

　　有人会说，这算什么理由，那些行恶之人不也得到封侯了吗？的确，否则也不会有窦娥冤呼："有日月朝暮悬，有鬼神掌着生死权。天地也，只合把清浊分辨，可怎生糊涂了盗跖、颜渊？为善的受贫穷更命短，造恶的享富贵又寿延。天地也，做得个怕硬欺软，却原来也这般顺水推船。地也，你不分好歹何为地？天也，你错勘贤愚枉做天！哎，只落得两泪涟涟。"如果要解决这个问题，就必然引入宗教信仰，在此岸你为恶，虽然没有遭到报应，但到了彼岸，必然遭到报应。也可简单地说，就是"善有善报，恶有恶报，不是不报，时机未到"。可对短暂的人生而言，这未免让人遗憾，人们更多的是希望既然善恶有报，最好是现世报。而李广大概就是现世报吧！李广既然知道问题所在，有了悔恨之意，也就不再抱怨了。

人应该有反思的精神，有反思能力的民族，才不会重复以往的罪恶。

秦·西汉

陈平曾言:"我多阴谋,此乃道家所禁。我这一代衰落了,也就终结了,不会再兴起,只因我积累太多阴祸。"后来陈平的曾孙陈掌因为卫氏的亲戚而显贵,希望得到续封,但终究不能。

吕后叫武士把韩信绑起来,斩杀于长乐宫钟室。韩信被斩时道:"我没有采用蒯通计策,反为妇人所欺,岂非天意也!"

李广一直没有得到爵位与封邑,官职也不曾超过九卿。而他的许多部下却取得了封侯之赏。李广曾和望气专家王朔闲谈。王朔道:"将军回想一下,可有悔恨之事?"李广道:"我任陇西太守时,羌人反叛,我引诱他们投降,投降的有八百余人,被我欺诈而于同日被诛。至今,最大的悔恨莫过于此。"王朔道:"祸莫大于杀降,这便是将军不得封侯的缘由啊。"

东汉

当初,张满祭祀天地,谶文说他以后必然为王,当他被捕之后,乃叹息道:"谶文误我!"

当初,张丰喜欢道术,有道士说张丰以后会荣登皇帝之位,并用五彩口袋裹着石头系在张丰臂肘上,言说此石中有玉玺。张丰信以为真,乃决然起兵。被抓后面临杀头之际,还不忘说道:"臂肘之石有玉玺。"祭遵给他取下石头,砸之,里面哪有玉玺。张丰方才醒悟,知道受骗了,乃仰天叹息道:"当死无所恨!"

虞诩临终前,对儿子虞恭道:"我事君直道,一向内心正直,以义行事,自觉无所愧。所悔恨者乃是任朝歌长时杀贼数百,其中怎能没有冤屈者。此后二十余年,家门人丁不增一口,必然是获罪于天,遭到天谴了。"

恩怨·第二十五

项羽的部下丁公曾与刘邦作战，如果不是丁公网开一面，刘邦必然被诛杀。等到刘邦当了皇帝，丁公觉得有恩于刘邦，便来讨封。可刘邦如何对待这位恩人呢？刘邦命人把他带到军营中游行示众，并道："丁公为项羽臣子却不忠，致使项王失去天下。"不但将丁公斩首，还说道："要让今后为人臣者莫效仿丁公！"

刘邦明知道丁公对他有恩，却如此对待恩人，何也？因为刘邦当了皇帝，不想让他的臣子学丁公为臣不忠。刘邦自然知道为臣不忠的不仅仅是丁公，陈平、韩信何尝不是，可总不能杀这两人树立榜样吧，所以丁公就成了倒霉鬼。如果据此就说刘邦忘恩负义，可乎？当然可以，毕竟此乃救命之恩。但是为何没有多少异议呢？因为还有一些于刘邦有恩之人，则获得了封官授爵。刘邦对嫂子当年旧事都耿耿于怀，可见他恩怨分明，且斤斤计较。可是朴素的恩怨之情一旦涉及皇权，就变质了。他连功臣都可以诛杀，功臣对他就没恩吗？一个小小的丁公又算得了什么，无非诛杀的理由不同罢了。

冯异曾有恩于刘秀，刘秀登基后，下诏道："变乱中无蒌亭豆粥，滹沱河麦饭，卿之厚恩久未报答。"又有刘秀当年曾犯事在新野被关押，樊晔时任小吏，送了一碗饭给刘秀。刘秀做了皇帝后，对此事也是感恩不忘。

刘邦与刘秀皆是开国之君，两人道德修养，高下立判。

秦·西汉

刘邦兄弟四人，长兄刘伯早逝。刘邦微贱时，常和宾客到长嫂家用饭。长嫂特讨厌刘邦带着宾客来，便佯装羹汤已尽，拿勺子把锅刮得直响，客人见状，已知其意，只好离开。随后刘邦见锅里还有羹汤，便怨恨嫂子。刘邦做了皇帝后，册封昆弟，独刘伯之子刘信不得封。太上皇为其求情，刘邦道："我不是忘了，只是因为他的母亲太不厚道。"不过，最终还是封了刘信为羹颉侯。所谓羹颉，即是羹汤尽了，用勺子刮锅底。

【丁公遽戮】 丁公为项羽的将领，曾追杀刘邦于彭城西。短兵相接中，刘邦万分危急之中计上心来，对丁公道："你我都是贤能之人，何必苦苦相逼？"丁公也是有趣，便引兵而去，刘邦才得以逃命。项羽自刎乌江后，丁公想到当年有恩于刘邦，乃求见刘邦，刘邦却命人把他押到军中游行示众，并道："丁公为项羽臣子却不忠，致使项王失天下。"遂将丁公斩首，还说道："要让今后为人臣者莫效仿丁公！"

张苍为感激王陵救命之恩，等他显贵了，便把王陵当父亲一样侍奉。王陵逝世后，张苍担任丞相，休假之日，定然先去看望王陵夫人，侍奉其用餐，然后才回家。

【不名一文】 文帝驾崩后，景帝即位，便开始报复文帝的宠臣邓通。邓通先被免职，闲居在家。没多久，就有人告发他涉嫌犯罪。景帝命有司审理，结果证实邓通的确有罪。结案后，把邓通的家财全部充公，即便如此，还负债数巨万。长公主刘嫖只要赏赐邓通钱财，官吏马上没收抵债，连支簪子也不让他戴。长公主只好令人借给邓通一些衣服与食物。邓通不名一文，最后死于寄居之所。

主父偃回到故乡齐国担任丞相后，把兄弟故友全部召来，散发五百金给他们，数落他们道："当初我贫贱困苦时，兄弟不给我衣食，朋友不让我进门，现在我做了齐相，诸君当中有人竟会到千里之外迎接我。我现在就与诸君绝交，请以后不要再进我的家门！"

霍去病与霍光乃同父异母兄弟。霍去病去看望父亲时，便把霍光带到长安，安置在自己帐下。虽有兄弟情义，但霍去病无疑对霍光有知遇之恩。霍去病英年早逝，可霍光却前后秉政达二十年。地节二年春，他病得很是厉害，宣帝亲往探望，为之涕泣。霍光上书谢恩道："我愿拿出封国食邑的三千户分给兄长之孙霍山，让他成为列侯，以供奉兄长骠骑将军霍去病的祭祀。"宣帝把此事交给丞相、御史办理，并于当日授霍光之子霍禹为右将军。

陈汤故去数年，王莽为安汉公，执掌朝政。他内心既感激陈汤当年依附协助之恩，又想讨好皇太后，便以讨伐郅支之功尊称元帝庙号为高宗。又因陈汤、甘延寿功劳大而封赏簿，而候丞杜勋根本就没有封赏，乃加封甘延寿的孙子甘迁一千六百户，追加陈汤谥号为破胡壮侯，封陈汤的儿子陈冯为破胡侯，杜勋为讨狄侯。

东汉

建武六年春，冯异到京城朝见。光武帝对公卿道："此君乃我起兵时的主簿，为我披荆斩棘，平定关中。"朝会完毕，派中黄门赐给冯异珍宝、衣服、钱帛，并下诏道："变乱中无蒌亭豆粥，滹沱河麦饭，卿之厚恩久未报答。"冯异稽首谢道："臣闻管仲对桓公道'愿君毋忘射钩，臣毋忘槛车。'齐国凭此言，雄霸天下。臣今亦愿国家毋忘河北之难，小臣不敢忘巾车之恩。"

【披荆斩棘】

赵憙的堂兄被人杀害，可堂兄没有儿子，子为父报仇是不可能了。当时赵憙年方十五，却时常想着为堂兄复仇。他带着兵器约好朋友，前去寻仇。可仇人家全部生病，无人可以抵抗。赵憙认为乘人之危，非仁者所为，且放过他们，随即离去。没走几步，突然回头道："你们若是病愈，最好躲远点。"仇人匍匐叩头。后来仇人病愈，都自缚来见赵憙，赵憙不相见，最终还是杀了仇人。

建武二十六年，光武邀集内戚举行宴会，自然大家都很愉悦，夫人们各自上前道："赵憙重情重义，当年遭赤眉兵乱，逃出长安，我们都是靠他才活命的。"光武自是对赵憙赞许有加。后来，光武召赵憙入朝任太仆，接见时，对他道："卿非但为英雄所保举，妇人亦怀卿之恩。"

苏不韦十八岁时，受征召前往京城，正遇上父亲苏谦被杀。不韦载其遗骸回归故里，埋葬而不行葬礼，仰天长叹道："伍子胥是个怎样的人呀！"乃把母亲藏于武都山中，自己更名易姓，倾尽家财招募剑客，欲杀仇人李暠。他本想邀请李暠到诸陵之间，可没有成功。李暠此时升迁为大司农，当时右校储存饲料的房屋在寺北墙下，靠近李暠居所。苏不韦与堂兄弟潜入屋中，夜晚凿地，白天潜伏。如此一个多月，便挖到了李暠的寝室旁边，从他的床下出来。正赶上李暠去厕所方便，便杀了他的妾及幼子，留书而去。李暠十分惊恐，便在寝室布满荆棘，以板铺地，一夜九易住所，即使家人也不知他在何处。每次出行，剑戟随身，壮士护卫。苏不韦知道李暠有防备，便日夜飞奔，直达魏郡，掘了李暠父李阜之冢，切下李阜之头，在父亲坟前祭祀后，又挂在市集标明"李君迁父头"。李暠躲起来不敢说出此事，而是上表退位，回归乡里，私下把父亲棺椁重新掩埋。他派人捉拿苏不韦，可过一年多也没抓到。李暠愤恚感伤，发病呕血而死。

范滂等人被关进监狱，尚书霍谞曾替他们辩护。等他们获释后，来到京城，前去看望霍谞却不道谢。有人指责范滂忘恩负义，他答道："昔年叔向获罪，祁奚救之，未闻羊舌（叔向，姬姓，羊舌氏）有何谢恩之辞，祁老有何自伐之色。"

刘秀微贱时，曾犯事被关押于新野，樊晔当时为管理市场的小吏，便送了一笥食物给刘秀。刘秀做了皇帝后，对此事感恩不忘，经常赐他御食，以及车子衣服器物。刘秀因而对樊晔开玩笑道："一笥食物换个都尉，何如？"樊晔顿首道谢。

伤悲·第二十六

每翻看历史，让人伤悲感叹之事颇多。

李斯的一生，年轻时有大志，求学于荀子，入西建功，可谓尊贵至极，可始皇一死，他便经不住赵高的劝诱，乃共策划"沙丘之谋"，杀长子扶苏，立少子胡亥，紧接着他所做的一系列事情都已无当年的智慧，终为赵高诬陷，处以极刑。李斯走出监狱，被押往刑场，同被押送的还有其子。李斯对子道："我想和你再牵着黄狗，出上蔡东门猎捕野兔，还有可能吗？"父子相对痛哭。——让人伤悲。

项羽被围垓下，夜闻汉军四面皆是楚歌，乃惊道："汉兵难道占领所有楚地了？为何楚人如此多？"乃于帐中饮酒。项羽有美人虞氏，经常侍奉其左右。有骏马名骓，是为胯下坐骑。项羽悲歌慷慨，自为歌道："力拔山兮气盖世，时不利兮骓不逝。骓不逝兮可奈何！虞兮虞兮奈若何！"歌数曲，虞姬拔剑起舞，以歌和之："汉兵已略地，四方楚歌声；大王意气尽，贱妾何聊生。"歌罢自刎，激项羽斗志。——让人伤悲。

临江闵王刘荣在景帝前元四年为皇太子，四年后被废，改立临江王。又过了三年，刘荣因侵占庙堂空地建造宫室而获罪，景帝征召他赴京接受审讯。刘荣出发时，在江陵北门祭路，上车后，轴折车废。江陵父老流涕窃言道："我们的大王回不来了！"刘荣到京后，去中尉府受审。中尉郅都以供状质问临江王，临江王最后含冤自杀。他被葬于蓝田，数万只燕子衔土置其坟。——让人伤悲。

天下大乱，人相食。赵孝之弟赵礼为饿贼所获，赵孝闻之，立即自缚到贼处，说道："赵礼长久挨饿，很瘦弱，不如赵孝肥胖，我赵孝足以让大家吃饱。"贼大惊，把他俩全放了，对他们道："你们暂且回去，取些粮食来。"赵孝找不到粮食，便回去向贼解释，情愿被烹食。众人甚惊异，也就没有伤害他。——让人伤悲。

……

秦·西汉

秦二世二年七月，李斯走出监狱，被押赴刑场，同被押送的还有他的中子。李斯对中子道："我想和你再牵着黄狗，出上蔡东门猎捕野兔，还有可能吗？"父子相对痛哭。李斯被夷灭三族。

【东门黄犬①】
①指为官遭祸，抽身悔迟。

项羽被围垓下，夜闻汉军四面皆是楚歌，乃惊道："难道汉兵已占有楚地？为何楚人如此之多？"乃于帐中饮酒。项羽有美人姓虞氏，经常侍奉其左右；有骏马名骓，是为胯下坐骑。项羽悲歌慷慨，自为歌道："力拔山兮气盖世，时不利兮骓不逝。骓不逝兮可奈何！虞兮虞兮奈若何！"歌数曲，虞姬拔剑起舞，以歌和之："汉兵已略地，四方楚歌声；大王意气尽，贱妾何聊生。"歌罢自刎，激项羽斗志。

【四面楚歌，霸王别姬】

刘邦回故乡，置酒于沛宫，召来故人父老子弟陪酒。他挑选沛地小儿一百二十人，教他们吟唱。酒兴正浓时，刘邦击筑自歌道："大风起兮云飞扬，威加海内兮归故乡，安得猛士兮守四方！"令小儿跟着学唱。刘邦乃起舞，慷慨伤怀，泣数行下。他对沛地父老兄弟道："游子悲故乡。我虽建都关中，千秋万岁后，我的魂魄还是思念着故乡。"

【大风歌】

黥布起兵时，刘邦已病重，他住在内宫，不愿见人，便命令门卫不许大臣进来。周勃、灌婴等没人敢进。过了十余日，樊哙推开宫门径直闯进，大臣们尾随其后。只见刘邦枕着一个宦官卧着。樊哙等流泪道："当初陛下与臣等起丰沛，定天下，何其壮也！今天下已定，又何其惫也！再说陛下病甚，大臣震恐，不召见臣等议事，只想跟一个宦官诀别吗？陛下难道不见赵高之事乎？"刘邦笑而起身。

窦皇后之弟窦少君年幼时丢失。少君长大后，得知皇后的姓氏与籍贯，觉得皇后便是自己的姐姐，乃求相认。窦皇后把此事告知文帝，乃召少君询问。少君详细地述说了事情的来龙去脉，果然不虚。又问他是否还记得一些印象深刻的往事，少君道："姐姐将要离我西去长安时，与我在驿站相别，讨来米汁为我洗头，又喂我吃了饭，方才离去。"窦皇后拉着弟弟的手泣涕交横，左右侍者也随之伤悲。

临江闵王刘荣在景帝前元四年为皇太子，四年后被废，改立临江王。又过了三年，刘荣因侵占庙堂空地建造宫室而获罪，景帝征召他赴京接受审讯。刘荣出发时，在江陵北门祭路，上车后，轴折车废。江陵父老流涕窃言道："我们的大王回不来了！"刘荣到京后，去中尉府受审。中尉郅都以供状质问临江王，临江王最后含冤自杀。他被葬于蓝田，数万只燕子衔土置其坟。

燕王刘旦想谋反，反情却败露，燕王忧愁愤懑，于万载宫摆设酒宴，会集宾客群臣妃妾。燕王唱道："以后回到这座空城，将不再听到狗叫鸡鸣，街道如此空虚，只是因为没了人！"华容夫人也起舞唱道："秀发纷纷啊，填塞了沟渠；尸骨散乱啊，无处葬埋。母亲寻找亡子啊，妻子寻找亡夫。徘徊于两渠之间的陵墓啊，大王您就安葬在那里！"在座之人皆泣。

广陵王刘胥要谋求帝位，后被发觉，刘胥惶恐，杀人以灭口。公卿大臣请求处死刘胥，刘胥自知必死，乃置酒显阳殿，于琴瑟歌舞中，自唱道："欲久生兮无终，长不乐兮安穷！奉天期兮不得须臾，千里马兮驻待路。黄泉下兮幽深，人生要死，何为苦心！何用为乐心所喜，出入无惊为乐亟。蒿里召兮郭门阅，死不得取代庸，身自逝。"左右之人哭着敬酒，酒宴直到鸡鸣方才结束。唱词的意思是，希望久生却不幸无终，既死则长不乐，岂有穷尽！奉天子命当死，不能再延年。驿传正在等待回复诏命。黄泉之下，幽深无底，人终有一死，何必痛苦伤悲！人生以何为乐，但以自由自在，如今出入无欢，只因命不久长。葬地在召唤，墓郭之门在眼前。死当自去，无人可替代！

石显建议把萧望之下狱，以遏止他的不满情绪。元帝最终接受石显的建议。石显便命令太常火速带领执金吾骑兵包围萧望之的宅第。使者到，传萧望之。萧望之欲自杀，夫人阻止之，认为未必是天子旨意。萧望之以此询问门生朱云。朱云爱好名节，劝萧望之自裁。萧望之仰天长叹道："我曾备位将相，年逾六十矣，老入牢狱，苟求偷生，不也太浅薄了吗?"便唤朱云道："游（朱云字游），取药来，我宁可一死，也不久留人世!"乃饮鸩自尽。元帝闻之，大惊，甚悔之。

哀帝即位后，其祖母傅太后当权，太后怨恨冯参姐姐中山太后，冯参受到连坐。临死时，冯参仰天长叹道："我冯参父子兄弟都位居高位，身至封侯，今披恶名而死，姐弟不敢自怜，伤心的是有何面目见先人于地下。"遂自杀。

东汉

山东义兵大起，讨伐董卓。董卓将弘农王囚置于阁上，指使郎中令李儒进鸩酒，道："服用此药，可避灾躲祸。"弘农王道："我无病，是想杀我吧?"不肯饮。李儒强迫之，不得已，弘农王乃与妻子唐姬及宫人宴饮诀别。宴饮进行时，弘农王悲歌道："天道变了啊，我是多么艰难! 抛弃了万乘之尊啊，退守为藩王。逆臣对我逼迫啊，命不能久长，将要与你们诀别啊，去到幽暗之地!"弘农王令唐姬起舞，唐姬举袖唱道："天崩地坼啊，身为皇帝却夭折。死生异路啊，从此永别，奈何让我孤独啊，心中悲哀!"乃泪下呜咽，坐者皆唏嘘。弘农王对唐姬道："你是藩王妃，不可再做吏民妻。自爱吧，从此长辞!"遂饮药而死，时年十八岁。

自从更始败后，掖庭中尚有成百上千宫女被幽闭殿内。她们只能以挖掘庭院中的芦菔根、捕捉池塘中的鱼充饥，饿死的人就相继埋在宫中。有一些甘泉宫的老乐人，身着鲜明衣服，一起击鼓歌舞，见到刘盆子叩头言饥。刘盆子乃令中黄门赐米，每人数斗。后来刘盆子走了，他们都饿死于宫中。

公孙述受伤而死，延岑向吴汉投降。吴汉遂杀公孙述妻儿，尽杀公孙氏族人，同时灭延岑一族。吴汉又纵容士兵大肆抢掠，焚烧宫室。光武闻之大怒，谴责吴汉。又责备吴汉的副将刘尚道："城池已降三日，官民皆已顺从，老幼妇孺，口以万数，一旦放兵纵火，闻之可为酸鼻！刘尚乃宗室子孙，也曾为官任吏，何忍行此之事？仰视天，俯视地，观放麑啜羹①，二者孰仁？真错失了吊民伐罪之大义！"

天下大乱，人相食。赵孝之弟赵礼为饿贼所获，赵孝闻之，立即自缚到贼处，说道："赵礼长久挨饿，很瘦弱，不如赵孝肥胖，我赵孝足以让大家吃饱。"贼大惊，把他俩全放了，对他们道："你们暂且回去，取些粮食来。"赵孝找不到粮食，便回去向贼解释，情愿被烹食。众人甚惊异，也就没有伤害他。

袁绍读了臧洪之信，知他不会降，乃增兵急攻。城中粮尽，外无援救，臧洪自度难免一死，于是招呼吏士道："袁绍无道，图谋不轨，且不援救臧洪郡将，臧洪出于大义，不得不死。念及诸君与此事无关，空受牵连，可在城破之前，携家眷离开。"将史皆垂泣道："明府与袁氏，本无仇怨，今为郡将之故，自致危困，我们何忍舍明府而去。"起初他们还掘鼠，煮筋角，后来便无物可食。主簿开启内厨取出三斗米，请臧洪食用一些稠粥，臧洪道："我岂能独享这美食？"让主簿做成稀粥，分给士众。又杀其爱妾，将肉分给兵将吃。兵将皆流涕，不能仰视。最后男女七八十人相枕而死，莫有离叛者②。

先前洛县城南，每次阴天下雨，常有哭声传到府中，如此数十年。陈宠任广汉太守后，听到哭声心生疑惑，乃派属吏察看。回来汇报道："世道衰败混乱时，此下有很多死亡者，可尸骨却未埋葬，原因可能就在这儿？"陈宠不觉怆然叹息，立即命县里收殓全部遗骸葬之。从此哭声遂绝。

杨震无力扭转朝纲，反遭陷害，乃对诸子及门人感慨道："死乃士之本分。我蒙恩，居上位，痛恨奸臣狡猾而不能诛，厌恶嬖女倾乱而不能禁，有何面目再见日月！身死之日，以杂木为棺，布单能盖全身子即可，不要回乡修墓，不要设祭祠。"言毕，饮鸩而死，时年七十余岁。

大将军梁商大会宾客，宴于洛水，周举称疾没有赴会。梁商和亲信故交酬饮极欢，及至酒阑倡罢，又唱起挽歌《薤露歌》，坐中闻者，皆为掩涕。太仆张种当时在场，回来后，将此情景告知周举，周举道："此所谓哀乐失时。不是唱挽歌的地方却唱起了挽歌，将有不幸发生吗？"梁商秋后果然逝世。梁商病重时，顺帝来探望，问他有何遗言，梁商道："人之将死，其言也善。臣之从事中郎周举，为人清高忠正，可委以重任。"

李固为梁冀所害，临刑前，给胡广、赵戒书写一信，信中道："我李固受国家厚恩，所以尽竭其股肱，不顾死亡。一心想扶助汉室，比隆文帝、宣帝。何曾料到一朝为梁氏所迷误。公等委曲顺从，以吉为凶，成事为败乎？汉家的衰微从此开始。公等受主上厚禄，竟然颠而不扶！社稷倾覆之大事，后代良史，岂有偏私？我李固虽死，但赢得了道义，夫复何言！"胡广、赵戒看信后，悲痛惭愧，长叹流涕。

王允获罪，司徒杨赐认为王允素来清高，不想让他受辱，能自杀最好。乃遣客劝道："君因张让之事，一个月来两次被捕。他们险恶无比，望君考虑周全。"一些行事果敢的从事，流涕捧药而进之。王允厉声道："吾为人臣，获罪于君，当处极刑以谢天下，岂能喝药求死！"言毕，投杯而起，走出，径上囚车。既至廷尉，左右之人都催促处决他，朝臣莫不叹息。三公再为他求情。到第二年，乃得释放。

灵帝建宁二年，又大举诛杀党人，诏令紧急拘捕范滂等人。督邮吴导来到县中，怀抱诏书，关闭驿馆，伏床而泣。范滂闻之，说道："定为我也。"便前往投案。县令郭揖大吃一惊，解下官印绶带，拉着范滂要一同逃亡。郭揖道："天下大矣，先生为何到此？"范滂道："范滂一死，灾祸终止，何敢以罪累君，又令老母流离失所！"其母前来与范滂诀别，范滂对母亲道："仲博（范滂之弟）孝敬，足以供养母亲，滂将随父亲龙舒君命归黄泉，我们生死存亡各得其所。愿母亲大人不要伤感悲哀。"母亲道："你今能与李膺、杜密齐名，死亦何恨！既有美名，又求长寿，哪能两样都兼得！"范滂跪下受教，再拜而辞。回头对儿子道："我想让你为恶，但恶事不可为；想要让你为善，可我却是不为恶的下场。"路上行人闻听，莫不流涕。范滂死时年仅三十三岁。

袁绍关闭北宫门，抓捕宦官，无论老少一概诛杀，也有无胡须者被误杀，乃至于有人脱掉裤子证明并非宦官才得以幸免。被杀死者二千余人。

太守刘君乃公孙瓒岳父，刘君因事获罪用囚车押送京城，依朝廷法令不许下属接近，公孙瓒乔装打扮，谎称为侍卒，带着衣食用品，驱车到洛阳。刘君被定罪，流放日南。公孙瓒在北芒上备下酒肉，祭祀先人，洒酒祝告道："昔为人子，今为人臣，要到日南去了。日南多瘴气，恐怕回不来，就此长辞祖先坟茔。"慷慨悲泣，再拜而去，观者莫不叹息。

袁术想往北到青州投靠袁谭，曹操命刘备拦住去路。袁术没办法，只好退回寿春，后至江亭。袁术坐于竹床上叹道："袁术竟然到了这种地步！"愤慨结病，呕血而死。

无常·第二十七

　　人生充满变数，以刘盆子为例。赤眉欲从景王之后刘盆子、刘茂、刘孝三者中选一人立为帝。樊崇等人议道："听说古时把统兵作战的天子称为上将军。"乃于札上书写"上将军"，然后同另外两个空白札一起放置笥中。遂于郑地北面设立坛场，祭祀城阳景王。诸位三老、从事大会台阶下，让刘盆子等三人居中而立，按年纪大小依次取札。刘盆子年纪最小，最后取到的竟是带字札，诸将领于是向他称臣叩拜。刘盆子时年十五岁，披发跣足，衣裳褴褛，面红耳赤，汗流不止，见众人下拜，吓得要哭。刘盆子意外成了皇帝，可他并不高兴。

　　无常乃人生的大逆转，而自己又少有预感，好似从天而降，令人或大喜，或大悲，或悲喜交加。谁又能说得明白？

秦·西汉

黥布，姓英氏。年少时，有客人给他相面，说他受刑后当称王。到了壮年，有次犯了法，受黥刑，黥布高兴道："有人给我看过相，说我受刑之后当称王，差不多就这样吧？"闻者无不讥笑于他。

刘邦的儿子刘濞年龄尚小，只好封为吴王。刘濞时年二十岁，统辖三郡五十三城。刘濞拜印后，刘邦召见他，并给他看了相，说道："你有反叛之相。"不觉后悔，不该封刘濞为王，但又不好收回成命，乃轻拍刘濞之背，道："五十年后，东南将有反叛之乱，难道是你？不过，天下同姓刘氏，本是一家，千万不要反叛！"刘濞顿首道："不敢。"

周亚夫为河内郡守时，许负给他相面，道："君三年后为侯。做侯八年，拜为将相，持国秉，地位显贵，于人臣中独一无二。九年后会饿死。"周亚夫笑道："我的兄长已经继承了父亲侯爵，如果兄长去世，自然其子继承，怎么也轮不到我。诚如你所言，我又怎会饿死？"许负指其口，道："纵理入口，此饿死之相。"过了三年，周亚夫的兄长绛侯周胜之获罪。文帝要从周勃之子中选择贤者继承爵位，众人都推举周亚夫。

【纵理入口①】
①嘴两角的横纹进入口里，乃饿死之相。

刘邦与项羽相持，蒯彻知道天下之势取决于韩信，欲劝韩信背叛汉，乃先用隐语对韩信道："我曾学过相术，相君之面，不过封侯，又危而不安；相君之背，贵而不可言。"

袁盎与晁错素来不和。晁错在座，袁盎躲开；袁盎在座，晁错避开。两人未曾在一起说过话。

【钳徒论相】

卫青为私生子，少时归其父，父亲命他牧羊，嫡母之子以奴仆待之，不把他当做兄弟。有一次，卫青随人去甘泉宫，有个犯人给他相面，言道："你是贵人，官至封侯。"卫青笑道："人奴之一生，能不挨打受骂就足矣，怎会得遇封侯之事！"

194

李广外出打猎，看到草丛中卧着一只虎，便一箭射将过去，见虎无反应，遂走上前察看，才知射中的竟然是块石头，箭头已射进石中。李广便又对这块石头拉弓射箭，但终究不能再射进。

于定国之父于公在世时，其闾门破损，父老正要修治之，于公道："把闾门扩建得高大些，使驷马高盖车可以通行。我审判案件积了很多阴德，未曾有过冤案，子孙必有兴旺发达者。"果不其然，后来于定国位居丞相，于永官拜御史大夫，并封侯传世。

被免官的朱买臣在等待诏令期间，常与会稽郡邸的守邸官来往，便在郡邸寄居用餐。当他拜为太守后，身着故衣，怀揣印绶，步行返回郡邸。正值上计之时，赴京递交计簿的会稽郡官吏正相聚群饮，无人理睬朱买臣。朱买臣步入室中，守邸与其共餐，行将吃饱，买臣将怀中印绶露出少许。守邸甚是好奇，上前拽其绶，审视官印，正是会稽太守章。不觉大吃一惊，径自奔出，告知在场官吏。这些人业已喝醉，大呼道："胡说八道！"守邸道："不信，入室一观。"有位朱买臣的故人，向来瞧不起朱买臣，乃走进室中，仔细端详后，转身就跑，疾呼道："还真是呀！"在座之人惊愕骇然，将此事禀告守丞。于是，这帮官吏便都跑到郡邸中庭，推推挤挤列成一排，请求拜见朱买臣。但见朱买臣缓缓地走将出来。

吾丘寿王，赵国人，年少时，因擅长玩"格五"棋游戏，被征召为待诏。

东汉

赤眉欲从景王之后刘盆子、刘茂，刘孝三者中选一人立为帝。樊崇等人议道："听说古时把统兵作战的天子称为上将军。"乃于札上书写"上将军"，然后同另外两个空白札一起放置笥中。遂于郑地北面设立坛场，祭祀城阳景王。诸位三老、从事大会台阶下，让刘盆子等三人居中而立，按年纪大小依次取札。刘盆子年纪最小，最后取到的竟是带字札，诸将领于是向他称臣叩拜。刘盆子时年十五岁，披发跣足，衣裳褴褛，面红耳赤，汗流不止，见众人下

【李广射虎】

【于公高门①】
①指为官贤明而子孙显贵。

195

拜，吓得要哭。

宣帝时有个叫阴子方的人，至孝有仁。腊日晨炊，忽见灶神显形，阴子方下拜感谢赐福，他家中有只黄羊，便用来祭灶神。从此以后，他暴至巨富，有田七百余顷，车马奴仆，比于邦君。阴子方常言"我子孙必将强大"，到阴识三世，遂兴旺昌盛。所以后人常在腊日祭灶，并献上黄羊。

虞诩，字升卿。祖父虞经，任郡县狱吏，执法公允，刑罚宽松，每到冬月上状表，常常伤感流泪。他曾声称："东海于公高扩里门，而其子于定国最终官至丞相。我断案六十年，虽不及于公，也相差不多了吧！子孙为何就不能任九卿呢？"所以给孙子虞诩取字"升卿"。

邓皇后叔父邓陔曾言："常闻能救活千人者，其子孙必有封爵。我兄长邓训担任谒者，派人修治石臼河，每年救活数千人。天理可信，邓家必将蒙福。"起初，太傅邓禹感叹道："我统兵百万之众，未曾妄杀一人，后世子孙中必有兴盛者。"

蔡伦一生在内廷为官，先后侍奉四位幼帝，投靠两位皇后，身居列侯，位尊九卿。但是当邓太后去世后，安帝亲理朝政，便追究当年蔡伦受窦后指使，参与诬陷安帝皇祖母宋贵人一事。安帝下令蔡伦亲自到廷尉接受审讯。蔡伦耻于受辱，沐浴全身，理好衣冠，饮药而死。

【岁在龙蛇】

①岁，即岁星；龙，指辰；蛇，指巳。

郑玄梦见孔子对他讲："起，起，今年岁在辰，来年岁在巳。"醒来以后，郑玄用谶纬核对，谶语为"辰为龙，巳为蛇，岁至龙蛇①。贤人嗟"。意思是，命数终结在龙蛇之际。郑玄知道自己的生命即将结束，不久他就生病了。是时袁绍与曹操相拒于官渡，袁绍命其子袁谭遣使逼迫郑玄随军。郑玄不得已，带病来到元城县，病重无法前行，当年六月病故，时年七十四岁。按他的遗嘱将其薄葬。自郡守以下曾受业于郑玄者，身着丧服来参加葬礼的有千余人。

桓帝时，汝南有个陈伯敬。行必矩步，坐必端膝。呵斥狗马，从不言死。如果见过某种动物，便不食其肉。行路闻听凶讯，便停车驻马。回家时如触犯归忌，便寄宿乡亭。即便如此，到年老时，也不过举孝廉而已。更可悲的是，却因女婿犯案受到牵连，被太守怒杀。时人不顾禁忌者，谈起来便多以陈伯敬的经历来说服他人。

蔡茂在广汉时，曾梦见自己坐于大殿之上，见房梁上有三株穗禾，乃跳起取之，得到了中间那株，却又丢失了。他向主簿郭贺叙述了这个怪梦，郭贺离开座位，祝贺道："大殿者，宫府之形象也。房梁上有禾，人臣之上禄也。取中穗，是中台之位也。从文字上看，'禾'加'失'乃'秩'，虽说穗禾丢失，实际却得到了禄秩。帝王有过失，君去辅佐他吧。"不到一个月蔡茂果被征召，蔡茂乃聘用郭贺为掾吏。

当初，窦武母亲生窦武时还产下一条蛇，便把蛇送入林中。后来窦母去世，还未下葬，有大蛇自草丛中爬出，径直来到丧所，以头撞击棺木，泪血交流，俯仰盘曲，如同哀泣，不久乃离去。时人就此认为这是窦氏结局的征兆。

生死·第二十八

汉文帝认为："盖天下万物之萌生，靡不有死。死者天地之理，物之自然，奚可甚哀！"杨王孙认为："所谓死，乃是生的结束，是万物之归宿。"赵咨认为："夫含气之伦，有生必终，盖天地之常期，自然之至数。"三者对死的认识基本一致，认为死是自然之事，既然如此，那就要坦然面对，也就无须厚葬了。

关于生死之事，孔子曾言："未知生，焉知死。"以此回避对生死的探讨。如果对生死继续追问，最终只能从宗教中找到答案；而对答案是否信服，则取决于对宗教的信服程度，如果是信徒，那是必然相信的，生死问题也就回归于心了。人被无意中抛到这个世界，此为生，又无可奈何地被抛出人世，此为死，半点选择的权利都没有。人活一世，草木一秋，人生短暂，但求心安。

秦·西汉

文帝后元七年夏，六月己亥，文帝崩于未央宫。遗诏曰："朕闻之，盖天下万物之萌生，靡不有死。死者天地之理，物之自然，奚可甚哀！当今之世，咸嘉生而恶死，厚葬以破业，重服以伤生，吾甚不取。且朕既不德，无以佐百姓。今崩，又使重服久临，以罹寒暑之数，哀人父子；伤长老之志，损其饮食，绝鬼神之祭祀，以重吾不德，谓天下何！朕获保宗庙，以渺渺之身托于天下君王之上，二十有余年矣。赖天之灵，社稷之福，方内安宁，靡有兵革。朕既不敏，常畏过行，以羞先帝之遗德；唯年之久长，惧于不终。今乃幸以天年得复供养于高庙，朕之不明与嘉之，其奚哀念之有！"

杨王孙是汉武帝时期人，家资千金。他喜欢黄老之术，看重养生之道，凡是有利于养生的，必设法得到。病危临终时，嘱咐儿子道："我欲裸葬，以返自然，万不可违我意愿。死后用布囊盛装尸体，入地七尺，放入后，从足引脱布囊，让身体亲土。"

杨王孙道："闻听古代圣王从人情出发，鉴于人无法忍受亲人死去的痛苦，便制定葬礼。如今葬礼却超越礼制，普遍厚葬，因此，我才要裸葬，以此矫正社会风气。厚葬实无益于死者，可世俗之人却竞相攀比，用尽钱财置办葬品，让它们腐烂于地下。更有甚者今天被埋入，明天便被挖出，这与暴尸荒野有何不同！况且，所谓死，就是生的最后变化，是万物的回归。回归者得以回归、变化者得以变化，乃事物返回其本原，返回到幽深玄远、无形无声的本原，这才合乎道的真谛。"

朱云年七十余，终于家，病时不呼医饮药。他留下遗言说，以身上穿的衣服入殓，棺材可容身，墓穴可容椁即可。结果坟只有一丈五尺长。

何并为人清廉，妻子儿女都不允许到官舍。他在任数年，便去世了。病重时，他叫来丞掾写下遗书，道："告知我儿恢，我素餐日久，死后朝廷会赠治丧财物，但不要领取。下葬时用小椁，容下棺材即可。"何恢依父命行之。

东汉

　　光武帝崩于南宫前殿，年六十二。遗诏言："朕没做什么有益百姓之事，治丧比照孝文皇帝，务求从简从省。州郡地方刺史、二千石长官不要来奔丧，也不要派吏员参加吊唁或邮寄唁函。"

　　永和六年秋，梁商病重。他告诉儿子梁冀等人道："吾以不德，享受多福。生无以辅益朝廷，死必耗费钱财，衣衾饭含[1]，玉匣珠贝之属，何益朽骨。百僚劳扰，纷华道路，只增尘垢，虽云礼制，亦有权时[2]。如今边境不宁，盗贼不息，怎能再给国家增加负担呢？气绝之后，载至冢舍[3]，即时殡敛。敛以时服[4]，皆以故衣，无更裁制。殡已开冢，冢开即葬。祭食如前，无用三牲。孝子要很好地完成父亲的遗志，不宜违我之言。"

　　赵咨留下遗书告诫儿子赵胤道："含有生气之辈，有生必有死，这是天地规定的期限，自然定下的结果。因此通达之士对生命的态度是，把存亡当做白天与黑夜，把死生当做早晨和傍晚，故而他们不为生而愉悦，也不为死而伤悲。死亡，就是元气离开身体，灵魂游散，返回天地之初，归于无始无终。既已死亡，尸体乃融于粪土。土乃抛弃之物，怎能有性情，而人们却要给它制成厚薄，是调和它的干湿吗？只不过因为活着的人，不忍见形体销毁，才有埋葬尸骨的制度。"

　　崔瑗临终，遗命儿子崔寔道："夫人禀天地之气以生，及其终也，归精于天，还骨于地。何地不可埋葬尸骨，不必回归乡里。其馈赠之物，羊猪之类的祭奠，概不接受。"

　　建光元年，周磐七十三岁。年初他召集门徒，讲论终日，然后对两个儿子道："我近日梦见先师东里先生，与我讲于阴堂之奥。"阴堂之奥，乃幽暗之室西南角，死之象也。既而周磐长叹道："难道我的寿命到了尽头？如果到了命终之日，桐棺足以容身，外椁足

①衣衾指装殓死者的衣服与单被；饭含指殓葬时往死者口中放进米和珠玉等含着。

②权时，即变通，指不遵循礼制。

③冢舍，停棺柩之所。

④按照当时的服制入殓，无须另外专门裁制丧服。

以容下棺材，衣能遮体即可。要给我穿上干净的衣服并戴上幅巾。编二尺四寸的竹简，书写《尧典》一篇，连同刀笔各一，置于棺前，以示我不忘圣人之道。"其月望日，周磐忽然无疾而终，学者们认为他知天命。

董卓仰慕张奂，派他的兄长送给张奂一百匹缣。张奂厌恶董卓为人，拒绝接受。光和四年，张奂逝世，时年七十八岁，留下遗嘱道："我先后出仕十次，因不与世俗和光同尘，被奸邪之人忌恨。仕途不畅乃命中注定，生命始终自有常规。只是地底冥冥，漫漫长夜，再用丝绵缠裹，钉密以牢，为我不喜。幸而先前已有墓穴，早上去世傍晚即可入土，尸体上盖一布巾即可。丧礼不必如晋文公那般奢侈，也不必如杨王孙那般节俭，依照人情，顺我心意，差不多就没什么灾祸与羞辱了。"诸子从之。

献帝中平二年，范冉于家中逝世，时年七十四岁。他留下遗言，吩咐儿子道："我生于昏暗之世，恰值社会风气奢侈无度，既然生不能匡世济时，死后何忍混同世人。我一气绝便收殓，收殓时就穿当下丧服，无须另外专门裁制。衣服够遮身，棺椁够容身即可，收殓完便挖墓穴，挖好墓穴便埋葬。墓前的祭奠，就用干饭寒水，饮食之物，不可放入墓中。坟堆高低，能够遮掩就是。知我心者，乃李子坚、王子炳，可他们都已不在人世，如何做在于你们了，不要给乡人宗亲增加负担。"

儒林·第二十九

本节都是有关儒家子弟之记载。现选一则，论之。

辕固和黄生于景帝面前争论。黄生道："汤武并非受命于天，而是杀害君主夺得天下。"辕固道："不对。桀纣淫乱，天下之心归汤武，汤武顺应天下之心而杀桀纣，桀纣之民不听指使而归顺汤武，汤武不得已即王位，不是受命于天是什么?"黄生道："'冠虽敝必加于首，履虽新必贯于足。'（意思是，帽子虽破却一定要戴在头上，鞋子虽新却一定要穿在脚上。）何者? 上下有别也。桀纣虽然无道，然而是君上；汤武虽然圣明，却是臣下。君上行为不当，臣下不直言纠正，反而因其有过而杀之，代他面南而立，不是杀害君主又是什么?"辕固道："如你所言，那高皇帝代秦即天子位，也不对吗?"景帝调和道："食肉毋食马肝，未为不知味也；言学者毋言汤武受命，不为愚。"据说，马肝毒性大，不可食。景帝这句话的意思是，吃肉不吃马肝，不算不知肉的味道，讲学问的不谈汤武受命，算不得愚蠢。言外之意，不应讨论的问题不要去讨论。两人听了景帝之言，乃作罢。

怎么看待汤武革命呢? 今天我们很容易理解这个问题。人民有权暴力推翻作恶的政府，甚至诛杀暴君。政府是为民众服务的，但它本身掌握公权力。民众在公权力面前显得非常弱势，这就需要对政府的权力进行制衡，让行政权、司法权、立法权各自独立、互相监督。

如果政府还是让人民不满意，那就在它任期满后选举其他团体组建新政府，如此选票就替换了暴力。专制独裁的国家把三权统到一起，权力没有任何制约。如果道德伦理再崩溃，那么政府可以为所欲为，好话说尽，坏事做绝。从这个意义来说，汉革了秦的命没有问题，但是汉的后续制度没有跟上，所以汉也会被革命。虽日后把"五行相生论"引入"五德终始说"，在理论上解决了这一问题，但在现实层面依然解决不了实质性问题。

秦·西汉

武帝召申公赴京，求教治国之道，申公道："为政不在多言，要看如何做。"当时武帝正喜好文辞，听了申公之言，默然不语。既然已经把申公召来，便任命为太中大夫，将其安顿在鲁邸，商议设立明堂之事。窦太后喜欢《老子》，不喜儒术，责备武帝道："这是想重复新垣平的故事吗？"武帝只好废止明堂之事。

王式为昌邑王的老师。昭帝驾崩后，昌邑王继承帝位，却因淫乱被废，昌邑王的群臣也随之下狱，中尉王吉、郎中令龚遂因多次劝谏而减免死罪。王式论罪当死，负责此事的使者责问道："作为老师，为何不给昌邑王写谏书？"王式道："臣用《诗》三百零五篇朝夕教王，讲到忠臣孝子之篇，未尝不为王反复诵读；讲到危亡无道之君，未尝不流涕为王痛陈之。臣以三百零五篇来劝谏，故而无谏书。"使者奏报，王式也得以减免死罪。

王式的弟子盛赞王式，故而王式得以被征召，到京后，他先在馆舍住下。各位大夫、博士，带着酒肉来慰问王式，倾心仰慕。博士江公家世代研究《鲁诗》，为《鲁诗》宗师，至江公著有《孝经说》，所以，江公对王式的态度与众不同。他对歌吹的诸生道："歌《骊驹》。"王式道："我听老师讲，'客人歌《骊驹》，主人歌《客毋庸归》。'今天诸君是主人，天还早，不可以。"江公道："经何以言之？"王式道："在《曲礼》。"江公道："这是什么狗曲！"王式甚感羞耻，佯醉跌倒。等客人散了，王式责备弟子道："我本不想来，你们强劝我来，竟为竖子所辱！"乃称病辞官还乡，终老于家。

辕固和黄生于景帝面前争论。黄生道："汤武并非受命于天，而是杀害君主夺得天下。"辕固道："不对。桀纣淫乱，天下之心归汤武，汤武顺应天下之心而杀桀纣，桀纣之民不听指使而归顺汤武，汤武不得已即王位，不是受命于天是什么？"黄生道："'冠虽敝必加于首，履虽新必贯于足。'（意思是，帽子虽破却一定要戴

204

在头上，鞋子虽新却一定要穿在脚上。）何者？上下有别也。桀纣
虽然无道，然而是君上；汤武虽然圣明，却是臣下。主上行为不
当，臣下不直言纠正，反而因其有过而杀之，代他面南而立，不是
杀害君主又是什么？"辕固道："如你所言，那高皇帝代秦即天子
位，也不对吗？"景帝调和道："食肉毋食马肝，未为不知味也；
言学者毋言汤武受命，不为愚。"据说，马肝毒性大，不可食。景
帝这句话的意思是，吃肉不吃马肝，不算不知肉的味道，讲学问的
不谈汤武受命，算不得愚蠢。言外之意，不应讨论的问题不要去讨
论。两人听了景帝之言，乃作罢。

【不食马肝】

　　窦太后喜《老子》，她召来辕固，问他对《老子》的看法。辕
固道："不过是家人之言罢了。"太后大怒道："是啊，怎比得上如
同律令一般的儒家经典呢！"乃让辕固入猪圈刺杀野猪。景帝知道
太后发怒，而辕固直言也无罪，便给辕固锋利的兵器。辕固进入猪
圈后，刺中猪心，猪随即倒下。太后默然不语，也无理由再治他的
罪，只得作罢。

　　武帝初即位，便征召辕固。那些心怀嫉妒的儒生对辕固多有诋
毁之语，说辕固太老了，辕固乃被罢官遣归。当时辕固已九十余
岁。他被征召时，公孙弘也被征召。公孙弘侍奉辕固，却不敢正
视。辕固对公孙弘道："公孙先生，务必以正学论事，不要以曲学
迎合世俗。"

　　严彭祖以考绩优等入朝为左冯翊，升任太子太傅。他为人廉
直，不侍奉权贵。有人劝他道："天时不胜人事，君因不修小礼曲
意，无贵人左右之助，经义虽高，却做不到宰相。愿君自勉！"彭
祖道："大凡通晓经术，本应修行先王之道，何可委曲从俗，苟求
富贵呢！"

　　董仲舒，广川人，少时研究《春秋》，景帝时为博士。他在室
内挂上帷幕，坐在帷幕后讲学，弟子们先拜师的给后拜师的传授学
业，有的弟子竟然从未见过他。董仲舒为了全心钻研学问，三年不
观赏园景。他的仪容举止，皆合礼仪，学士们都尊他为师。

【目不窥园】

　　董仲舒的著作，旨在阐明经术之意，加上奏疏教令，凡百二十

三篇。解说《春秋》记事得失，及《闻举》、《玉杯》、《蕃露》、《清明》和《竹林》之类的文章，还有几十篇，十余万字，皆传于后世。

谷永对经书的理解，可以做到通明畅达，与杜钦、杜邺大致相当，但不能像刘向父子和扬雄那般融会贯通。他对天官、《京氏易》最为精通，所以善于谈论灾变异象，前后上奏四十余事，稍有重复，专门指责君主和后宫。

刘向目睹风俗更加奢侈淫逸，而赵皇后（赵飞燕）、赵昭仪（赵合德）、卫婕好（李平）之属皆出身微贱，却超越礼制。他认为王者的教化由内及外，自近处开始。故摘录《诗》、《书》中所载的贤妃贞妇，使国与家兴旺可供效法的，以及宠爱庶出导致乱亡的内容，编次为《列女传》，凡八篇，以警戒天子。又摘取传记故事，著《新序》、《说苑》凡五十篇上奏。数次上书言政治得失，陈述鉴戒。上书数十次，以助阅览，弥补阙失。成帝虽不能尽用，然心中多有嘉许，常感叹不已。

东汉

桓谭好音乐，善鼓琴。他博学多通，遍习五经，只是训诂其大义，不拘泥于字句分析。桓谭能写一手好文章，特别喜好古文经学，多次与刘歆、扬雄辩析经文中的疑问异议。他生性嗜好观赏歌舞杂戏表演，其为人不拘礼节，不修威仪，却喜欢诋毁俗儒，由是多被排挤。

贾逵的母亲经常生病，章帝想加赐一些财物。当时贾逵正负责校书，工作量很大，章帝便拿出二十万钱，派颍阳侯马防送去，并对马防道："贾逵的母亲病了，可贾逵与外界交往太少，如不送些钱，恐怕会如同孤竹之子那样饿死于首阳山。"

新莽时期，刘昆教授的弟子经常达五百余人。每到春秋举行飨射①，刘昆都会把典礼布置得非常详备，他以素木瓠叶为俎豆，以

①宴饮宾客并举行射礼。

206

桑弧蒿矢行射礼①，射时歌《诗经》中的"菟首"。每次行礼仪，县宰便率领下属来观看。王莽认为刘昆聚集徒众，私自行大礼，有僭上之心，乃将刘昆全家下狱。不久王莽败灭，刘昆获释。既而天下大乱，刘昆避难于河南负犊山中。

贾逵所著经传义诂及议论辩难一百余万言，又作诗、颂、诔、书、连珠、酒令凡九篇，学者视他为宗师，后世学者称他为通儒。然而他不修小节，时人以此讥讽他，故而当不上高官。他于和帝永元十三年去世，时年七十二岁。

桓谭著书论述当代现行政事共二十九篇，名为《新论》，他把书献给朝廷，光武帝很欣赏。他还有一部《琴道》未能完成，章帝命班固把它续写完成。桓谭所著赋、诔、书、奏，共计二十六篇。

范晔论道："郑兴、贾逵之学，流行数百年，成为诸儒之宗，也不过有此尊重而已。因不善于谶纬之学，桓谭遭到流亡之苦，郑兴凭谦逊之辞仅以免死。贾逵因附会粉饰谶纬之学，却最为富贵显赫。当时的君主以此论学，可悲啊！"

符融少时为都官吏，觉得可耻，委弃而去。后游历太学，师事少府李膺。李膺为人清高简约，每次见符融，便杜绝其他宾客，专听他高谈阔论。符融戴着头巾，挥动着袖子，谈辞如云，李膺每每捧手叹息。郭林宗刚入京城时，时人并不识之，符融一见乃叹服，把他介绍给李膺，郭林宗由此知名。

郑玄游学十余年才回归乡里。家中贫困，他就在东莱租种田地，而跟随他的学徒已有数百上千人。到党争之祸发生时，他与同郡孙嵩等四十余人皆被禁锢，终生不许为官。郑玄便隐居在家，研究经书，杜门不出。

元和二年春天，章帝到东部巡视，回来时经过鲁地，便到阙里，以太牢祭祀孔子及其七十二弟子，演奏六代之乐，大会孔氏二十岁以上的男子六十三人，命儒者讲《论语》。孔僖表示感谢。章帝道："今日之会，可对卿宗族有光荣乎？"孔僖道："臣闻明王圣主，莫不尊师贵道。今陛下亲屈万乘，辱临敝里，此乃崇礼先师，

①以没有油漆雕饰的白木瓠瓜的叶制作俎豆，以桑木制作的弓和蓬草制作的箭举行射礼。

增辉圣德，至于光荣，非所敢承。"章帝大笑道："非圣人子孙，焉有斯言乎！"

郑兴少时学习《公羊春秋》，晚年喜好《左传》。他经过一番深思，领会其宏旨，一同学习《左传》的都要向他请教。天凤中，他带领门人追随经学大师刘歆，听其讲解《左传》大义。刘歆很赏识郑兴，让他撰写条例、章句、传诂以及校订《三统历》。

贾逵继承父业，弱冠便能诵《左传》及五经原文。他教授《大夏侯尚书》，虽然研究古文经学，却也兼通五家《穀梁》之说。自儿时起，他便常在太学中，不通晓人情世故。他身高八尺二寸，诸儒评论道："问事不休贾长头。"贾逵尤其通晓《左传》、《国语》，为这两部书作《解诂》五十一篇。永平中，他将《解诂》献给章帝。章帝很重视，令人抄写后收藏在秘馆中。

翟酺担任大匠时，上言道："孝文帝始置一经博士，武帝集合天下之书，而孝宣在石渠论述六经，学者兴盛，弟子人数以万计。光武初兴，怜惜经学荒废，建立太学博士舍、内外讲堂，诸生往来巷中，海内学子云集于此。明帝时辟雍建成，便想毁掉太学，太尉赵熹认为太学、辟雍俱应存在，所以并传至今。但也很快颓废，甚至成为采摘放牧之所。我认为应该重新修缮太学，以诱进后学。"安帝从之。翟酺被免官后，遂修起太学，重新开拓房室。学者们在太学为他立碑刻铭，以示纪念。

张霸因樊修删定《严氏春秋》后还有许多烦琐之辞，便削减删定为二十万字，改名为《张氏学》。

朝廷任孔僖为临晋令，崔骃用《家林》为他卜筮，认为不吉利，便阻止孔僖道："您何不辞官？"孔僖道："学不为人，仕不择官，凶吉由己，难道取决于卜筮吗？"他担任县令三年，在任去世，遗言是"死后即刻安葬"。

马融为当世通儒，他所教授和供养的门生，经常数以千计。涿郡卢植、北海郑玄都是他的弟子。马融善鼓琴，好吹笛，凡事任性而为，不受儒者之节拘束。他的住处器具服饰，大多装饰奢侈。马融经常坐于高堂之上，挂上绛色纱帐，前授生徒，后列女乐，弟子按次序相互传授，很少有人能进入他的居室。

周举，字宣光。其人相貌丑陋，身材矮小，但博学洽闻，为儒者所宗。故京师流传："五经纵横周宣光。"

荀悦十二岁时便能说《春秋》。家中贫穷，无书可读，每到民间，所见书籍，一览多能诵记。他性沉静，美姿容，尤好著述。汉灵帝时阉官用权，士人多退身自保，荀悦乃托病隐居，时人莫之识，唯有从弟荀彧常称道他。

张玄任县丞时，曾因公事到郡府，却不知官吏办事的官曹在何处，官吏禀告门下责备张玄。当时右扶风琅邪人徐业，也是位大儒，闻听张玄乃儒生，就召见他。交谈数句，徐业大惊道："今日相遇，真是让人茅塞顿开！"遂请张玄到堂上，互相问难直到晚上。

吴地有个人烧梧桐木做饭，蔡邕听到火烧木材发出的巨大声响，知道这是一块好木材，因此讨来做成一把琴，果然音色纯美，但琴尾还留着烧焦的痕迹，时人名曰"焦尾琴"。后遂用"焦尾琴、焦尾、焦桐、焦琴"等指美琴，或比喻历尽磨难的良才、未被赏识的宝器。

【焦尾琴】

李膺因公事被免官，还居纶氏，教授的弟子常有上千人。南阳人樊陵请求为门徒，李膺推辞了。樊陵后来阿附宦官，官至太尉，为气节之士所不齿。荀爽曾拜见李膺，为其驾车，回来后，喜道："今天总算给李君驾车了。"

郭林宗性明知人，好奖训士类。就是说，郭林宗善于知人，喜爱劝勉引导士人。他身高八尺，容貌魁伟，褒衣博带，周游郡国。曾在陈梁一带行路时遇雨，所戴头巾因雨淋下垂，当时士人便故意把头巾折下一角，称之为"林宗巾"。

郭林宗虽善于品评人物，却不发刚直激烈的言论，所以宦官擅政而未受害。到了党事兴起，知名之士多遭迫害，郭林宗和汝南袁闳却得以幸免。郭林宗遂闭门教授，弟子以千数。

方术·第三十

　　方术文化以阴阳五行思想为核心，运用阴阳对立统一、五行相生相克，推断人事，预测吉凶。其中天文、历谱、五行、蓍龟、杂占、形法、医经、经方、房中术、神仙等皆属于方术。

　　秦始皇与汉武帝的寻仙问药、汉文帝的祭祀改元都与方术有关。秦始皇执迷于此，没能及时立太子，乃有"沙丘之变"；汉武帝执迷于此，遂生"巫蛊之乱"，乃害死太子；汉文帝一度痴迷，乃有"新垣平事件"；光武帝虽不痴迷鬼神，却对谶纬之学情有独钟。

　　怎么看待方术中的鬼神之说？鬼神观念能够在古代先民心里生根发芽，只是因为人们对自然以及自身无法解释，便只好借助于超自然的神灵来解决。人的能力既然不能给予世界一个满意解释，那么在人类之上就当有某种神力存在，虽然我们看不到，但却能够感觉到。当人类出现恐惧与茫然时，这种神力便会出现。

　　殷人的鬼神观呈现的是信仰多元化，也就是处于原始宗教信仰的多神阶段。并没有至高无上、统领一切的神。生活处处都是鬼神，而鬼神不仅能为生者带来幸福，也同样可以带来灾祸，这点与周人的鬼神观就有所不同了。

　　周人的鬼神观与殷人相比有了很大变化，上帝神的统一性加强了，多神崇拜倾向削弱。上帝神主宰了一切，其中就包括政治、伦理。上帝就是至善，德就是上帝的本质。违背道德规范便违背上帝的意志，而违背上帝的意志就在于做了违背道德的事情。所以，周人认为殷的灭亡是因其无德引起上帝愤怒所致。

汉人虽带有楚地的鬼神观，但主要继承了秦人的鬼神观，而秦人则承袭殷人的鬼神观。不论贩夫走卒还是王侯将相，只要心存敬畏，定期祭祀、祈祷护佑也就是了，毕竟这是人之心灵所需。可是一旦君主真的要见神仙，还要吃不老药，这无疑会带来灾难性后果。

秦·西汉

侯生与卢生商量道："始皇为人，天性刚戾自用，起诸侯，并天下，诸事称心，为所欲为，认为自古及今没人比得上他。始皇专任狱吏，博士虽有七十人，不过摆设而已。丞相与诸大臣也只是俯首听命。始皇喜欢以刑杀立威，臣下们想保住禄位，没人敢竭诚尽忠。始皇听不到过错，也就日益骄横。臣下们畏惧，专事欺骗。秦法规定，一个方士不能兼有两种方术，如果方术不应验，就要处死。然而候星气者多达三百人，皆是良士，由于惧怕获罪，只得隐讳奉承，不敢说出始皇的过错。天下之事无论大小皆由始皇决定，他甚至用秤来称量公文竹简的重量，日夜都有定额，批阅达不到定额，就不休息。始皇贪权到如此地步，不能为他去寻仙药。"

东汉

当时正大旱，治中从事任文公禀告刺史道："五月一日将有洪水，其灾变已经出现，但无法防止，最好让官民预先做好准备。"刺史没有采纳。文公独自备了大船，民众中有人得知后，不少人也做了防备。到了五月一日，天气干旱暴烈，任文公吩咐赶紧装运东西，又派人禀告刺史，刺史觉得可笑。日将正中，天北云起，须臾下起大雨，到晚饭时分，湔水涌起十余丈，洪水冲毁房屋无数，有数千人遇难。

王乔为叶县令，精通神仙术。他死得也很离奇。据载，当时天上降下一只玉棺于堂前，官民想推开它，始终推不动。王乔道："天帝唯独召我去吗？"乃沐浴更衣，躺到玉棺里，棺盖立即合上。夜晚葬于城东，土自成坟。这一夜，县内的牛皆流汗喘乏，可并无人知晓。民众乃为王乔建座庙，称为叶君祠。

华佗为人性恶，难得意，且耻以医见业[①]，加上去家思归，乃

①华佗为人脾气不好，心中不平，且耻于以行医为业。此句颇有争议。华佗为何以行医为耻？也许是因为他耻于行医仅仅侍奉权贵，所以才要离开曹操。

向曹操请求回家取药方。回家后，又借口妻子生病，长时间不返回。曹操多次写信催他，又吩咐郡县打发他上路，但华佗自恃才能，厌恶侍奉他人，仍不肯来。曹操大怒，派人察看，获知华佗的妻子乃是装病，便将华佗逮捕，下狱拷问，华佗只得坦白服罪。荀或求情道："华佗医术精湛，人命所悬，应以赦免。"曹操不听，杀了华佗。华佗临死前，拿出一卷书给狱吏，说道："此书可以用来救人性命。"小吏怕违法不敢接受，华佗也不强与，索火烧之。

逸民·第三十一

　　逸民即隐居之人。至于隐居的动机，范晔言道："或隐居以求其志，或回避以全其道，或静己以镇其躁，或去危以图其安，或垢俗以动其概，或疵物以激其清。"（《后汉书·逸民列传》）可见，隐居者不与权贵同流合污，坚守个人气节，隐居乡野，读书垂钓，授徒传道，不受天子约束，过着自由的生活。正如荀子所言："志意修则骄富贵，道义重则轻王公。"

　　官府对隐居之士，虽想重用，但见他们固辞，一般而言便也不再勉强。恰如王霸所言："天子有所不臣，诸侯有所不友。"光武也曾言："自古明王圣主，必定有不肯臣服的人。"可见大家都遵守传统的道义准则，皇帝虽为天子，但不可夺他人之志。严光虽与光武要好，但也拒绝为官。因为光武帝对士人"表彰气节"，故而东汉一朝气节之风盛行，不仅多烈士，而且多烈女。

　　不与权贵同流合污，坚守个人气节，隐居乡野，读书垂钓，不受天子约束，也是追求自由的一种体现。那么，隐居是否意味着逃避？尤其在王朝末年，这些才学之士为何不积极参与拨乱反正，却要隐居乡野？明明是让奸佞之人更加妄为嘛！孔子也曾言："危邦不人，乱邦不居。天下有道则见，无道则隐。"孔子虽这么说，但他却一直明知不可为而为之。难道不隐就意味着做官吗？在江湖与庙堂周旋对抗，力挽狂澜，不也可以吗？难道仅仅因为个人无力左右社会，就隐居山林？隐与不隐乃个人之事，与人之性情大有关系，自不能用对与错来评断。只是希望此时的士人更要有所担当，而不是简单地逃避。不过若逃避也是一种美德的话，那实在无话可说了。

东汉

【不知所终】

向长读《周易》读到"损"卦和"益"卦，喟然叹息道："我已知富不如贫，贵不如贱，但不知道死与生相比如何。"建武年间，其儿女婚事已毕，向长吩咐说，家中诸事与他再无关，就当他死了。乃肆意任性，与同好者北海人禽庆俱游五岳名山，竟不知所终。

逢萌懂阴阳之学，知道王莽将要败亡。没过多久，他头戴瓦盆，在集市上哭道："新乎新乎！"接着便潜藏起来。

诏书征召逢萌，逢萌推托人已年老，分不清方向，经常迷路。他对使者道："朝廷所以召我，认为我对朝政会有所补益，但我连方向都分不清，何以匡助时世呢？"乃驾车返回。朝廷多次征召，他也不去，以长寿终。

起初，乡佐曾经当着众人侮辱周党，周党久怀于心。后来他读了《春秋》，得知复仇之义，乃辍讲回乡，告知乡佐，约定日期决斗。交刃决斗后，周党被乡佐击伤，生命垂危。乡佐钦佩他有道义，用车将他载回养伤。周党数日方苏醒，大彻大悟后就离开了。

周党受到征召，迫不得已，就身穿短布单衣，穀皮帩头[①]，在尚书台等待接见。光武接见他，他便伏在地上，却不行君臣之礼，自陈愿守所志，光武乃准许。

① 用穀树皮做束发头巾。

周党谢绝征召，博士范升奏毁周党道："周党等人文不能阐发经义，武不能为天子死节，只知钓取华名，险些位居三公。臣愿与他们坐于云台之下，考试治国之道。如果与臣所言不符，臣愿接受虚妄之罪。可如果有人胆敢私窃虚名，夸上求高，便是大不敬。"奏章呈上后，光武拿给公卿看。接着下诏道："自古明王圣主，必有不宾之士。伯夷、叔齐不食周粟，太原周党不受朕之俸禄，也是人各有志。赐给周党四十四布帛。"周党最后隐居于渑池，著书上下两篇而终。

刘淑少时学习五经，并最终精通，乃隐居，建立精舍讲学，诸生常有数百人。州郡以礼相请，五府连征，他都谢绝。

建武年间，朝廷召王霸到尚书台。王霸拜见皇帝只报名字，而未称"臣"。有司问他缘由，王霸道："天子有所不臣，诸侯有所不友。"意思是，有不肯臣服天子的人，有不把诸侯作为朋友的人。

光武到客馆拜访严光，严光卧而不起，光武便进入严光卧室，抚摸其腹道："咄咄！子陵（严光字子陵）不肯助我治理国家吗？"严光只是睡觉并不应答，良久，他才张目注视，道："从前唐尧德名昭著，但巢父洗耳。士各有志，何苦相逼呢？"光武道："子陵，我竟然不能让你屈服？"乃登车叹息而去。

光武与严光谈论往事，一谈数日。光武从容问严光："朕比起过去如何？"严光道："陛下比过去略强。"晚上，两人同榻而卧，严光以足加光武腹上。第二天，太史上奏说有客星冒犯帝座。光武笑道："朕同故人严子陵共卧耳。"

延熹末年，党事即将爆发，袁闳似有觉察，便披头散发，本想到深山老林隐遁，无奈母亲年老不宜远行，乃修筑土室，只有窗，没有门。他从窗户接取饮食。早上在土室中朝东向母亲行礼。母亲想念袁闳，时常去探望。母亲离去他便关窗，兄弟妻子儿女都见不到他。母亲去世，他不穿丧服不设灵位，时人根本叫不出他的名字，有人认为他是狂生。潜身十八年，黄巾贼兵兴起，攻陷郡县，民众受惊四散，袁闳朗诵经书一如往常。贼兵相约不入袁闳所在的闾巷，乡人便跑到袁闳处避难。他五十七岁时，于土室中去世。

【袁闳室】

狂狷·第三十二

·

　　按照孔子所言，"狂者进取，狷者有所不为也"。朱熹认为，"狂者，志极高而行不掩。狷者，知未及而守有余"。一般来说，狂者敢于进取，狷者洁身自好。朱熹说狂者志大才疏，也不无道理，孔融便志大才疏，可是狂者中志大才高的也不在少数。至于有所不为的狷者，如果隐居了，其实也就是逸民了，他们不愿意与世俗同流合污，志向也并不远大。狂与狷更多乃性格使然，有进取的，就有退守的，也是勉强不得的。

　　本节所摘史料主要侧重在狂上。人总该有点狂气的，恃才傲物也没什么不好。尤其是少年人，没有狂气在身，激情何在？没有激情，只能是少年老成！浑浑噩噩而已。没有狂气在身，又怎能有独立人格的形成！没有独立，又谈何争取自由。梁启超在《少年中国说》言："少年独立则国独立，少年自由则国自由，少年进步则国进步，少年胜于欧洲，则国胜于欧洲，少年雄于地球，则国雄于地球。"此之谓也。

秦·西汉

韩信家境贫寒，品行也不大好，既不能被荐举为官，又不会买卖营生，经常到别人家寄食。母亲逝世，他穷得无钱举行葬礼，便寻找到一块高岭之地将母亲下葬。此地干燥宽敞，风水甚好，很适合做墓地。韩信相信日后母亲墓旁定会有万所坟墓相伴。他曾去亭长家寄食，时间长了，亭长的妻子叫苦不迭，就早早起来用餐。到吃早饭时，韩信来了，看见没有给他准备饭食，知其用意，从此离去，不再与亭长往来。

沛公刘邦率军到了陈留郊区，其麾下有位骑士恰好是郦食其里中^①人，刘邦经常向他询问邑中是否有贤士豪杰。骑士回家时，郦食其与之相见，教骑士对刘邦道："我们里中有位郦生，年六十余，长八尺，人们皆称他是狂生，他自己却说并不狂。"骑士道："沛公不喜欢儒生，诸客中若有戴儒冠的，沛公便摘下，溺尿其中。与人交谈时，常大骂儒生。所以千万不要说自己是儒生。"郦食其道："但说无妨。"

①同里之人。

沛公刘邦到了高阳县传舍，派人召郦食其来见。郦食其来到后，见沛公坐于床上，两女子在为他洗脚，便长揖不拜，说道："足下是想助秦攻打诸侯，还是想率领诸侯破秦呢？"刘邦骂道："竖儒！天下苦秦久矣，故此诸侯才相继率兵攻秦，如何说助秦？"郦食其道："既然想招募众人，聚集义兵，推翻无道之秦，就不该待人如此傲慢。"刘邦闻言，自觉失礼，乃停止洗脚，起身穿好衣服，请郦食其上座，恭敬赔礼。

楚王韩信被贬为淮阴侯，他心里明白，刘邦对他一直有所顾忌，便装病不上朝。不过总待在家里他也是心怀怨恨，耻于与周勃、灌婴同列。韩信曾拜访樊哙，樊哙趋拜送迎，口称臣子，恭敬道："大王竟肯光临臣下家门。"韩信出门后，笑道："我竟沦落到与樊哙等人为伍！"

杜钦，字子夏，年少好经书，家中富有，但却有一目盲，故不好为吏。茂陵杜邺与杜钦同姓同字，都以才能闻名京师，所以士大夫称杜钦为"盲杜子夏"以相区别。可是杜钦忌讳因病而被人毁短，就头戴小冠，高宽才二寸，由是京师人改称杜钦为"小冠杜子夏"，而称杜邺为"大冠杜子夏"。

田延年任河东太守，巡视各县到了平阳。乃召集故吏五六十人，延年亲临会见，让有文才的站在东边，有武才的站在西边。察看了数十人，轮到翁归，独独他伏地不起，对答道："翁归文武兼备，请您安置。"功曹认为此吏倨傲不逊，田延年道："这又何妨？"于是召他上前询问，对翁归的回答深感惊异，就让他担任卒吏，随自己回郡府。

平恩侯许伯乔迁新居，各级官员前往道贺，盖宽饶却不随行。许伯邀请他，他才前往，从西阶入厅堂。他本是司隶校尉，便面向东而坐，以上宾自居。许伯亲自给他斟酒，道："盖君来晚了。"盖宽饶道："不要给我多斟酒，我喝多了会发狂。"丞相魏侯笑道："次公（盖宽饶字次公）清醒时就发狂，未必喝酒才发狂吧？"在座之人用轻视的目光注视着他。酒酣之际，音乐奏起，长信少府檀长卿起身跳舞，表演猕猴与狗搏斗，在座之人皆大笑。盖宽饶不悦，仰视屋顶，叹道："美哉！然而富贵无常，转眼之间物是人非，就像旅店一般，我看得多了。只有谨慎从事才能保持长久，君侯岂可不警戒？"乃起身快步走出，弹劾长信少府以列卿身份表演猕猴舞，失礼不敬。

东汉

大将军袁绍统兵冀州，遣使邀请郑玄来参加盛大的宴会，郑玄最后赶到，乃请他就上座。郑玄身高八尺，可饮一斛酒。他秀眉明目，容仪温伟。袁绍的门客中多有豪俊之士，且口才甚佳。他们见郑玄乃儒生，并不认为他学识渊博，竞相设置怪题，轮番提问。郑玄依次辩论答对，都出乎他们所料，无不钦佩叹服。当时汝南应劭也归顺袁绍，自赞道："前太山太守应中远（应劭字中远），北面称弟子何如？"郑玄笑道："仲尼之门考察德行、言语、政事、文学四科，回、赐等人不自称官阶。"应劭面露惭色。

蔡邕以前在东观时，同卢植、韩说等人撰写补充《后汉记》，不幸遭事流离，也就没能完成。乃上书陈述，奏其所著的十志，分成篇目，放在奏章之后。灵帝嘉其才高，赶上第二年天下大赦，蔡邕有幸返回本郡。蔡邕从流放到回乡，共计九个月。蔡邕准备上路回乡时，五原太守王智为他饯行。酒喝正酣时，王智起身跳舞，斟酒相劝，蔡邕并未回礼。王智乃中常侍王甫之弟，向来傲气十足，此刻在宾客面前甚感羞惭，辱骂蔡邕道："你一个犯人胆敢轻视我！"蔡邕挥衣愤然而去。王智怀恨在心，秘密告发蔡邕在流放期间心怀怨恨，毁谤朝廷。受宠的内官对蔡邕也很厌恶。蔡邕考虑最终不免一死，乃亡命江海，远迹吴会。

孔融与祢衡互相吹捧。祢衡捧孔融道："仲尼不死。"孔融答道："颜回复生。"

董宣在狱中，面无忧色，从早到晚诵读经书。到了该出狱受刑时，属吏把饭菜端到他面前。董宣厉声道："董宣生平未曾吃过他人之食，何况死时！"乃上车而去。

祢衡少有才辩，尚气刚傲，违背时俗，待人接物傲慢不逊。兴平年间，祢衡避难到荆州，建安初年，游历到许县。他刚到颍川时，乃阴怀一刺，既而无所之适，至于刺字漫灭。所谓刺，就是木制的名帖。意思是说，祢衡悄悄带了一个名帖，却没有碰到值得拜访之人，以至于长时间怀揣名帖，把名帖上的字都磨得模糊不清了。当时许县刚建都，贤士大夫，四方云集。有人问祢衡："您何不去追随陈长文、司马伯达？"祢衡道："我怎能追随以屠牲沽酒为业的人呢！"又问他："荀文若、赵稚长如何？"祢衡道："文若可借面吊丧，稚长可使监厨请客。"祢衡唯独同鲁国人孔融和弘农人杨修要好。他常称赞道："大儿孔文举（孔融字文举），小儿杨德祖（杨修字德祖）。余子碌碌，莫足数也。"

【怀刺漫灭】

曹操听说祢衡善于击鼓，乃召他担任鼓吏，接着大会宾客，考核击鼓的声音节奏。先前应考的鼓吏都换上了鼓吏服。轮到祢衡，祢衡正在用掺挝技法演奏《渔阳曲》，迈着小步，容态有异，声节悲壮，听者莫不慷慨。走到曹操面前止步，官吏呵斥祢衡道："掌鼓小吏为何不改换装束，竟敢轻率上前？"祢衡答道："诺。"便把衣服都脱掉，裸身而立，从容拿过鼓吏服穿在身上，穿完后，又接着演奏，敲完而去，脸上并无羞惭之色。曹操笑道："本欲羞辱祢衡，祢衡反倒羞辱我了。"

祢衡坐在军营门前，拿着木杖敲击地面人骂。官吏禀告曹操："外面有一狂生，坐在军营门前，言语悖逆，请求抓捕治罪。"曹操大怒，对孔融道："祢衡竖子，我杀他就像杀只麻雀老鼠。顾虑此人素有虚名，我如杀他，会让人觉得我无容人之量。现在把他送到刘表处，看看如何。"乃遣人送之。祢衡临上路，众人为之祖道。所谓祖道，就是祭祀路神和设宴送行的礼仪。他们在城南都已经备置妥当，并相约道："祢衡悖逆无礼，现在趁他最后赶到，大家都不起身，折其锐气。"果然祢衡到了，无一人起身，祢衡看罢，便坐在地上号啕大哭。众人问其故，祢衡道："坐着的如坟墓，躺着的如死尸，我坐在坟墓与尸体间，能不悲伤吗！"

黄祖在船上大会宾客。祢衡出言不逊，黄祖乃呵斥祢衡。祢衡盯着黄祖，道："死老头子！说什么呢？"黄祖大怒，下令把他拖出去，准备动用刑杖。祢衡反而大骂，黄祖恼恨，遂下令杀之。黄祖的主簿素来憎恨祢衡，毫不拖延就把他杀了。黄祖之子黄射赤着脚跑来相救，还是迟了一步。黄祖也很后悔，乃给祢衡加以厚葬。祢衡死时二十六岁，其文章大都散佚。

向栩少为书生，性情卓诡不伦。他经常读《老子》，像在修道。又似狂生，好披头散发，用绛红色头巾束发。经常坐在炉灶北边的木板床上，时间久了，床板上竟然留下痕迹。他不爱说话却喜欢长啸。宾客到他家，他总是俯卧，看也不看。给弟子取名则是"颜渊"、"子贡"、"季路"、"冉有"之类。有时他骑着驴到集市，向人们行乞。有时他将小乞丐们邀请到家住宿，为他们备置酒食。时人无法测知他的为人。后来拜为侍中。张角作乱，向栩不主张兴兵，而是建议派遣将领于河上北向读《孝经》，贼自当消灭。张让怀疑他与张角同心，欲为内应，遂杀之。

【隐灶①】
① 死读书但不成才。

222

戴良才高旷达，议论大多惊世骇俗。同郡的谢季孝问他："您自认为天下人谁可与您相比?"戴良道："我好比孔子长东鲁，大禹出西羌，独步天下，谁能与我相比!"

独行·第三十三

　　《逸民》、《狂狷》、《独行》三节其实可以合并，只不过每节的侧重点有所不同罢了。但就要旨而言，则无非是做人要特立独行，坚持道义，崇尚自由，蔑视权贵。狂也好，狷也罢，都是特立独行的体现。独行之人，都有鲜明的个性，散发着自由的精神。

　　太尉黄琼曾征辟徐稺为官，徐稺并未接受。可当黄琼去世后，徐稺徒步到江夏吊唁，设鸡酒薄祭，哭毕而去，也不说出自己名姓。当时与会者四方名士郭林宗等数十人，闻听此事，怀疑是徐稺，便选能言善辩的书生茅容轻骑追之。追上徐稺后，茅容为他备饭，二人共论稼穑之事。临别之时，徐稺对茅容道："代我致谢郭林宗，大树将颠，非一绳所维，为何不赶紧找个安宁之所？"后来郭林宗母亲去世，徐稺前去吊唁，在庐前放置生刍一束而去。众人奇怪，不知何意。郭林宗道："这必是南州高士徐孺子。《诗》不是说，'生刍一束，其人如玉'吗？我无德相配。"

　　徐稺的意思是王朝已然进入末世，非个人能力所能挽救，你郭林宗为何不学我隐居山林，逍遥自在，也可免去无妄之灾。可见徐稺是个明白人，不能完全用性格使然言之。如果这不是末世，而是太平盛世，不排除徐稺要积极入世，轰轰烈烈做一番事业。但是王朝末年的大厦将倾，无非是指一个王朝要倒掉而已，如果去挽救，该挽救什么呢？是挽救无可救药的刘家朝廷，还是去挽救生于水深火热之中的芸芸众生？显然徐稺之语所针对的乃是朝廷。既然大厦将倾，努力加速它的倒掉，终究不失道义吧？简单地逃避，仅仅是看着大厦慢慢地倒掉。或许看着大厦慢慢地倒掉，也是一种人生享受吧？

秦·西汉

灌夫为人刚直，好借酒使气，不喜欢当面阿谀。凡是贵戚或地位在灌夫之上的，他不但不肯向他们表示敬意，反而想办法侮辱他们；一般士人在他之下的，愈是贫贱，灌夫愈是对他们恭敬，平等待之。在公众场合，灌夫对地位低下的后进总是推荐夸奖。

杨恽为官廉洁，后被罢官，便回乡治产业，以财自娱。其友人劝杨恽莫要张扬，杨恽内心不畅，回信道："我获罪已有三年。劳作辛苦，岁时伏腊①亨羊煮羔，斗酒自劳。家本秦地，能为秦声。妻为赵女，雅善弹瑟。奴婢中亦有歌者数人，酒后耳热，举头望天，以手击缶，发出呜呜之声。其诗曰：'田彼南山，芜秽不治，种一顷豆，落而为萁。人生行乐耳，须富贵何时！'在这样的日子里，我拂衣而喜，奋袖低仰，顿足起舞，诚淫荒无度，实不知这样做有何不可。"

朱云因直谏险些丢命，此后不再为官。他常住在户县乡下，偶尔乘车出去逛逛，后边跟随诸多弟子，所过之处人们对他都是敬重有加。薛宣担任丞相时，朱云去拜望他。薛宣以宾主之礼相待，留朱云于府中歇宿，从容对他道："既然在乡下无事可做，可暂且留住在我的东阁，也可会会四方奇士。"朱云道："小生想让我为官吗？"薛宣不敢再言。

暴胜之素闻隽不疑乃贤士，当他巡察至渤海郡，便请隽不疑前来。隽不疑头戴进贤冠，腰挎宝剑，身佩环玦，阔袍宽带，盛装前往拜谒。到了暴府门前，门下想让隽不疑解下佩剑，隽不疑道："剑者，君子武备，用以卫身，不可解下。若一定要解下佩剑，就此告辞。"门下通报暴胜之。暴胜之马上开阁延请。

汲黯为人性情倨傲，少有礼节，喜好面折他人，难容他人之过。合己者便善待之，不合己者便懒得见面，士人也不愿和他来往。不过汲黯喜习游侠，羡慕傅伯、袁盎为人。跟灌夫、郑当时以

①伏祭和腊祭之日。

及宗正刘弃疾友好。不过因多次直言进谏，不能久居九卿之位。

常惠，太原人，年少时家中贫困，自告奋勇报名参军，跟随移中监苏武出使匈奴，同被匈奴扣押十余年，到昭帝时才得以返回。

谷口有郑子真，蜀有严君平，皆修身自保，非其服弗服，非其食弗食。汉成帝时，大将军王凤以礼招聘郑子真，郑子真不应召，不屈而终。

严君平在成都街市上占卜，他认为，占卜虽是低贱之业，却可以给人带来好处。有卜问邪恶不端的，就向他言明利害。占卜遵循，与人子言依于孝，与人弟言依于顺，与人臣言依于忠。如此因势利导，劝人从善。他每天只占卜数人，收入百钱足以维持生计便收摊，然后教授《老子》。他博览群书，无所不通，依照老庄之道，著书十余万言。

大将军霍光秉政时，曾发生左将军上官桀与盖邑公主谋杀霍光之事。有鉴于此，霍光加大安检力度，凡他要见的官民都必须接受露体搜身。萧望之认为此举不妥，拒绝配合。霍光获知，乃对萧望之免检。萧望之到了霍光处，规劝道："将军以功德辅幼主，推行教化，以安社稷。所以天下士人都争愿效力，来辅助您。现在拜见您的士人却要露体搜身，恐非周公辅佐成王，躬吐握之礼，致白屋之意。"意思就是说，霍光的做法不合周公待士人之礼。相传周公摄政，一沐三握发，一饭三吐哺，以接待天下之士。且不论其地位，哪怕是居住白屋的寒门之士。

萧育任茂陵县令时，业绩考核曾名列第六，而漆县县令郭舜则排最后，受到上司责备。萧育帮他讲情，扶风发怒道："你排第六名也只是刚合格，还替别人说什么情？"萧育碰了壁，也只能快快不乐地走出考场。接着被要求到负责法令、刑狱的后曹。萧育到了后曹，主管让他汇报工作情况。他很不高兴，径自走出后曹，文书随后拉住他。萧育手按佩刀，道："萧育是杜陵的大好男儿，为何要去后曹！"遂疾步走出，也不想当官了。

琅邪王阳任益州刺史，巡行部属到邛郲九折阪（九折阪乃险地），感叹道："承先人赐给身体，为何数次涉足此险？"后因病辞官。等到王尊做了益州刺史，也来到了九折阪，问吏卒道："这不就是让王阳恐惧的险途吗？"吏卒答道："是。"王尊叱喝其马道："向前奔！王阳为孝子，王尊为忠臣。"

九江太守戴圣，便是《礼经》中号称小戴的那位。他执法多不遵守法令，前刺史因他是大儒，对他多有宽容。后来何武担任刺史，巡行部属审查执法判刑记录，发现一些问题，乃要求郡裁决。戴圣却不以为然，说道："后生知道什么，只想着给人添乱！"也不裁决，依然我行我素。

崔舒的小儿子崔篆，王莽时任郡文学，以明经受到朝廷征召。太保甄丰推举他为步兵校尉，崔篆推辞道："吾闻伐国不问仁人，战陈不访儒士。这能行吗？"乃辞官归乡。

东汉

【疾风知劲草】

刘秀任司隶校尉时，曾途经颍阳。王霸想从军，便请求父亲，父亲道："我老了，过不得军旅生活，你想去就去吧，一定要努力。"王霸乃前去投奔刘秀。刘秀当了大司马，乃任命王霸为功曹令史。王霸追随刘秀转战到河北。是时，形势不容乐观，曾跟随王霸从军的几十位宾客陆续离开。刘秀对王霸道："追随我的颍川人都走了，唯独你没走。你要努力呀！疾风知劲草。"

卓茂一到县城赴任便大张旗鼓地变革。官民对他此举甚是轻视，并不看好，就连邻县人也是嘲笑讥讽，都认为卓茂没有能力却随意改弦更张。河南郡府闻知此事，更是为卓茂派去守令。卓茂也不在意，该怎么做就怎么做。几年之后，教化大行，路不拾遗。

宣秉年少时便修养节操，在三辅一带很有名气。哀帝、平帝时期，宣秉见王莽擅权，有叛逆的迹象，乃躲进深山老林，隐居起来。州郡官府数次征召，宣秉都推说生病。当王莽加号宰衡后，发出征召令，宣秉也不应征。到了王莽称帝后，又遣人征召，宣秉坚称病重，拒绝为官。

光武帝怨冯衍、鲍永等人投降太迟，而鲍永因立功得以赎罪，光武遂任用他，可冯衍却被贬黜。鲍永对冯衍道："昔年高祖赏季布之罪，诛丁固之功。今遇明主，有何担忧！"冯衍道："有记载说，一个男子挑逗邻人之妻，挑逗年长的，年长的骂骂他；挑逗年少的，年少的喜爱他。后来两妇人丈夫去世，这男子却娶了那位年长的。有人对他说'这不是骂你那位吗？'男子道'在别人家，我希望她喜爱我，在我家，我希望她骂别人。'天命难知，人道易守，守道之臣，何患死亡？"

孔奋在职河西四年，财产无所增。他虽然勤俭，供养母亲却力求饮食精良，而他与妻子儿女只是粗茶淡饭应付。当时天下尚未安定，士人多不修节操，可孔奋力行清洁，为众人所笑，有人认为他身居高位，却不能自肥，徒增辛苦而已。

灵帝末年，党禁解，大将军何进闻听郑玄贤能，便请他出来为官。州郡的官员怎敢违背何进旨意，竟然胁迫郑玄进京，郑玄无奈，只好前往。何进特意为他设几、杖，礼待甚优。郑玄不着朝服，头戴幅巾，身着儒服，与何进相见，住了一宿便逃跑了。

由于经常遭遇贼寇侵犯，民众无心从事农桑。淳于恭却依然在田间耕种，同乡人劝阻道："如今天下混乱，死生难料，何必空自辛苦呢？"淳于恭答道："纵然我一无所得，于他人又有何伤害。"遂耕耘不辍。

第五伦曾担任乡啬夫，深得民众欢心。可久居官位，却不能显达，乃辞去官职，带领家眷客居河东。他改名换姓，自称王伯齐，载盐往来太原、上党之间，凡停留之地，都要打扫干净才离去，陌上人称他为道士。亲友故人谁也不知道他在哪里。

永平初，明帝舅父新阳侯阴就仰慕朱晖，亲自前往拜望，朱晖却避而不见。阴就又派家丞送来礼物，朱晖竟闭门不受。阴就闻之，感叹道："志士也，勿夺其节。"

张禹拜扬州刺史，要渡长江巡视，可当地人都相信长江有伍子胥的神灵，很难渡过。张禹要渡江，属吏再三请求不要渡，张禹厉声道："子胥若有神灵，知道我志在理察枉讼，怎会伤害于我？"

遂摇桨而过。

窦宪将要到来，尚书以下官员商议举行拜礼，伏地称万岁。韩棱正色道："与上交往不谄媚，与下交往不傲慢，不能对大臣称万岁之礼。"商议者自感惭愧，也就作罢。

冯良少时做县吏，到了三十岁，任尉从佐。他奉檄文迎接督邮，路上感慨，觉得自己从事杂役是种耻辱，乃坏车杀马，毁裂衣冠，逃到犍为，跟随杜抚学习。妻儿求索，踪迹断绝，很久后，才发现草丛中有破车死马、腐朽的衣裳，都以为冯良给虎狼盗贼所害，便给他办理了丧事。过了十余年，冯良回归乡里，志行高整，非礼不动，遇妻与子如君臣一般，乡党以他为表率。

太尉黄琼曾征辟徐稚为官，徐稚并未接受。可当黄琼去世后，徐稚徒步到江夏吊唁，设鸡酒薄祭，哭毕而去，也不说出自己名姓。当时与会者四方名士郭林宗等数十人，闻听此事，怀疑是徐稚，便选能言善辩的书生茅容轻骑追之。追上徐稚后，茅容为他备饭，二人共论稼穑之事。临别之时，徐稚对茅容道："代我致谢郭林宗，大树将颠，非一绳所维，为何不赶紧找个安宁之所？"后来郭林宗母亲去世，徐稚前去吊唁，在庐前放置生刍一束而去。众人奇怪，不知何意。郭林宗道："这必是南州高士徐孺子。《诗》不是说，'生刍一束，其人如玉'吗？我无德相配。"

黄琼去世，归葬江夏，四方名士会集帐下，相互论谈，没有及申屠蟠的。南郡一生与他相酬对，告别时，执申屠蟠手道："君不是受聘就是被征，如此我们定会在上京相见。"申屠蟠勃然作色道："起初我还以为你是个可与言谈之人，竟想不到，你是个拘泥礼教贪图富贵之徒！"遂振手而去，不复与言。

袁术篡乱，曹操以杨彪和袁术联姻为由，上奏收押杨彪下狱。孔融获知，也顾不上穿朝服，紧急求见曹操。孔融道："杨公四世清德，海内仰慕。《周书》讲父子兄弟罪不株连，又怎能把袁氏之罪归于杨公？《易》称'积善余庆'，只是欺人之谈吗？"曹操道："这是国家的意愿。"孔融道："假使成王杀召公，周公能说不知道吗？如今天下官员缙绅，之所以瞻仰明公，是因明公聪明仁智，辅助汉室，举直错枉，以致国家和乐升平。如今滥杀无辜，海内听闻，谁不远离！孔融是鲁国男子，明天便当拂衣而去，不再上朝了。"曹操不得已，乃放了杨彪。

吴祐年二十，父亲去世，家无存粮，但他不接受旁人接济。他常在长垣大泽中放养群猪，边走边吟诵经书。有一次，遇到父亲的一位故人，对他道："怎么说你也是郡守之子，为何干这种低贱之事？纵然你不觉得羞耻，却如何对得起你故去的父亲？"吴祐辞谢而已，守志如初。

建安六年，年九十余的赵岐去世。去世前，他就挖好了墓穴，绘季札、子产、晏婴、叔向的画像于宾位，又自画像于主位，并都作了画像赞。吩咐其子道："我死之日，墓穴中聚沙为床，用布簟白衣，散发其上，再用单被覆盖。即日下葬，下讫便掩。"

因党锢之祸，张俭等人逃亡时，凡是经过之处，那里的人便被官府拷问，结果被口供牵连之人，竟遍布天下。夏馥顿足叹道："罪孽皆因自己，空污良善，一人逃死，祸及万家，活着还有什么意义！"乃改变容貌，躲进深山，隐姓埋名，为别人烧窑营生，乃至形貌憔悴，两三年间，无人认出。后来他的弟弟夏静乘车马、载缣帛四处寻找夏馥。在涅阳街市上夏静遇到夏馥却不认识，听其说话声，才知是夏馥，乃下拜相认，但夏馥躲避不与之说话。夏静尾随夏馥到客舍，两人同宿。深夜里，夏馥对夏静道："我因坚持道义痛恨邪恶，才被权贵宦官所害。只想苟活于世，不致失去性命，弟弟为何带着财物来寻我，这不是在害我吗？"第二天一早，兄弟分手。党祸禁令尚未解除，夏馥就去世了。

孔融自负不凡，立志要平定天下，然而志大才疏，终究难成大事。在郡内任职六年，刘备上表奏请让他兼青州刺史。建安元年，袁谭进攻青州，从春到夏，作战士兵所剩仅数百人，流矢雨集，戈矛交并。可孔融依然靠在几案上读书，谈笑自若。城池于夜里陷落，他逃跑到东山，妻子儿女也被袁谭俘虏。

杨政曾去拜见杨虚侯马武，可马武不想见杨政，便称卧病在床。杨政步入马武卧室，径直走到马武床前，抓住马武的手臂，责备道：

231

"你蒙受国恩，备位藩辅。不思求贤以报殊宠，而骄天下英俊，此非养身之道也。此时你若敢动，刀子便刺进你的腋下。"马武诸子及左右皆大惊，操起兵器围在杨政身旁。杨政神色自若。此时，阴就赶到，数落了马武一通，要他同杨政结交为友。

大将军梁商任命杨伦为长史，后因杨伦直言劝谏而不悦，乃命杨伦离京补常山王傅。杨伦以生病为由拒不上任，诏书催他动身，他便在河内朝歌逗留，更以生病为由上书道："有留死一尺，无北行一寸。刎颈不易，九裂不恨。匹夫所执，强于三军。固敢有辞。"意思是，就算留下来必死，也绝不向北走一寸。即便掉脑袋，也不改变。多次死去，也不怨恨。匹夫所坚守之志，强于三军之力。总之他杨伦一定推辞。

任永、冯信都好学博古，公孙述连续下令征召他们，他们都以患青光眼为由推辞。任永的妻子当着他的面与他人奸淫，任永就当没看见；看见儿子落入井中，强忍不救。冯信的侍婢也当着他的面与人通奸。直到公孙述被杀后，他们才洗了脸睁开眼睛，说道："世平定，目即清。"淫乱之人皆自杀。[①]

温序升为护羌校尉，巡视到襄武，被隗嚣的别将苟宇扣留。苟宇对温序道："您如果同我齐心合力，天下可图。"温序道："受国重任，理当效死，自不会因贪生怕死而弃义背德。"苟宇又对温序分析情势，晓以利害。温序大怒，斥责苟宇等人道："虏何敢迫胁汉将！"乃用符节击杀数人。众贼人都要杀温序，苟宇制止道："此义士死节，可赐以剑。"温序接过剑，将胡须含在口中，环顾左右道："既然为贼人胁迫自杀，不能让泥土弄脏胡须。"遂伏剑而死。

贼寇张子林等数百人作乱，郡府禀告州府，请彭修守吴令。彭修乃同太守一道去讨伐盗贼，贼人望见车马，竞交射之，飞矢雨集。彭修以身掩护太守，被流箭射死，而太守得以保全性命。贼人素闻彭修施恩德，讲信义，便立刻杀死了射中彭修之人，之后投降散去。他们道："是因为彭君才投降的，并非由于太守而归顺。"

王忳在去往京师的途中，于一间空舍中竟看到一位病重的书生，王忳心生怜悯，就照料他。书生对王忳道："我准备去洛阳，但生了病，命在须臾，腰下有金十斤，愿以相赠，我死以后希望您将我的尸骨收葬。"王忳还没来得及问他姓名，书生就气绝了。王忳立即卖掉金一斤，供殡葬之用，剩余的金子放置棺材之下。

大将军邓骘虽身为贵戚，权倾当朝，但对李充却卑下恭敬。邓骘曾设宴款待李充，当时宾客满堂。酒酣，邓骘跪道："托皇后之福，位至上将，幕府初开，想招天下奇伟之士，以匡不逮，希望各位推荐贤能。"李充乃为邓骘列举海内贤能之士，可都不合邓骘心意。邓骘也不想让李充继续说下去，便夹肉给李充。李充将肉丢到地上，说道："游说之士难道就爱吃肉！"言罢，径自离去，邓骘非常不快。当时在座的汝南人张孟举后来责备李充道："昨天足下与邓将军尚未谈完，便当面指责，不遵中和之道，出言不慎，这不是给子孙造福啊。"李充道："大丈夫居世，贵在自行其意，如何能考虑子孙长远之事！"自此李充受到贵戚非议。

陈重有位同事欠钱数十万，债主天天来催，陈重便悄悄代他还了钱。同事知道后，特来感谢陈重。陈重道："不是我还的，或许有同名同姓的。"始终不说是自己。还有一次，同住的一位郎官告假回家，错拿了隔壁郎官的裤子。裤子的主人怀疑是陈重拿的，陈重也没有辩解，而是买了条裤子给他。后来告假的郎官回来，将裤子还给主人，这事才弄清楚。

雷义曾经救过一个死罪之人，此人后来送二斤金感谢雷义，雷义拒不接受，此人等雷义不在家时，便将金子放在承尘①上。雷义后来修葺房屋，才发现金子，可那人已经逝世，无法归还。雷义乃将金子交到县府。

① 房梁横木之上用遮布挡灰。

刘翊，字子相，颍川颍阴人，其家世代富足，经常周济别人而不愿博得名声。有陈国张季礼远赴老师的丧礼，可走到汝南境内，遇寒冰导致车毁，滞留路上。恰好被旅游途中的刘翊碰到。刘翊对张季礼道："君慎终赴义，行宜速达。"（慎终，居丧尽礼。赴义，吊丧送葬。意思是说张季礼前去吊丧尽礼，最好能尽快赶到。）随即下车，将车给了张季礼，也没留下姓名，策马而去。张季礼猜想他是刘子相。后来他专程到颍阴，要将车子还给刘翊，刘翊却随意找个理由不见。

游侠·第三十四

　　游侠这个群体在先秦以及秦汉时期较为兴盛，以后虽有，无论规模还是影响都大不如前了。游侠产生的因素很多，但自由相对多、法律相对宽松则是很重要的原因。游侠轻生重义，勇于为人排难解纷。韩非子认为游侠"以武犯禁"，班固认为游侠"罪已不容于诛"，并指责司马迁赞美游侠乃是"退处士而进奸雄"。

　　司马迁认为"今游侠，其行虽不轨於正义，然其言必信，其行必果，已诺必诚，不爱其躯，赴士之厄困，既已存亡死生矣，而不矜其能，羞伐其德，这便是值得赞美的地方"。司马迁也认识到游侠会破坏现行法律，但他的着眼点却不在这里，而是觉得民间应该有诚信与正义的存在。至于有的人把视角放在庙堂之上，以庙堂的一切解说民间，司马迁并不认可。他引用庄子的"窃钩者诛，窃国者侯，侯之门仁义存"反驳。也就是说，游侠的存在基于民意民心，是符合道义的。但是人们却迷信庙堂的权力，而把黑白颠倒，忘记了一个事实：窃钩者诛，窃国者侯。一个窃取民心民意的盗贼，堂而皇之地成为仁义道义的代表，实在是十足的讽刺。

　　司马迁始终认为从言必有信的角度看，游侠的正义行为不可缺少。他认为朱家、剧孟、郭解这些人，名声并非虚假，士人也不是没缘由地依附。司马迁同时澄清，游侠与豪强是不同的，那些拉帮结派的豪强，依仗财势奴役穷人，凭借暴力欺凌孤弱，放纵无行，自求其乐，游侠认为是可耻的。

认为法律解决一切的人，总是认为游侠是不该存在的，他们挑战了法律的权威。这里姑且不谈法律是善法还是恶法的问题，也不谈法律的实施是否公平正义的问题，想说的是，持有这样观点的人，本末倒置了。如果法律真是公平正义的善法，焉能需要游侠解决纠纷？再退一步，游侠的存在虽然在权力者看来破坏秩序，但相对于权力者践踏规则来说则属于小恶，而且他们如果以一个群体存在，实在是对公权的牵制。因为游侠挑战权威，汉武帝时代开始对游侠强劲打压。

法律如果不能解决公平正义，就会有以暴力解决问题的群体，他们解决问题并非为了自己，而完全出于道义，拔刀相助，所以游侠的名声很好。今天的人们多把游侠和黑社会比较，但现在的黑社会已难有以往游侠的道义追求，公权对他们是既打压又利用。有时候也搞不清楚到底谁是黑社会了。

秦·西汉

张良在淮阳学礼时，结识一位大力士，便打制一个重一百二十斤的铁椎。秦始皇东游，途经博浪沙，张良和大力士乃于此地伏击始皇帝，砸中了副车。秦始皇震怒，大规模搜捕嫌疑者，张良只好改名换姓，逃往下邳。

朱家，鲁国人。鲁国人都以信奉儒家而著称，而朱家却以游侠闻名。他为人谦虚谨慎，一声不响做事，从不自我炫耀。他周济别人，则先从贫贱者开始，以致自己家里都没有多余的财物。他衣不兼采，食不重味，出门也只乘小牛车而已。他急人所急，毫不利己专门利人，把别人的事看得比自己的事还重。虽然暗中帮助季布解困，可等季布发达了，他却再也不与季布相见了。

剧孟的品行酷似朱家，且喜好赌博，经常与少年一同游戏。剧孟的母亲去世，来送殡的车有上千乘之多。等到剧孟离世，家中已经没有什么财物了。

郭解到了邻近郡国，如果有求于他，他可以推脱的，就推脱；不可以推脱的，都要让人家满意，然后才敢接受人家的宴请。

武帝要将豪族徙至茂陵，郭解的家资虽没有达到迁徙标准，却也被列入迁徙名单。卫青为他向武帝求情道："郭解家贫，不属迁徙之列。"武帝道："郭解只是一介布衣，竟能让将军为之说情，说明他家不贫穷！"郭解只得迁徙。

轵县有位儒生陪同使者闲坐，座中有人赞誉郭解，儒生道："郭解专干违法乱纪之事，岂能称为贤人？"郭解的门客闻言，杀了这位儒生，并将其舌割下。官府追究此事，责问郭解。郭解实不知杀人者是谁，杀人者最终也没有被查出。官吏便上奏说郭解无罪。御史大夫公孙弘了解此案后，说道："郭解作为一介平民，却任侠行权，仅因睚眦小事就肆意杀人，他虽不知情，却比他亲自杀人还严重！应以大逆不道罪论处。"武帝遂下令将郭解满门抄斩。

万章与中书令石显交情甚好。有如此有权势的朋友，来万章家拜访的人自是络绎不绝。后来，石显因专权擅势而免官，责令其回归故郡。当时石显家资巨万，临走时，留下些床席器物值数百万，要送给万章，但万章不接受。有宾客询问缘由，万章感叹道："我只是一介布衣，见哀①于石君，现在石君家败，我不能相助，反而受其财物。石氏之祸，万氏反以为福吗？"

①受到爱怜。

外戚王氏方盛时，王家五侯兄弟也是争比名声，每家都是宾客满门。宾客很难左右逢源，楼护却同时被五侯接纳。楼护结交士大夫，毫不掩饰，尽情倾诉。他结交长者，则更显亲切敬重，大家都因此钦佩他。楼护为人矮小善辩，议论起来常能联系名节，使听者不由肃然起敬。他与谷永俱为五侯上宾，所以长安城中传言"古子云（谷永字子云）的笔札，楼君卿（楼护字君卿）的唇舌"。楼护的母亲去世，来送葬的车二三千辆，里巷中人编歌唱道："楼君卿治丧五侯忙。"

楼护被免官，闲居家中。当时成都侯王商任大司马卫将军。一次罢朝后，王商想去看望楼护，他的主簿劝道："将军以至尊之身，不宜出入于里巷。"王商不听，就去了楼护家。楼护家十分狭窄，容纳不了太多人，王商的属吏只好站在车下。过了很久，天要下雨了，主簿对西曹诸位属吏道："你们不肯竭力劝谏，现在反要站在里巷中淋雨！"王商回去后，有人把主簿的话告诉了王商，王商对主簿十分反感，便找个理由撤了他的职，终身不许他为官。

王莽和楼护曾有交情，等他做了皇帝后，便召见楼护，封他官职。这时，成都侯王商的儿子王邑做了大司空，地位显赫，王商的故人都很敬重王邑，唯有楼护仍按旧礼待之，王邑也以父辈对待楼护，不敢有所失礼。有次，王邑召集宾客，高举酒樽向楼护敬酒，口称"贱子上寿"。在座之人有上百之多，皆离席伏地行礼，只有楼护于尊位正襟端坐，呼王邑表字道："公子（王邑字公子）尊贵之身，这如何使得！"

楼护有个老友叫吕公，没有子嗣，便来楼护家寄住。楼护与吕公、楼妻与吕姬一起用餐。及楼护免官居家，妻子儿女便很厌烦吕公。楼护闻之,流涕责备妻子儿女道:"吕公以故旧穷老托身于我,从道义上讲,应该奉养他。"遂奉养吕公终身。

陈遵嗜酒如命。每次举行盛大酒宴,待宾客满堂时,他就关上门,把客人车子上的键头投入井中,即便有急事,也不让宾客出去。曾有一位部中的刺史因公事来见陈遵,正赶上陈遵狂饮之时,刺史甚是窘迫,可到了这里便有进无出,只好等陈遵酩酊大醉时,突入内室拜见陈遵之母,告诉她自己和尚书约好还有公事要办,陈母便让他从后门出去。陈遵大概时常醉酒,但公事却未因此耽搁。

陈遵,字孟公。长八尺余,长头大鼻,容貌甚伟。略读些传记,便会写作文辞。他生性爱好书法,给他人寄去的信简,便被对方珍藏起来,并引以为荣。他每有请求,人们也不会拒绝。他所到之处,士大夫都会争先追慕。这时,有位和陈遵同姓同字之人,每当他走访到别人门前,便喊道"陈孟公到",座中之人莫不震动,待他进了门,却不是人们想见的陈孟公,因此便称此人为"陈惊坐"。

陈遵刚做官时,竟乘着有帷帐遮蔽的车子进入闾巷,到寡妇左阿君家中饮酒欢唱,起舞跳跃,乃至于失足跌倒于座上,因天色已晚,便留宿于寡妇家,被侍婢拥扶着去睡觉。

黄门郎扬雄曾作《酒箴》讽谏成帝,陈遵读过此文极为喜欢,便对张竦道:"我和你正像文中所写的那样。你讽诵诗书,约束自己,不敢稍有差池,而我却任性放纵,沉浮于世俗之间,官爵功名,也不差于你,却独能享受快乐,这不比你更好吗!"张竦道:"各人有各人的性情,长短还要自己来裁定。你要像我一样是不行的,我要像你一样也是不行的,如果我一味效仿你,定会失败。不过,学我的人更易保持,而学你的人却难以做到,所以我这才是常道!"

有人讥讽原涉道:"你本是郡守之后,年少时就知自我修养节操,更因为人孝敬,谦恭礼让而闻名。即使复仇而结怨,仍不失为一个仁义君子,又何必放纵不羁,去做轻薄的侠义之徒呢?"原涉答道:"你没见过寡妇吗?起初自我约束,心中想的是宋伯姬和陈孝妇，一旦遭遇不幸，为盗贼奸污，便会放荡起来，虽然明知违反礼教，但已不能回到从前。我便是如此啊！"

有人置办酒宴请原涉，原涉刚走进里门，就有人告诉他，某某母亲现在因病避居在里中。原涉随即去登门探望，叩门时听见有哭丧声，原涉便进去吊唁，又询问治丧的情况。见其家中一无所有，乃道："把屋子打扫干净，给死者洗个澡，等我回来。"一回到酒席处，对宾客叹息道："人家母亲去世了，躺在地上不能收殓，我哪有心思享用酒食啊！请撤掉酒席吧。"宾客抢着询问应当买些什么，原涉便侧身席地而坐，开出了一份购物清单，详细地列出了要购买的治丧物品，交给诸宾客去置办。宾客分头去购买，直到日头偏西才回来会集。原涉亲自检视完毕，对主人道："现在可以赐宴了。"大家饮酒进食，原涉没有心情吃饱，抓紧装载棺木等物，带着宾客来到死者家中，为死者入殓，安葬完毕才离去。原涉就是这样周到待人。后来有人诋毁原涉，说他是"奸人之雄"，死者之子立即去把这人刺杀了。

文学·第三十五

本节主要内容是有关秦汉时期士人的言论行事及其著作。

司马迁评论司马相如的辞赋，谈及"《春秋》推见至隐，《易》本隐之以显"，可谓一语中的，发人深思；东方朔大言自己"目若悬珠，齿若编贝，勇若孟贲，捷若庆忌，廉若鲍叔，信若尾生"，可谓才情甚佳；扬雄著有《法言》、《太玄》，可谓继圣人衣钵；夏侯建不流于世俗，解读经书，自成一家，可谓独行；孔僖同崔骃读吴王夫差之事，而感叹汉武先后之举，可谓是非明辨，活学活用；祢衡默写碑文，竟然不差，可谓记忆惊人，才气冲天。

本节因涉及汉代经学问题，故而简单介绍之。

两汉之所以出现今文古文经学之争，根本原因在于秦朝的焚书，导致两个版本的儒家经典相继出现。

何谓今文经？以汉朝当时流行的隶书书写的儒家经典，谓之今文经。何谓古文经？汉武帝时，鲁恭王坏孔子故宅，得《尚书》、《礼》、《论语》、《孝经》等凡数十篇，后陆续发现《左传》、《毛诗》等儒家经典，皆以先秦蝌蚪文书写，谓之古文经。

汉武帝时期，儒家定为一尊，官学设立的五经，皆为今文经。汉哀帝时期，刘歆求立《毛诗》、《古文尚书》、《周礼》、《左传》于官学。哀帝令刘歆与博士讲其义，遭博士反对。刘歆一怒之下写信指责博士，书信一经公开，反对他的声浪更大。最后，刘歆只好离京。平帝时期，王莽辅政，他本人也研读古文经，加之与刘歆为好友，乃重用刘歆，刘歆借此机会把古文经学列于官学，取得了与今文经学平等的地位。不容忽视的一个条件是，王莽借《周礼》托古改制，从政治角度考量，扶植古文经学也是其应有之义。

东汉光武帝，自是反对王莽的倡古行为，乃取消古文经学的官学地位。是时，《左传》也曾一度被列为官学，但今文派极力反对，只好取消。古文经学虽然没能取得官学地位，但却在民间大放异彩，研究古文经的人才辈出。章帝本人对古文经学就很重视，鉴于两派争议不下，乃召集今文经学大师与古文经学大师于白虎观讨论五经异同，由章帝亲自裁决。会后由班固整理出《白虎通义》，内容虽以董仲舒思想为主，但也吸取了古文学派的观点。九十六年后，蔡邕等人写的"熹平石经"，便是根据白虎观会议写的五经标准本。白虎观会议后，两派之争还在继续，尤其是今文大师何休与古文大师郑玄之争，最后何休不得不认输，感叹道："康成（郑玄字康成）入吾室，操吾矛来讨伐我啊！"

古文大师郑玄融汇两派学说，又遍注群经，深得当时学者拥戴，被称为郑学，自郑学产生，今古文经学之争始息，经学终以合流，经学逐渐无师法、家法之分，乃以私学代替官学。

两派到底有何主要分歧？

今文派按照六经内容的深浅来排列次第，则是《诗》、《书》、《礼》、《乐》、《易》、《春秋》；古文派按照六经产生的时间早晚来排次第，则是《易》、《书》、《诗》、《礼》、《乐》、《春秋》。

今文派认为六经为孔子所作，乃孔子托古改制之书；古文派则认为六经皆史。

今文派推崇孔子；古文派推崇周公，视孔子为史学家而已。

今文派讲微言大义，相信纬书；古文派斥责纬书荒诞。

今文派斥古文经为刘歆所伪造；古文派斥今文经为秦火残缺之余。

今文派认为中国文化在春秋百家争鸣时期为最盛；古文派认为中国文化在尧舜以前就已十分昌盛，之后便每况愈下。

今文派认为尧舜时代乃孔子为了托古改制而编造的，并不存在，就连周公之事也非真的；古文派则相信孔子所描写的尧舜时代是真实的，也相信周礼是周公治平天下的制度。

今文派重师说；古文派重传记。

秦·西汉

司马迁道:"《春秋》推见至隐,《易》本隐之以显,《大雅》言王公大人,而德逮黎庶,《小雅》讥小己之得失,其流及上。所言虽殊,其合德一也。司马相如虽多虚辞滥说,然其要归引之于节俭,此与《诗》之风谏何异?扬雄以为靡丽之赋,劝百而讽一,犹骋郑、卫之声,曲终而奏雅,不已亏乎!"意思是,《春秋》以人事通天道,是推见以至隐也。也就是说《春秋》通过记载人事,归纳出抽象的道理。《易经》研究的是阴阳之说,其言辞可谓精深玄妙,但却能演绎出六十四个卦象,解释诸般人事。《大雅》言王公大人却能德及平民;《小雅》以己之得失讥讽政事,其流言却能影响王公大人。所以言辞虽有形式不同,但在合乎道德方面是一致的。司马相如虽然多有虚构言辞和夸张说法,然而其要旨还在于提倡节俭,这与《诗经》的讽谏有何不同?扬雄以为他华丽的辞赋,鼓励奢靡的言辞占多数,劝谏节俭的言辞不过百分之一,好像奔驰在淫靡的郑、卫之声中,曲终时才奏雅乐,这不是减损了相如的辞赋价值吗?

东方朔上疏道:"臣东方朔少失父母,由兄嫂养大。年十三学书,三年学会文书和记事。十五学击剑。十六学《诗》《书》,诵二十二万言。十九学孙、吴兵法,亦诵二十二万言。凡臣朔固已诵四十四万言。又熟习子路之言。臣朔年二十二,长九尺三寸,目若悬珠,齿若编贝,勇若孟贲,捷若庆忌,廉若鲍叔,信若尾生。像这样的人,可以为天子大臣矣。"

扬雄见到诸子各以所学针锋相对,内容大多诋毁圣人,自做怪僻,巧言诡辩,搅乱时政,虽是辩论琐碎小事,终会破坏大道迷惑众人,使听者沉溺其言,却不知其言有谬。及太史公记载六国,经历楚汉,至麟止结束,和圣人看法已然不同,是非观念与经书相差甚大。所以常有人询问扬雄,扬雄就模仿经典之言来回答。后整理撰写成十三卷,模仿《论语》,名曰《法言》。

扬雄家一向贫寒，很少有人到他家拜访。他嗜酒成性，有好事者便带着酒菜随他学习，巨鹿侯芭常与扬雄同住，学习他的《太玄》、《法言》。刘歆也曾看到《太玄》，便对扬雄道："空自苦！现在学者有利禄，还不能通晓《易》，何况《玄》？我怕后人用它来盖酱瓿了。"扬雄笑而不应。扬雄于天凤五年故去，享年七十一岁，侯芭为他守丧三年。

王邑、严尤听说扬雄去世了，便对桓谭道："您曾称赞扬雄的书，难道它能流传后世吗？"桓谭道："一定能够流传。但您和我都看不到。凡人贱近而贵远，亲眼见扬子云（扬雄字子云）地位容貌不能动人，便轻视其书。从前老聃作虚无之论两篇，薄仁义，非礼学，但后世喜欢它的还是认为超过五经，文帝、景帝及司马迁都有这话。现在扬子的书文义最深，论述不违圣人，如果遇到当时君主，再经贤知阅读，而被他们称道，则必定超过诸子了。"

夏侯胜有个堂兄弟，名叫夏侯建，字长卿，自从师事夏侯胜和欧阳高后，便搜集材料，又问学于研究五经的各位儒士，向他们询问多家《尚书》的差异之处，乃牵强排序章句，徒具形式，却又虚饰其辞。夏侯胜对此不以为然，乃道："夏侯建是只求章句文辞的小儒，把大道搞得支离破碎。"夏侯建对夏侯胜也不以为然，他认为夏侯胜为学粗疏，难以应敌。最终夏侯建在经学上自成一家。

淮南王刘安爱好读书弹琴。他招聚宾客方术之士数千人，编写内书二十一篇，外书更多；又有中篇八卷，谈论神仙、炼丹之术，也有二十余万言。当时武帝方好艺文，又因刘安为其叔父，且能言善辩，擅长文辞，故而武帝对刘安甚是敬重。武帝每次给刘安写信，常让司马相如等人先过目下草稿再誊写送出。刘安入朝时，向武帝进献内书，因书为新作，武帝秘藏之。武帝让刘安作《离骚传》，他天亮时接到诏令，早餐时便呈上。刘安又向武帝进献了《颂德》和《长安都国颂》。每次宴会拜见武帝，他们都会谈论古今得失和方技、赋颂，一直谈到晚上。

东汉

梁竦闭门在家自养，以学习经籍为乐，并著书数篇，名为《七序》。班固看到《七序》称赞道："孔子著《春秋》而乱臣贼子惧，梁竦作《七序》而窃位素餐者惭。"

任城何休喜好公羊学，著有《公羊墨守》、《左氏膏肓》、《穀梁废疾》。郑玄乃写《墨守》、《膏肓》、《废疾》反驳之。何休见后感叹道："康成（郑玄字康成）入吾室，操吾矛来讨伐我啊！"

【入室操戈】

尚书令韩歆上书，要为《费氏易》、《左传》设立博士，光武下诏让群臣商议。四年正月，光武在灵台见公卿、大夫、博士。光武道："范博士可上前发表意见。"范升起身道："《左传》不祖述孔子，而且出于丘明之手，如果是师徒相传，可又没有传人，况且先帝也未曾设立《左传》博士，现在自然也无理由设立。"接着范升与韩歆及太中大夫许淑等人互相辩难，日中乃罢。

陈元与桓谭、杜林、郑兴俱为大家。当时讨论是否设立"左氏传"博士，范升认为不宜立。陈元上疏道："今议论者沉溺所习，玩守旧闻，顽固地坚持虚言传受之辞，以此非难亲眼所见事实之学说。左氏之学孤立，少有人知，遂为异家之所掩盖。要知道，至音不合众听，故伯牙绝弦；至宝不同众好，故卞和泣血。仲尼圣贤明德，却不被世人所容，何况是竹帛余文，其为雷同者所排斥，本来就是应该的。"

章帝即位，对儒家学术很感兴趣，特别爱好《古文尚书》、《左传》。建初元年，下诏请贾逵到北宫白虎观、南宫云台来讲解。章帝认为贾逵讲得很好，便让他找出《左传》的义理比《公羊传》、《穀梁传》更优之处。于是贾逵上奏道：我认真挑选出《左传》中三十条，都是有关君臣之正义、父子之纪纲的内容。其他与《公羊传》相同的地方有七八处，有的地方记载略有出入，但无害大体。

张衡擅长制作机器，尤其用心于天文、阴阳、历法。他经常沉迷于《玄经》，对崔瑗道："我阅读了《太玄》，才知道扬子云（扬雄字子云）深究天地和人事的法则，竟然可以和五经相比拟，但又并非使人难以深究阴阳之事的传记类经书。这是部论述汉家之所以取得天下二百年的著作啊。再过二百年，汉家的运数恐怕就要终结了吧？上天通过规划二百年的运数，一定会在一代人那里获得显示，这是一向如此的征兆。汉王朝到四百年的时候，玄学一定会兴盛起来。"

马融曾经打算训释《左传》，等见到贾逵、郑众的注，乃道："贾君精而不博，郑君博而不精。既精既博，我还能增加什么呢！"便只著了《三传异同说》。

蔡邕认为经典距圣人久远，文字多有错误，而俗儒穿凿附会，疑误后学。于是在熹平四年，同五官中郎将堂谿典，光禄大夫杨赐，谏议大夫马日磾，议郎张驯、韩说，太史令单飏等人，上疏要求正定六经文字，灵帝许之。蔡邕乃亲自书丹于碑，使石工镌刻立于太学门外。自此后儒晚学，都以碑文为准。

蔡邕在陈留时，有个邻居请蔡邕去喝酒，等他到时，人们喝得正酣。有位客人在屏风后弹琴，蔡邕走到门口潜听，乃道："噫！因音乐召我来，可乐声中却有杀心，这是为何？"掉头就走。管事的告诉主人道："蔡君刚才来了，到门口又走了。"蔡邕一向为乡人所敬重，主人赶紧去追，问他缘由，蔡邕将情况告知，众人皆感茫然。弹琴的道："我刚才弹奏时，看到螳螂正靠近蝉，蝉欲飞未飞时，螳螂为之一前一却。我心中悚然，唯恐螳螂捕不到蝉，这难道就是杀心无意间于琴声中流露吗？"蔡邕莞尔而笑道："这就对了。"

【蔡邕听琴】

左雄上疏道："国家应崇尚儒学经术，修缮好太学。"顺帝从之。阳嘉元年，太学新成，诏书要求明经之人增补为太学弟子，学校增设甲乙科，各十名定额。将京师及郡国各地饱学有德之儒生六十岁以上者一百三十八人，授为郎，或舍人，或诸王国郎，以示优宠儒者。

桓帝时，中常侍徐璜、左悺等五列侯专权放肆，听说蔡邕善鼓琴，遂禀告天子，下令陈留太守催促蔡邕赶赴京师。蔡邕迫不得已，走到偃师，称疾而归。他在家闲居，玩赏古籍，不与时人结交。他自感于东方朔的《客难》和扬雄、班固、崔骃等人设疑以自通，乃品评各家学说，肯定其是，矫正其非，作《释诲》以告诫劝勉自己。

党事起，当时受到禁锢不准做官者，大多不能保持清净，所以有的被杀，有的被流放。张奂闭门不出，教养弟子上千人，撰写《尚书记难》三十余万言。

蔡伦有才学，勤于职守，敢于当面指出皇帝的过失。每到休假时，他便闭门谢绝宾朋，或者在田野中劳作，或者去田野中考察。以往的书籍是由竹简编制，而用丝绢制作的则称为纸。但它们都有不足，竹简过于沉重，丝绢过于昂贵。蔡伦便以树皮、麻头、破布、渔网为材料，发明了新的书写材料。元兴元年蔡伦把这项发明奏报和帝，和帝称赞他很有才能。自此以后人们都用该纸书写，天下人称其为"蔡侯纸"。

应劭删定律令为《汉仪》，建安元年上奏朝廷。《汉仪》中论道："夫国之大事，莫尚载籍。载籍也者，决嫌疑，明是非，赏刑之宜，允获厥中，俾后之人，永为监焉。"意思是，国家大事，莫过于载籍。载籍可以决断嫌疑，明辨是非，赏赐刑罚，公平公正，使它作为后人永远的借鉴。

汉迁都至许，旧的典章湮没了，书籍记载也罕有保存。应劭感慨叹息，乃汇集所见所闻，著《汉官礼仪故事》，所有朝廷制度、百官典式，多为应劭所建立。

应劭父应奉为司隶时，朝廷下令诸官府郡国，各献前人像赞，应劭于是将名字连缀在一起，录成《状人纪》。他又论说当时行事，著《中汉辑序》。应劭撰写《风俗通》，用以辨别事物类别的名称，解释当时世俗的嫌疑。文字虽然不典雅，但后人佩服其多闻博识。应劭共著述一百三十六篇。又集解《汉书》，皆传于当时。

蔡邕所编撰汇集的汉世史事，未见编录成册的续成后汉历史。

他仅仅写了《灵纪》和十篇志；另外，他补写了四十二篇列传，但由于李傕之乱，这些著作大多湮没不存。他所著的诗、赋、碑文、诔、铭、赞、连珠、箴、吊、议论文、《独断》、《劝学》、《释诲》、《叙乐》、《女训》、《篆艺》、祝文、奏章、书牍，共有一百零四篇传于世。

自和、安之后，世俗倾向交往官宦，当权者相互引荐，而王符却不流于时俗，因此不得升迁。他感到不平和愤恨，于是隐居著书三十多篇，用以讥讽当时之失得，又不想彰显其名，故名曰《潜夫论》。书中指摘时政之弊，讨谪物情世态，足以看出当时风俗及时政。

崔骃十三岁便能通晓《诗》、《易》、《春秋》，博学有伟才，尽通古今训诂百家之言，善于写文章。少时游太学，与班固、傅毅同时齐名。他常以典籍为业，顾不上求职做官之事。当时有人讥讽他太玄静，为了将来的名望而失去当下实在的东西。崔骃模仿扬雄的《解嘲》作《达旨》回应。

崔瑗尤其擅长书、记、箴、铭，所著赋、碑、铭、箴、颂、《七苏》、《南阳文学官志》、《叹辞》、《移社文》、《悔祈》、《草书艺》、七言，共五十七篇。他的《南阳文学官志》受到后世称赞，那些能为文者皆自认不如他。崔瑗爱士人，好宾客，为客人摆设丰盛的宴席，准备各种美味菜肴，但不过问家里的生计。他平时只是粗茶淡饭而已。因此，家里没有什么积蓄，时人称赞他清廉。

孔僖同崔骃友善，同游太学，习《春秋》。因读到吴王夫差时的事，孔僖丢下书，感叹道："像这样，所谓画龙不成反为狗。"崔骃道："是的。往昔孝武皇帝始为天子，年方十八，崇信圣道，师则先王，五六年间，超过文、景两帝。到后来恣意而行，就忘了以前做的善事。"孔僖道："书传上这种情况太多了！"邻房儒生梁郁从旁插话道："如此，武帝亦是狗邪？"孔僖、崔骃默然不对。

祢衡对刘表态度傲慢，刘表不能容祢衡，他知道江夏太守黄祖性情急躁，便将祢衡送给黄祖，黄祖善待之。祢衡为黄祖撰写公文，轻重疏密，各得体宜。黄祖持其手，道："处士，正合我意，这正是我想说而说不出的话。”

　　黄祖的长子黄射为章陵太守，同祢衡友善。黄射曾与祢衡同游，一道读蔡邕所作碑文，黄射爱其辞，回来后懊恨没有抄写下来。祢衡道：“吾虽一览，犹能记之，只是其中碑文所缺两字还不清楚。”接着将碑文写出。黄射速派人前去抄写碑文，回来同祢衡所写的核对，竟然不差，众人莫不叹服。黄射有次大会宾客，有人献上鹦鹉，黄射举起酒杯，对祢衡道：“愿先生赋之，以娱嘉宾。”祢衡揽笔而作，文无加点，辞采甚丽。

史家·第三十六

　　司马迁曾言，他写《史记》的目的是为了"究天人之际，通古今之变，成一家之言"，现略解读之。

　　"究天人之际"有个"究"字，即为探究之意。既然是探究，就意味着对以往的天人之说持有否定态度，起码是持有怀疑态度。显然司马迁这里谈及的天，并非董仲舒所言的天。因为董仲舒所言的天，已经被赋予了人的理性，它仅能回答人类赋予理性的问题，也正因为如此，才会发生天人感应。可是有些问题是理性的天无法解释的，道理很简单，既然天的理性是人赋予的，这个理性的天就会有局限性。那么非理性的天就不妨称为"天命"、"命"。

　　人们相信，"天道无亲，常与善人"，可是现实却是善人不得好报，恶人大行其道，司马迁在《伯夷列传》中，就怀疑这个天了。人世的诸多无常，是人也。这让人多么无奈，难道人活着本身就是一种无奈吗？

　　天人之际尚未探究明白，司马迁却突遇大难，此非天意耶？可天为何如此对待善人？为了能够完成史书的撰写，他接受腐刑以求生，而腐刑在当时是对人最大的侮辱。然而要求生或以钱赎命，或接受腐刑，司马迁唯一能做的就是接受不愿接受的腐刑，那又有什么办法呢？春生夏长，四时依旧，天还是天，地还是地，命该如此吧，除此之外，还有什么能解释呢？

　　既然冥冥之中自有注定，既然幽幽苍天并非人所悉知。那就关注脚下的大地，关注那些活生生的人吧，孔子不是说"尽人事，知天命"嘛！遭遇大难，最终不就是一死嘛，死不是问题。"人固有一死，或重于泰山，或轻于鸿毛。"（司马迁语）如何死得重于泰山？那便是实现自己的人生抱负，完成史书的撰写，到那时即使一万次遭到杀戮，也绝不后悔。

天既然不能遂人意，便只能从历史中寻找精神动力，故此才有"盖西伯拘而演《周易》；仲尼厄而作《春秋》；屈原放逐，乃赋《离骚》；左丘失明，厥有《国语》；孙子膑脚，《兵法》修列；不韦迁蜀，世传《吕览》；韩非囚秦，《说难》、《孤愤》。《诗》三百篇，大抵贤圣发愤之所为作也"之感慨。

司马迁的个人遭遇，以及他在历史中发现的诸多不可解释的问题，证明了非理性的天是存在的，它是人的理性无法解释的。因此，天人之际落实到历史中便是：历史具有偶然性，偶然性历史事件用因果关系无法解释，故而历史没有一以贯之的规律可言。既然如此，那就要突出人在历史中的意义，人类的命运应该由人自己掌握，张扬人的自主精神。当天人关系探讨到这里，我们便把历史回归给了活生生的人，历史因人而存在，因人世无常而无常。

"通古今之变"，重在"通"字，既然是通，那么从时间的角度讲，自是一段很漫长的过程。而司马迁所写的历史恰恰是一部通史，通过漫长的历史，去发现社会之变迁，人世之变化。在这漫长的历史中，什么没有变化呢？不变的是人们对真善美的赞美，对假丑恶的厌恶；对幸福独立自由的向往，对独夫暴政的痛恨。古今之人，在此心灵是相通的。

"成一家之言"，乃是以"独立之人格，自由之思想"写就一部血泪文字，此非易事。司马迁曾游历名山，遍访古迹，访谈老者，搜集传闻。这些让他的历史书写视野宽广、生气盎然且平民化；司马迁又有父亲遗命在身，且负有作为史官的责任感，又身受无妄之灾，这些都致使他把情感抱负恩怨皆付诸笔端，让我们看到一个个鲜活的历史人物跃于纸上，或喜或悲；司马迁的才学与人格，让他的历史书写充满了对人生的诘问、对历史的问难，乃至于千百年后，依然打动我们的心灵。历史书写如果没有作者的情怀在里面，那便不是历史。因为司马迁的特立独行，故而他的史书被班固称"是非观悖于圣人"，被王允称为"诽谤之书"。然而时间站在了司马迁的一边，正应了"尔曹身与名俱灭，不废江河万古流"。

秦·西汉

司马迁生龙门，耕牧河山之阳。年十岁则诵古文。二十而南游江、淮，上会稽，探禹穴，窥九嶷，浮沅、湘。北涉汶、泗，讲业齐鲁之都，观夫子遗风，乡射邹峄；厄困蕃、薛、彭城，过梁、楚以归。于是司马迁做了郎中，奉朝廷之命出使西征巴蜀以南，略定了邛、莋、昆明之后，回到长安复命。

太史公司马谈执儿司马迁手，泣道："我们先人，乃周室太史。自虞舜夏禹时代便显功名，主管天文。后世却衰落了，难道要断送在我手里吗？你再为太史，便继续我们祖业了。如今天子接千岁之统，到泰山封禅，而我不得从行，是命中注定啊！我死后，你必为太史；为太史，不要忘记我要编写的论著啊。且夫孝，始于事亲，中于事君，终于立身；扬名于后世，以显父母，此孝之大也。夫天下称周公，言其能论歌文、武之德，宣周、召之风，达大王、王季之思虑，爰及公刘，以尊后稷也。幽、厉之后，王道缺，礼乐衰，孔子修旧起废，论《诗》、《书》，作《春秋》，则学者至今则之。自获麟以来四百有余岁，而诸侯相兼，史记放绝。今汉兴，海内一统，明主贤君，忠臣义士，我为太史而不论载，废天下之文，我甚不安，你可要记住啊！"司马迁俯首流涕道："小子不敏，愿意详尽编撰先人整理的典籍和传闻，不敢稍有缺漏。"

太史公司马迁道："先人有言，'自周公去世后五百年而有孔子，孔子到现在又有五百年，有谁能在政治清明时代，修正《易传》，续作《春秋》，探究《诗》、《书》、《礼》、《乐》，继承孔子的事业呢？'意思就在于此吧！小子何敢推辞！"

太史公司马迁道："人固有一死，或重于泰山，或轻于鸿毛。"

太史公司马迁道："盖西伯拘而演《周易》；仲尼厄而作《春秋》；屈原放逐，乃赋《离骚》；左丘失明，厥有《国语》；孙子膑脚，《兵法》修列；不韦迁蜀，世传《吕览》；韩非囚秦，《说难》、

《孤愤》。《诗》三百篇，大抵贤圣发愤之所为作也。"

太史公司马迁道："我搜罗天下散失的遗闻旧事，考订其事实，综述其事实的本末，推究其成败兴亡的道理，计划成书一百三十篇，想以此究天人之际，通古今之变，成一家之言。初稿还没完成，恰逢灾祸。我痛惜全书没有完成，因此遭受极刑而无怨恨。后来我果真著成此书，把它藏在名山之中，以后传给同道人，使它流行于世。这样也可以弥补以前所遭受的耻辱，即使一万次遭到杀戮，我也绝不后悔！然而这些话只能为智者道，难为俗人言啊。"

班固评道："司马迁作史，其涉猎者广博，贯穿经传，驰骋古今，上下数千载间，斯以勤矣。他的是非观和圣人非常不同，论说大道则以黄老学说为主，而以六经为辅；叙述游侠，则贬退隐士而推举奸雄；记述经济活动，则崇尚权势财利，而羞辱贫贱，这些是他的短处。然而，从刘向到扬雄，这些人博览群书，他们都称赞司马迁有良史之才，佩服他善于述说事物的道理，明辨而不华丽，质朴而不鄙俗，他的文章行文直白，所记述的史事都经过核实，不做虚假的赞美，不掩饰丑恶的东西，所以称作实录[①]。呜呼！以司马迁之博物洽闻，却不能以智慧自全，既陷极刑，幽而发愤。"

东汉

班固，字孟坚，九岁时，能作文诵诗赋，长大后，便博览古籍，九流百家之言，无不深入研究。所学无常师，不为章句，举大义[②]而已。他性情宽和，能容他人，不以才高自居，诸儒以此倾慕之。

章帝雅好文章，班固更加受到宠幸，数次被召入宫中读书，或连日继夜。章帝每次出外巡行，班固都要献上赋颂，朝廷有大事商议时，章帝让他诘难公卿，在廷前论辩，赏赐甚厚。班固觉得自己有二世才学，官位却未过郎，又感于东方朔、扬雄作赋论及没能赶上苏秦、张仪、范雎、蔡泽那样的机遇，便也学两人作了篇《宾戏》以自我排遣。后班固迁升为玄武司马。章帝曾大会儒学之士讲论

①善叙理，辨而不华，质而不俚，其文直，其事核，不虚美，不隐恶，故谓之实录。

②治学不做一句一字的解释，指出要旨即可。

【连日继夜】

253

五经于白虎观，后命班固将会议成果编撰成书，即《白虎通德论》。

班固不教育诸子，诸子多不遵法度，吏民苦之。起初，洛阳令种兢曾出行，班固的奴仆侵犯其车骑，随从属吏捶打喝令，奴仆竟借着酒醉大骂，种兢大怒，却因畏惧窦宪而不敢发作，可怀恨在心。等窦氏宾客都被逮捕审问时，种兢趁机抓捕班固。班固遂死于狱中，时年六十一岁。

班固认为汉承尧运，以此建立帝业，至于六世，史臣乃追述其功德，私作本纪，编排在百王之后，排在秦始皇、项羽之列，太初之后，空缺不录，因而试探着撰写前纪，汇集所闻，以为《汉书》。起于高祖，终于孝平王莽之诛，十有二世，二百三十年，综合其所行之事，贯穿五经，上下洽通，作春秋考纪、表、志、传凡百篇。班固自永平中开始接受诏书，潜精积思二十余年，至建初中乃成。当时人非常重视此书，学者莫不诵读。

范晔论道："班彪、班固批评司马迁，认为他的是非观与圣人相左，但他们二人的议论常排斥死节，否定正直，不叙述杀身成仁这样的美德之事，则显得轻视仁义，过分鄙薄守节之人了。班固感伤司马迁博物洽闻，却不能以智慧免于极刑，但他也身陷大戮，智慧虽及司马迁，却也不能自保。呜呼，古人所以致论于目睫也！"意思是，这便是古人之所以对眼睛看不到睫毛而发表议论的原因吧！

董卓被诛，蔡邕在司徒王允处就座，竟然无意中说到董卓而叹气，脸色亦有变化。王允勃然大怒，斥责蔡邕道："董卓国之大贼，几倾汉室。君为王臣，理应同愤，竟然怀念个人恩遇而忘大节！现在天诛有罪之人，君反而感到悲伤痛心，岂不是和董卓一同为恶吗？"当即逮捕蔡邕，将他交付廷尉治罪。蔡邕谢罪，乞求黥首刖足，以便继成汉史。士大夫大多怜悯援救，却不能得。太尉马日磾骑马赶来，对王允道："蔡邕乃旷世逸才，多识汉事，当续成后史，为一代大典。且他素来以忠孝著称，而所罪无名，诛之恐怕有失众望吧？"王允道："往昔武帝不杀司马迁，让他写了诽谤之书，流于后世。方今国祚中衰，神器不固，不可让谄佞之臣在幼主身边执

254

笔。既无益圣德，还使吾辈蒙其非议。"马日磾退下后，对其他人道："王公难道活不长了吗？有德之人，于国有纲纪之用；著述，于国有典法之效。毁灭纲纪，废除典法，怎么能长久呢？"蔡邕最后死在狱中，终年六十一岁。王允后悔，想阻止但已来不及。士大夫和儒者莫不流泪。北海人郑玄闻而叹道："汉世之事，谁能够辨正清楚！"

献帝爱好典籍，认为班固的《汉书》文繁难懂，乃令荀悦依《左传》的体例作《汉纪》三十篇，并让尚书提供笔札。荀悦所著，辞约事详，论辨多美。其《序言》写道："往昔，圣人创建帝王治理天下的准则，又规划天地，观察自然以立法，乃创文字，以通宇宙，传播于王庭，功用大焉。先王为了光大伟业，乃施行美德于天下。也想让后世永作典则，故而建立典章。建立典章有五个方面的考虑：一是达道义，二是明法度，三是通古今，四是记功业，五是表贤能。有了这五条，天人之际和事物之宜便完好无遗漏地表现出来。后世子孙遵循这一原则，便不会使伟业受损。典章的增损添减，必须随时代的变化而有所变更。肯定否定的内容或许会有所差异，其要旨则是一致的。汉家至今四百零六年，拨乱反正，统武兴文，为的是不忘祖宗之洪业，给万代子孙开启门径。当今天子穆然沉静，对文典多有忧虑，他瞻仰前代又顾及后人，认为应当继承往迹保持传统。为了阐释和崇扬治国大道，乃下令修订国之典章。于是改编旧有的《汉书》，而撰成这部《汉纪》。大汉中兴以前的明主贤臣得失之轨迹都记载着，亦足以观矣。"

吏治·第三十七

　　本节主要内容是循吏与酷吏如何治理一方。酷吏无须解释，所谓循吏就是奉公守法的官吏，一般来说与酷吏相对而言。文中并没有说哪位是循吏，但看内容即可自判。

　　官民关系的好与坏，往往能决定王朝的走向，皇帝虽有至高权力，但是他不能亲自治民，所以官吏的个人修养与才干便直接影响一方的治理效果。在非民选的专制时代，如果相应的权力制约出现问题，那么地方官吏的权力可比及皇帝，而民众的感受自然也就来源于此。所以说治国就是治吏，问题的关键在于怎么治。

　　经常换官吏好不好？如同走马灯一般，这个地方待数月，那个地方待一年，然后便进入中央了。黄霸认为："经常更换长吏，送旧迎新的费用，以及奸猾官吏乘机销毁账册盗窃财物，会使公家和私人的损失都很大，一切费用都要民众承担，而换上的新吏又未必贤德，或者还不如前任，只会加剧混乱。大凡治民之道，做得不要太过分即可。"

　　黄霸很有见地，做得不要过分就可以当个好官，让人活，自己才能活好嘛。陈咸在任上调发属县特产奉养自己，生活奢侈，锦衣玉食。但他严厉管束下属，命令郡中的长吏不得违法。还公然行文告诫道："假使各自都想寻求快乐，这相当于一个郡有一百个太守，那怎么能行！"陈咸明白这个道理，不能过分，我生活腐败一下可以，下属可不行，那样民众根本养不起，岂不是要造反？

对此，宋均也有高见，他认为如果官吏能够仁爱厚道，即使贪污放纵，也没什么危害；至于苛刻细察的人，自身或许廉洁守法，但他们的伪诈狡猾刻薄，却毒害了民众，导致灾害发生和人民流亡。

　　另外需要提及的是，治理一方并不需要多少年，移风易俗并非需要十几年或者几十年。孔子曾喟然叹曰："苟有用我者，期月而已，三年有成。"如文翁在蜀地改革，只不过数年之间，风俗大化，其他例子还有很多。故而以民众素质低为由，拒绝或者拖延社会改革，皆为欺人之谈。

　　范晔言道，大道盛行的时代已经成为过去，刑法礼仪随着风气变得衰微。人心离散了，机巧奸诈就会萌生发作。消除杀戮应循仁政，猛以济宽并非毒虐。属于次要的暴力虽然暂时获胜，但应当崇尚的根本却被忽略了。

秦·西汉

　　景帝末年，文翁为蜀郡太守，见蜀地僻陋有蛮夷之风，乃精选郡县小吏赴京学习，数年之后，蜀生都学成而归，文翁任命他们担任要职。文翁又于成都市中修起学宫，招收下县子弟为学宫弟子，免除他们的更赋徭役。每当外出巡行各县时，文翁总是让学宫诸生优秀者随他一道去宣扬教化政令。县邑吏民见此情景，都非常羡慕。数年之间，便都争着入学，以致富人出钱买学。从此教化盛行，蜀地风气大为改观。武帝时，令天下郡国皆立学宫，乃自文翁始。

　　黄霸力行教化而后诛罚，注意维护下属官吏。许县县丞年老了，耳朵也聋了，督邮禀告黄霸欲辞退，黄霸道："许县县丞是个廉吏，虽然年老，但还能应付拜起送迎之事，即使聋，又有何妨？要善待他，不可让贤者失望。"有人问其故，黄霸道："经常更换长吏，送旧迎新的费用，以及奸猾官吏乘机销毁账册盗窃财物，会使公家和私人的损失都很大，一切费用都要民众承担，而换上的新吏又未必贤德，或者还不如前任，只会加剧混乱。大凡治民之道，做得不要太过分即可。"

　　儿宽治民，劝导农耕，减缓刑罚，治理狱讼，谦恭下士，致力于取得人心；择用仁厚之士，善待下属，不求名声。吏民对他极为信爱。儿宽表奏开六辅渠，订治水条令以扩大溉田。收取租税，根据季节变化收成多少裁定，又借贷与民，因此租税多不入库。后有军役征发，左内史以其欠租课名列最后，当免官。民众听说儿宽将被免官，都怕失去他，大家出牛车，小家用担挑，输租接连不断，交租税居首。

　　朱邑病危之时，曾嘱咐儿子道："我原是桐乡小吏，当地的民众爱护我，死后我也一定要埋葬在桐乡。后代子孙虽祭祀我，但不如桐乡之民。"待他去世后，其子便把他埋葬在桐乡西城外，民众果然为朱邑起冢立祠，每年按时祭祀，至今不绝。

渤海附近郡县闹灾荒，盗贼并起，太守无法平息。宣帝想选位贤能者前往治理，丞相和御史大夫推荐龚遂。宣帝便任命龚遂为太守。当时龚遂已经七十余岁，宣帝召见时，见他形貌短小，与听到的不太相符，内心便有所轻视，就问道："渤海法纪废弛，盗贼作乱，朕甚忧之。君打算以何办法平息盗贼，以称朕意？"龚遂道："渤海郡濒临大海，偏僻遐远，没能得到圣朝教化，那里的民众饥寒交迫，而官吏又不加体恤，所以才逼得陛下子民叛乱，如今不知是要臣去镇压呢，还是去安抚呢？"宣帝闻言，甚悦，答道："选用贤良，本来就是为了安抚民众啊！"龚遂道："臣闻治乱民就像理乱绳一样，是急不得的。只有缓慢来，方可治理好。臣请求丞相和御史大夫暂且不要以法令条文约束臣，让臣一切便宜从事，自行处理。"宣帝许焉，后渤海果大治。

【便宜从事】

龚遂见齐地风俗奢侈，喜好经商，轻视农耕，乃带头厉行节俭，劝导民众务农种桑。令每口人种一株榆树、百棵薤、五十棵葱、一畦韭菜，每家养两头母猪、五只鸡。如果发现民众有持刀剑的，龚遂就让他们卖剑买牛，卖刀买犊，说道："为何带牛佩犊？"春夏两季劝民到田里耕作，到了秋冬督促他们收割，还让家家户户多储果实、菱角、芡实之类。由于龚遂的巡视劝勉，郡中皆有积蓄，吏民皆得富实，狱讼也止息了。

宣帝遣使者征龚遂，议曹王生请求同往，功曹认为王生一向嗜酒成性，毫无节制，不宜随从。龚遂不忍拒绝，便让他随同进京。王生到了京城，日日狂饮，也不去看望龚遂。一天，龚遂被召入宫，正走在路上，听得王生在身后大声呼叫："明府且止步，我有话要说。"龚遂回头一看，王生依然是醉酒模样，乃问他有何事，王生道："天子若问君是如何治理渤海的，君切不可多言，只宜对答'皆圣主之德，非小臣之力也'。"龚遂应允。龚遂见了宣帝，宣帝果然问起治理渤海的情形，他就按照王生的话做了回答。宣帝见他谦让有礼，笑道："这种忠厚长者的话，是从哪儿学来的？"龚遂上前一步，道："臣并不知道应该如此说，是臣的议曹王生教戒臣的。"

景帝时，郅都任中郎将，敢直谏，面折大臣于朝上。郅都曾随景帝到上林苑，随从的贾姬在厕所方便时，野猪竟然闯入，景帝目示郅都，郅都却不动。景帝要拿兵刃去救贾姬，郅都跪伏在景帝面前，道："亡一姬，再进来一姬，天下难道缺少贾姬这样的人吗？陛下纵然不以自己为念，又如何对得起宗庙与太后？"

郅都为人公正廉洁，不拆私人信件。问遗无所受，请寄无所听，就是说，郅都不接受贿赂，不接受请托。他经常宣称："我既已背离双亲出来为官，自然应当奉职死节，妻子儿女最终是顾不得了。"

郅都曾审临江王（故太子）案，临江王冤而自杀。窦太后闻之，大怒。后来郅都获罪将被诛杀，景帝对窦太后道："郅都乃忠臣。"想释放他。窦太后道："临江王难道就不是忠臣了吗？"于是斩了郅都。

宁成曾为酷吏，后来入狱，自以为不会再被起用，便自行脱去枷锁，伪刻证件混出函谷关，逃回家中。他扬言道："仕不至二千石，贾不至千万，安可比人乎！"意思是："当官不到二千石，经商不挣万万钱，如何与他人相比呢！"乃贷款买了一千余顷田地。

武帝即位后，吏治崇尚严酷，而周阳最为暴酷骄恣。对亲善之人，即使死罪也要曲解法律而活之；对憎恶之人，即使没犯死罪也要曲解法律而灭之。他在所任职的郡，一定将那里的豪强铲除。他任太守时，视都尉如县令；一旦做了都尉，又凌驾于太守之上，夺其权。

【一意孤行】 赵禹为人廉洁孤傲，为吏以来，家无食客。公卿请他去做客，赵禹始终加以谢绝。断绝友人宾客之请，只想孤立行一意而已。

宁成在家闲居，武帝想让他出任郡守，御史大夫公孙弘道："臣居山东为小吏时，宁成为济南都尉，他的治理方式如同以狼牧羊，不可让他治民。"武帝乃拜宁成为关都尉。一年多后，守关的官吏和郡国出入关者，都号叫道："宁见母老虎发威，也不想见宁成动怒。"

义纵自河内迁为南阳太守，听说宁成家在南阳，便想整治宁成。待他行至关前，宁成在道边送迎，然而义纵气盛，不与宁成还礼。一到南阳郡，便查办宁成，破碎其家。

杜周担任廷尉，善于窥察皇上的意图。皇上想要排除的，就陷害之；皇上想要宽恕的，便想方设法显示其冤。门客中有人责备杜周道："君身为廷尉，决定天下公平，可判案却不遵守法律，专门按照君主意旨行事，作为司法官应该这样吗？"杜周道："三尺安出哉？前主所是著为律，后主所是疏为令；当时为是，何古之法乎！"意思是，法律是如何产生的？以往的君主认为合理的就制定成法律，后来的君主认为合理的就制定成法令；适合当时情况就是合理的，何必采用过去的法律？

王温舒为酷吏，为人好阿谀奉承，对有权势者善待有加，对无权势者视如奴仆。有权势的，即便罪案如山，也不冒犯；无权势的，即使是贵戚，也要加以侵辱。他为人巧诈，曾奏请惩治下等奸猾之徒，以警告那些大户豪族。他在中尉辖区就是这么做的，这里中等以下的奸猾之徒皆被惩治，大都死于狱中。有权势的大户豪族为其歌功颂德，称赞他治民有方。王温舒的爪牙属吏如狼似虎，数年后，其小吏多因权贵的保护而发了大财。

武帝发兵伐大宛，下诏征召豪吏，王温舒藏匿下属豪吏华成。有人告发王温舒接受贿赂和其他不法之事，论罪当灭族，王温舒难以承受打击，乃畏罪自杀。当时王温舒的两个弟弟及弟妻全家也各因他罪，一并灭族。光禄勋徐自为道："可悲！古有灭三族之事，而王温舒竟罪至同时诛灭五族！"王温舒死后，家产累计值千金。

陈咸治理政事仿效严延年，但是廉洁不如严延年。他在所任职的地方调发属县特产奉养自己，生活奢侈，锦衣玉食，但严厉管束下属，命令郡中的长吏不得违法。他还公然行文告诫道："假使各自都想寻求快乐，这相当于一个郡有一百个太守，那怎么能行！"下吏畏之，豪强慑服，令行禁止，但他也因此被废黜。

汲黯学习黄老之术，治理官民，致力于清静无为。他选择官吏后，便把具体事务都交给他们办理，只是掌控大体而已，不苛求琐碎细节。

尹齐是个酷吏，后染病而死，所遗留的家产不足五十金。因为他在淮阳杀人过多，等他死后，仇人想焚其尸体泄愤，其妻子携尸逃走，才得以安葬。

尹赏乃酷吏，死于任上。临死时，他告诫诸子道："大丈夫为吏，不怕因残暴而免官，事后追思其功劳，还会被起用。可一旦因软弱失职而免官，就会终身被废弃而再无起用之时，这种羞辱比犯了贪污罪还要严重。望谨慎!"

东汉

鲁恭为中牟令，以道德教化处理政事，不任刑罚。建初七年，郡国螟虫泛滥，沿着县界毁坏庄稼，却不入中牟县内。河南尹袁安闻之，怀疑其真实性，乃派仁恕掾肥亲前往察看。鲁恭陪同肥亲巡行田野，一同坐于桑树下。有野鸡飞过，停在桑树旁，此时旁边有个童儿，肥亲问："小儿为何不去捉野鸡?"小儿道："野鸡正在抚养小野鸡。"肥亲霍然而起，和鲁恭告别道："我所以来者，欲察君之政迹耳。如今虫不犯境，此一异也；化及鸟兽，此二异也；竖子有仁心，此三异也。久留此地，徒扰贤人耳。"回到郡府，如实禀告袁安。

刘宽升任南阳太守，掌管三郡。他为人温仁多恕，即使在匆忙仓促时，也从不疾言厉色。他认为"齐之以刑，民免而无耻"。官民有过失，只用蒲鞭罚之，以示羞辱而已，始终不用重刑。政事有业绩，便推说是下属之功。出现灾异，乃引躬自责。每巡行属县，于亭传休息时，辄引领学官祭酒以及处士诸生拿着经书对讲。见到老年人就用农家语慰问，见到年轻人就勉励他们孝顺。

建武初年，张湛担任左冯翊，于郡中推行礼仪教化，成效显著。有一次，他请假回家乡平陵，当望见县府大门时，便下马步行。主簿劝他："明府位尊德重，不宜自轻。"张湛道："《礼记》上讲，下公门，轼辂马。孔子在乡亲面前也是恭敬和顺的。在家乡，应该竭尽礼仪，如何说自轻呢?①"

① 辂，大也。君所居曰路寝，车曰辂车，马曰辂马。轼，车前横木也。乘车必正立，有所敬则抚轼。《礼记》曰："大夫士下公门，式辂马。"孔子谓门弟子曰："鲁，坟墓所处，父母之国也。"父母之国，故乡也。

262

伏湛的门下督商量帮助伏湛起兵，伏湛恨他蛊惑众人，立即杀了他，把人头挂在城中示众，晓谕百姓。从此官民信任伏湛，郡内得以安定。平原一境，靠伏湛保全。

王良为大司徒司直，为官恭谨节俭，盖布被，用瓦器，妻子儿女也不许进入官舍。当时司徒史鲍恢有事到东海，经过王良家，便去问候其家人。此时王良妻穿着布裙拖着柴草，从田间归来。两人恰好相遇，鲍恢上前道："我是司徒史，特来取书信，要见夫人。"王妻道："我就是。有劳掾史，但无书信。"鲍恢下拜行礼，叹息而还，闻者莫不嘉许之。

郭伋巡视下属时，到了西河美稷，有童儿数百，各骑着竹马，在道旁拜迎。郭伋问："小儿为何远道而来？"对道："听说使君到来，我们很高兴，所以前来欢迎。"郭伋向他们表示感谢。事情办完后，诸儿又将他送出城，并问："使君何时当还？"郭伋告诉别驾从事，算好日子告诉他们。巡视后返回，比预计日期提前了一天，郭伋不想失信于诸儿，乃在野外亭中留宿，到了约定日期才进城。

【郭伋守信】

南阳权豪之家多崇尚奢侈华丽，太守羊续对此深恶痛绝。他常常是敝衣薄食，所乘车马破败羸弱。府丞曾将活鱼献给他，羊续接受后，便将鱼悬于院中。府丞后来又献鱼，羊续便拿出先前那条给他看，以杜其意。羊续的妻子曾带着儿子羊秘来郡舍，羊续闭门不纳。妻子便要求把羊秘一人留下。羊续只得让儿子明白，他只有布被、破短衣、盐、麦数斛而已。然后告诫儿子道："我日常生活所用就这些，如何养活你母亲？"乃让羊秘随同母亲回家去。

【羊续悬鱼】

曹褒迁升为圉县县令，他以礼理人，以德化俗。当时他郡有五名盗徒进入圉县境内，被县吏抓捕，陈留太守马严闻之十分痛恨这些盗徒，便劝说县府杀了他们。曹褒告诫属下道："夫绝人命者，天亦绝之。皋陶不为盗徒制定死刑，管仲遇盗徒而升其为公卿。现在听从太守旨意杀人，是逆天心，顺从郡府之意，则惩罚过重，如能保全这些人的性命而使我获罪，吾所愿也。"遂不杀盗徒。

法雄为南郡太守时，这里断狱减少，户口激增。南郡被江沔水环绕，又有云梦湖泽。永初中，多虎狼之暴，前任太守悬赏捕捉，反而很多人为虎狼所伤害。法雄乃移书属县道："凡虎狼之在山林，犹人之居城市。古时至化之世，猛兽不出来为害，都是因为古人普施恩泽，仁爱波及飞禽走兽。太守虽不德，却不敢忘此大义。书函所到之处，你们要毁坏槛阱，不得随意到山林捕杀。"此后虎害渐渐平息，民众得以安宁。

会稽风俗中多有不合礼制的祭祀，尤其喜好卜筮。民众常以牛祭神，导致财产贫乏。据说那些吃掉牛肉而不用于祭祀的人，发病将死前像牛一样鸣叫。前后到任的郡守都不敢禁止。第五伦到任后，移书属县，晓告民众，凡是假托鬼神恐吓欺诈愚弄民众的巫祝，都将得到惩处。如有人敢随便杀牛，官吏可加以惩罚。民众最初感到恐惧，有的人甚至诅咒他，第五伦便更加严厉执行。后来以牛祭神的风俗断绝，民众也就安定了。

宋均任辰阳长，辰阳这里的风俗是普遍相信巫术鬼神，宋均在此建立学校，禁绝不合礼制的祭祀，民众得以安宁。

宋均性情宽和，不喜好文书法律，常认为如果官吏能够仁爱厚道，即使贪污放纵，也没什么危害；至于苛刻细察的人，自身或许廉洁守法，但他们的伪诈狡猾刻薄，却毒害了民众，导致灾害发生和人民流亡。

周举迁升为并州刺史。太原郡内，因贤士介之推被火烧死，故而有龙忌之禁的旧俗。龙忌之禁即寒食禁火。据说，到了介之推死的这月，神灵不喜欢用火，由是士民每年冬季都有一个月寒食，谁也不敢生火做饭，老人孩子忍受不了，每年都会死很多。周举上任后，便写了篇祭文，置于介之推庙中，言盛冬去火，残损民命，非贤者之意。以此道理宣示于众，使之恢复热食，民众的疑虑才渐渐消除，冬月寒食的习俗得以改变。

羌人豪帅感激张奂的恩德，献上战马二十匹，先零酋长又赠送八枚金银器。张奂全都接受，接着把主簿召到诸羌首领前，以酒酹地道："使马如羊，不以入厩；使金如粟，不以入怀。"意思是，即使战马像羊一样多，也不牵进马厩；即使金子如小米一样多，也不放入怀中。乃把金器战马全部退还。羌人生性贪婪却看重官员的清廉，以前有八位都尉皆贪财好利，羌人给他们害得甚苦，而张奂则不然，他正身洁己，故而感化大行。

贾彪补任新息县长。当时小民贫困，大多不养孩子，贾彪为此制定严厉法令，不养孩子与杀人同罪。城南有盗贼打劫害人，城北有妇人杀子。掾吏想要去城南，贾彪大怒道："贼寇害人，此则常理，母子相残，逆天违道！"乃驱车向城北去，案验杀子妇女之罪。城南的盗贼闻听，便前来自首。数年间，新生的小孩数以千计，人们都道："这是贾父抚育的。"生了男孩就叫"贾子"，生了女孩就叫"贾女"。

卫飒为桂阳太守。桂阳与交州接境，颇染其风俗，民众不知礼法。卫飒上任后，修庠序之教，设婚姻之礼。一年时间，邦俗从化。

陈宠为郡太守，政绩颇佳，声名远扬，后被调往京师担任大司农。和帝问陈宠道："你为郡太守时，是怎么治理当地的啊？"陈宠道："臣任用功曹王涣简贤选能，任用主簿镡显拾遗补阙。臣只是恭敬地宣读诏书而已。"

许荆曾经于春季到耒阳县巡视，有个名叫蒋均的人与兄弟因争夺财物而相互指控。许荆面对兄弟二人叹道："我担负国家重任，教化却未得推行，责任在我太守一人。"乃转过头来要求属下向朝廷上书言明情况，请求到廷尉接受审判。蒋均兄弟很后悔，都要求接受处罚。

孟尝在郡府出任户曹史。有个寡妇奉养婆婆极为孝顺，婆婆年老去世，但寡妇的小姑子却心怀猜忌，诬陷寡妇毒死其母，乃到县廷报案。郡府不加寻察，便给寡妇结案定罪。孟尝知道寡妇冤枉，乃将详情告知太守，可太守并不审理。孟尝于郡府门外哀泣，遂称病辞职。寡妇最终含冤而死。自此郡中连旱二年，祷告根本无用。后来，新太守殷丹上任，询问何故干旱，孟尝到郡府陈述寡妇冤诬之事，并言道："昔东海孝妇，感天致旱，于公一言，甘泽时降。宜戮讼者，以谢冤魂，庶幽枉获申，时雨可期。"意思是，"从前东海有一孝妇，感动上天导致干旱，于公说了一句话，上天便立刻降下甘雨。当下应诛杀报案人，向冤死的魂灵谢罪，但愿幽冥中的冤屈得以伸张，应时之雨也就可望了。"殷丹从之，立刻将报案女子治罪并祭祀寡妇墓，果然天应澍雨，谷稼以登。

第五访从小失去父亲，家境贫寒，为了供养兄嫂，经常给他人耕种。一有空闲，他便学习。他出任郡府功曹，被选拔为孝廉，并补任新都令。他施政平允，推行教化，三年之间，邻县很多民众来投奔他，当地的人口比过去增加了十倍。

王吉少好诵读书传，爱名声，但天性残忍。由于其养父王甫把持大权，王吉二十余岁便担任沛国相。他通晓政事，能断察疑案，揭发隐藏的坏人坏事。这点无人及得上。他督促人们揭发奸诈官吏和豪强，只要他们经常犯有比接受酒肉严重点的贪污受贿，即使事情过去数十年，王吉仍然弃置不用，注销他们的名册。他挑选剽悍的官吏，打击非法行为。若有生子不养，即斩杀其父母，以土和荆棘埋之。王吉每次杀人，总是在车上将尸体肢解，根据他们的犯罪名目，到所属各县示众。夏天尸体腐烂，乃用绳子将尸骨连起，直到在全郡示众完毕才作罢，见者甚是恐惧。王吉任职五年，共杀死一万余人。其他残忍刻毒的做法，不可胜数，郡中人们都惊恐万分，没有人确信自己是安全的。后来阳球告发王吉，王吉主动就捕，死于洛阳监狱。

中常侍王甫、曹节等人奸虐弄权，煽动外内。阳球曾拍腿发愤道："若阳球为司隶校尉，岂能容得他们？"光和二年，阳球调任司隶校尉。王甫在家休假，阳球到宫中谢恩，进言要逮捕王甫和太尉段颎等人。结果王甫、段颎等人被逮捕，送往洛阳监狱，被捕的还有王甫的儿子丞乐少府王萌、沛国相王吉。阳球亲自到监狱拷打王甫等人，五种酷刑全部用遍。王萌对阳球道："我父子既然将被杀，希望能给老父亲减轻点酷刑。"阳球道："你们的罪恶不可言状，死了也不能消除罪责，竟然想请求宽容？"王萌乃骂道："你以前如奴仆一般侍奉我父子，奴仆竟敢反叛主人吗？今天你折磨我，你也将遭受其祸！"阳球命人用土堵住王萌之口，严刑拷打，王甫父子死于杖下。段颎亦自杀。阳球将肢解的王甫尸体弃于夏城门，并张榜示人，大书"贼臣王甫"。

阳球诛杀了王甫，又想接着上告曹节等人，就吩咐中都官从事道："暂且先除掉大恶人，然后一个一个收拾豪门大族。"权贵豪门闻之，莫不屏气。但凡奢侈修饰之物，全部封存，不敢陈设于外。

朝廷百官去参加虞贵人葬礼，回来时曹节见到被肢解的王甫尸体弃在路边，慨然拭泪道："我们这些人可以自相残食，但怎么能让狗舔其汁呢?"乃对众常侍说，暂且全部进宫，不要回家了。曹节径自进宫，对顺帝道："阳球原是酷暴之吏，以前三府上书说应当免去其官，只因他于九江时有微末功劳，才又被提拔任用。像这种罪过之人，喜欢肆意妄为，不宜当司隶校尉，以免放纵他的毒虐。"顺帝乃将阳球改任为卫尉。当时阳球在外谒陵，曹节吩咐尚书下令传阳球接受任命，不得耽搁。阳球便求见顺帝，叩头道："臣无清高之行，横蒙鹰犬之任。虽然处死了王甫、段颍，但只是简落狐狸^①，不足以昭示天下。希望能给臣一个月时间，一定让豺狼鸱枭，各服其罪。"不停叩头，乃至流血。顺帝身边的人大声斥责道："卫尉想抗旨吗?"这样反复多次，阳球才接受任命。

第五访任张掖太守时，遇到饥荒，一石粮食的价格涨到几千钱。第五访就打开粮仓救济民众。官吏们害怕被追究，争着要上报朝廷。第五访道："若是上书再等到答复，便是弃民。我情愿以一身救百姓!"乃拿出粮食分给民众。顺帝下诏褒奖第五访。全郡之民由此得到保全。岁余，官民并丰，界无奸盗。

刘宠将到他地赴任，山阴县有五六位老翁从山谷中走出，每人拿了一百文钱送给刘宠。刘宠道："父老为何自苦?"答道："山谷鄙生，不曾见过郡守。其他太守在任时，官吏向民间征发索取，至夜不绝，有时狗吠一夜，民不得安。自明府到任以来，狗不夜吠，民不见吏。没想到我们年老之际遇到了贤明的太守，闻明府将抛下我们离去，故而来送行。"刘宠道："我施政哪有你们说的那样好，让父老辛苦了!"乃从每人手中选一个较大的钱收下。

民众曾为虎所害，乃设槛捕之，生获二虎。童恢闻之，便出来

【鹰犬之任，简落狐狸】

①抓住了狐狸。

267

对虎祝告道："天生万物，唯人为贵。虎狼应该吃六畜，然而你们却残暴于人。王法杀人者伤，伤人则论法。若是杀人者，应当垂头服罪；若不是杀人者，应当号呼称冤。"一只虎低头闭目，状如震惧，童恢立刻将它杀了。另一只虎视童恢鸣吼，踊跃自奋，童恢乃下令将它释放。

樊晔为天水太守，施政严猛。他喜好申不害、韩非的法家学说，对善恶会当即作出决断。谁要触犯禁令，一般不会活着出狱，官民以及羌胡之人都很怕他。当地路不拾遗，旅行者到了夜间，便将衣服行装丢在路边，说道："就交给樊公了。"凉州人歌唱道："游子常苦贫，力子天所富。宁见乳虎穴，不入冀府寺。大笑期必死，愤怒或见置。嗟我樊府君，安可再遭值！"意思是，远游的人常苦于贫穷，勤勉的人上天赐他富裕。情愿见到生有虎子的洞穴，也不想进冀县太守府。他大笑定要被杀头，他愤怒或许被释放。可叹啊！我的樊太守，像他这样的人哪能再遇到啊！

范晔赞道："大道既往，刑礼为薄。斯人散矣，机诈萌作。去杀由仁，济宽非虐。末暴虽胜，崇本或略。"意思是，大道盛行的时代已经成为过去，刑法礼仪随着风气变得衰微。人心离散了，机巧奸诈就会萌生发作。消除杀戮应循仁政，猛以济宽并非毒虐。属于次要的暴力虽然暂时获胜，但应当崇尚的根本却被忽略了。

政事·第三十八

本节内容十分庞杂，在此简单叙述一下秦汉历史，以为导读。

秦王政灭六国，一统宇内，建秦帝国，自称始皇帝。乃与李斯等诸臣急风暴雨般地为统一的秦帝国建立、推行各项制度。书同文，车同轨，可谓功在当下，利在千秋。在有关郡县制与分封制的大辩论中，他最终支持废分封，行郡县，更有焚书坑儒之行。始皇虽有远大理想，但不知文武之道，帝国如绷紧的弦，自上而下皆紧张疲惫，忙于苦奔。始皇用民力太多，又出兵北上南下，闹得民怨沸腾，而六国贵族也不甘就此亡国。

始皇欲建立不世之功，永垂后世，佑及子孙，使得秦帝国传至千万代。可他迷恋神仙，苦寻不死药，导致朝中无太子，国本不固。当他仓促间逝世于巡行路上，乃有沙丘之变，胡亥继承大统。然胡亥毒辣有余，治国无方。于是帝国绷紧的弦终于断了，布衣之士陈胜揭竿而起，应者云集，才有项羽刘邦灭秦之故事。

灭秦后，又是一阵血雨腥风，刘邦荣登皇帝位。中国第一个平民王朝始建，布衣将相乃汉初特色。刘邦读书不多，功臣多质朴少文，自无力建立新的制度，乃全盘秦化。鉴于秦帝国早亡，汉帝国则采取了郡国并行制度，也就是郡县制与分封制（确切地说是封国制）并行。郡县制实则集权，分封制实则分权，分权便减少了对人的束缚，使得人们自由发挥聪明才智。

刘邦去世后，惠帝即位。惠帝早逝，吕后专权，不过政策上没有大的变化，依然奉行黄老思想，无为而治，与民休息。吕后掌握权柄时，造成功臣与外戚之间关系极度紧张。吕后去世，功臣与外戚正式对决，最后诛灭吕氏一族，杀了吕后所立之君，远迎代王刘恒为帝，是为文帝。

文帝喜黄老思想，继续沿承汉初政策。此时虽有贾谊提出变革，但文帝终究没有做大的举动，只是部分落实了"众建诸侯而少其力"，把齐国肢解。嗣后，景帝即位，便与晁错大举削藩，地方七国联军最终败北，诸侯国的重要权力被一一收回。到了武帝时期，再行推恩令，实则分封制已然灭矣，中央权力无限膨胀，地方的自由气息不多矣。

从汉初到武帝即位，奉行无为而治、与民休息的治国理念，地方实行郡国并行制度，在相对宽松的环境下，乃有文景之治，人们的生活极大改善，自由的空间也相对大些。然则武帝彻底打破了这片安定祥和。他自恃有雄才大略，大张旗鼓地改革，以示有别于秦帝国。算是对贾谊的回应吧。他的改革除了有意与秦帝国区分外，其实恰恰走的是秦帝国的道路。

汉武帝的权力远大于秦始皇，因为他开始破坏宰相制度了，让皇权在制度上少有制约，宰相只是个执行者。他在政府之外又建立起自己的小政府，所谓内朝，然则权力却高于外朝，宰相成了个空架子。

没有汉初六十余年的积累，武帝的一番折腾，帝国实难为继。武帝又学始皇帝，寻神仙，找不死药，乃有巫蛊之祸，致使太子刘据无端死亡。武帝虽有扩土之功，然则其重用酷吏，频繁用兵，不知节俭，挥霍无度，令民众过得苦不堪言，就连朝中大臣也是人人自危。后诸多事情让他心灰意懒，在武帝六十九岁时，乃为太子平反，下"轮台罪己诏"，终于挽救了刘氏江山。

武帝立幼子为太子，托孤于霍光等大臣，又诛杀太子之母，免得女主专权，祸乱朝纲，重蹈吕后之辙。武帝年轻时奋发有为，把帝国从无为推到有为，而且是过度无节制的有为，晚年又糊涂透顶，直到最后时刻才翻然醒悟，待托孤之后，第二年便逝世了，享年七十岁，在位五十四年。

太子即位，是为昭帝，霍光辅政，政事步入正轨。昭帝聪明异常，可当大任，然英年早逝，又无子嗣，乃推昌邑王接续大统。可昌邑王登基后昏淫无度，令霍光等人大为失望，乃废掉昌邑王，立刘病已为帝，即宣帝。刘病已乃武帝之曾孙，前太子刘据之孙。因果循环，果真不爽。宣帝力行"杂霸王道"，恢复宰相制度，遂有昭宣中兴。元帝"柔仁好儒"，儒士步入政治中心，不再像汉武昭宣时代，虽是重视，但不委以重任。如果说元帝对刘氏一族有何罪过的话，大概便是娶了位太长寿的皇后，此人便是王政君，高寿八十四岁，在后位长达六十一年。外戚专权不可怕，起码可轮流坐庄，自是不会危及刘家天下，可王政君如此长寿，也就没办法了。从成帝开始，大权便旁落王氏之手，而继位的哀帝亦是无能，再接着是平帝、孺子婴，最后帝位自然而然禅让给王政君的族侄王莽，新莽帝国乃建。王政君虽没有夺取刘家江山的意思，但她无意中却这么做了。天命乎？

王莽废汉，没有经过流血战争，更有民意使然，可谓一大创举。以往虽有禅让之说，但终究过于久远，但王莽却实现了。自战国以来流行的五德终始说，就认为王朝建立源于天意，并轮番更替，也就是说王朝更替是正常的，也是应该的。秦始皇接受了五德终始说，汉帝国也顺势接受，到了武帝时期，儒家思想已经被改造，融进了道法阴阳之说，尤其董仲舒大力提倡的天人感应，便引进了五德终始说，认为没有万世一系的王朝。这其实是弱化君主的思想，如果接受这一思想，自是王朝的建立受命于天，天降福瑞应之，倘若王朝无德，天降灾异警之，那么就该寻找圣贤，主动让位，上应天意，下顺民心。

昭帝时，就有人上书要求终结汉家王朝，宣帝时，又有人上书要求皇帝让位，到了哀帝时，哀帝竟然主动要把帝位禅让给董贤。而从汉武时代起，教育兴起，儒家独尊，儒家子弟人数大增，其在政治上的影响力也就越大，而王莽乃儒生中的佼佼者，他辅政期间，尤其重视教育，提高儒生待遇，自然被儒生所推崇。加之，他的确为乱象丛生的汉家王朝注入了新鲜血液。故而无论从思想上、舆论上、人心上、形势上考虑，王莽代汉乃应潮流之举，至于后代所云篡汉，乃因新莽短命，刘氏复兴，抹黑之功耳。

王莽建立新帝国后，力图去汉化，做了诸多改革，可谓勇气可嘉，可要在人间建立理想的帝国，实非易事，更何况打着理想主义的旗帜建立的人间天国，往往恰是人间地狱。总之，一场轰轰烈烈的儒家复古实验失败了。接着便是血雨腥风。最终刘秀荣登九五之尊，延续汉统，史称后汉，或曰东汉。

刘秀便是王莽大力兴办太学时的太学生，与西汉开国功臣相比，东汉开国功臣几乎都为士人，即儒家子弟。这当然是汉武以来尊儒重教的显著成果。刘秀当然要清除王莽的政治影响，尤其不能动不动就有人出来让皇帝禅位，他培养士人的气节，选拔官吏时，首要的是名声清誉。士人重视名节，忠贞不贰，尚侠尚义，乃东汉一朝风气，只是有时过犹不及，徒增虚伪罢了。

吊诡的是，东汉开国者刘秀所建立的制度，初衷和结果恰恰相反，终归人算不如天算呀。刘秀为了加强皇权，等于废除了宰相制度，虽有三公，形同虚设。理论上说，光武帝所具有的权力远远大于汉武帝和秦始皇。光武为人柔而好儒，以柔道治国，自是没有胡作非为，可他是否想到自己的子孙会如此吗？他为了避免外戚专权，引入宦官制衡，却不承想他的子孙个个短命，除了明帝、章帝开创了明章之治外，从和帝开始，皆是幼主登基。（和帝登基时，年方十岁；安帝是十三岁；顺帝是十一岁；冲帝是两岁；质帝是八岁；桓帝是十五岁；灵帝是十二岁；献帝是九岁。）可想而知，幼主即位，自是外戚专权，而皇帝年长了，便利用新外戚和宦官摧毁旧外戚的势力，可皇帝短命（东汉的皇帝没有长寿的，光武帝的寿命最长，活了六十三岁。第二位的便是汉献帝，活了五十三岁），外戚或宦官便选幼主即位，以继续把持权柄。同时外戚和宦官之间又互相争权，如此无休止地角逐。直到桓帝时期，宦官终于取得了决定性的胜利，五位宦官被封为侯，宦官的势力从中央扩及地方，地方很多官吏乃宦官宗族子弟担任。宦官还可以养子，世袭爵位。对于皇帝而言，宦官虽然贪赃枉法，但绝不会夺取皇位，可外戚则不然。

光武帝把三公架空，完全剥夺了宰相的权力，导致皇权最终为外戚和宦官轮流把持。如果外戚和宦官专权，能力行治国也罢，问题在于，他们多治国不力，贪婪不止。可三公没有权力，又无法遏制外戚与宦官的胡作非为。对有着理想抱负，读圣贤书的士大夫而言，他们是瞧不起外戚与宦官的，外戚靠女人而得权，宦官则靠谄媚而被重用。不过，他们对外戚和宦官的态度还是有程度上的区分，外戚专权至少可以理解，宦官专权就是岂有此理了。

外戚专权时，士大夫斥责外戚；宦官乱政时，士大夫斥责宦官。这样无论外戚还是宦官都要打击他们，但他们中不乏忠肝义胆之人，就不怕死。尤其看到当下乱象，太学生们也不甘寂寞，指点江山，臧否人物，清议之风甚隆。在宦官专权之时，其势力渗入地方，为非作歹之徒定有之，自然会与士大夫发生冲突，而实事求是地说，士大夫因为对宦官极度瞧不起，故而行为上非常过激，这便导致宦官强力报复，乃有党锢之祸。桓帝去世，灵帝即位，外戚与士大夫联手，图谋一举灭掉宦官，无奈失败，外戚窦武自杀，名士陈蕃遇害。接着宦官又发动第二次党锢之祸，朝野知名士人几无幸免。王朝的道义之气绝矣。

灵帝去世后，外戚何进与士大夫袁绍联手，图谋铲除宦官，这次不但宦官被彻底铲除了，连外戚也顺势被铲除了。先是事情泄露，宦官杀何进，后袁绍举兵血洗皇宫，屠杀宦官，而在此之前何进担心事难成，而让董卓率兵进京，却没想到引狼入室。董卓一到，其实标志着汉帝国已经灭亡，此后步入军阀割据时代。

造成军阀割据，溯本求源，与光武帝当初的地方政策有关。他让刺史可不通过三公，直接上奏皇帝，将地方行政权直接置于皇帝的掌控之下，同时刺史还兼有一州军事大权。当皇帝无力控制刺史时，刺史便可独霸一方。梦想皇帝什么都要掌控，却忘了皇帝也是人，先不说皇帝能力如何，单说这些事情都要皇帝负责，累也累死了。可叹光武帝，不知天下乃天下人之天下，聪明反被聪明误，为后人笑耳。

秦·西汉

【忠言逆耳】

刘邦入秦，看到宫室帷帐狗马宝物妇女数以千计，想留下来居住。樊哙劝谏，刘邦不听。张良道："秦因无道，故而沛公得以至此。为天下除残去贼之人，应以朴素为本。现在刚入秦，便安于享乐，此所谓'助纣为虐'。且'忠言逆耳利于行，良药苦口利于病'，希望沛公听从樊哙之言。"沛公乃还军霸上。

项羽大分封，刘邦很不满，想要攻打项羽。萧何劝谏道："虽然在汉中为王不好，但总比死好些吧?"刘邦道："如何就会死呢?"萧何道："今兵士不如人众，百战百败，不死何为?《周书》言'天予不取，反受其咎'。俗语说'天汉'，以汉配天，其称甚美。能够屈于一人之下，而伸张其志于万乘之上者，汤武是也。为臣希望大王于汉中称王，休养生息，招致贤才，收用八蜀之财，还军平定三秦，天下可图也。"

萧何建未央宫，立东阙、北阙、前殿、武库、大仓。刘邦见其壮丽，甚怒，对萧何道："天下喧扰不安，劳苦多年，成败尚不可知，为何建造这样华丽的宫室呢!"萧何道："就因为天下尚未完全平定，因此才要建造宫室。况且天子以四海为家，非壮丽无以显示威势，只要让后世不超过现在就是了。"刘邦甚悦。

刘邦称帝后，仪法一切从简。当时，群臣饮酒争功，醉酒或妄呼，或拔剑击柱，刘邦甚忧之。叔孙通见此，便劝刘邦道："儒生虽不能与陛下攻城略地，但可以守成。我愿征鲁地儒生，与我的弟子共同拟定朝仪。"刘邦道："不难吧?"叔孙通道："五帝异乐，三王不同礼。礼是根据当时的形势、人情风俗而制定。这点从夏、殷、周的礼制沿袭、删改、增加的情况便可了解。臣愿吸取古代礼制和秦朝的仪式，参杂而成汉朝仪。"刘邦道："可以试为之，要使朝仪简单易行，我也能做得到。"

南越王赵佗问陆贾道："我与萧何、曹参、韩信比谁贤?"陆

274

贾道："大王比他们要贤。"又问："我与皇帝相比谁贤呢?"陆贾道："皇帝起丰沛,讨暴秦,诛强楚,为天下兴利除害,继五帝三王之业,统天下,理中原。中原之人以亿计,地方万里,居天下之膏腴,人众车舆,万物殷富,政由一家,自天地剖判未始有也。今王众不过数万,皆蛮夷,崎岖山海间,譬如汉一郡,王何乃比于汉!"赵佗大笑道："我不在中原起兵,故而在此称王。假使我在中原,怎么就不如汉呢?"

曹参刚担任齐国丞相时,召集长老诸位先生,请教安民之策。齐地儒者数以百计,各执一词,曹参不知如何是好。闻听胶西有位盖公,专研黄老之言,乃以厚礼请之。盖公对曹参讲,治道贵在清静,而民自定。曹参于是避离正堂,让盖公居住。曹参采用黄老之术,为相九年,齐国安集。

相府后园靠近吏舍,官吏在此日日饮酒歌呼,从吏深以为患,却也无可奈何,便请相国曹参一游后园。闻听官吏醉后歌呼,从吏希望相国把此人召来制止。曹参却反而叫人取酒铺席坐而同饮,大声歌呼与之相和。

惠帝不满相国曹参不理政事,便令曹参之子曹窋找机会劝谏,可曹窋竟遭父亲一顿鞭笞。上朝时,惠帝责备曹参道："与曹窋有何关系? 那是我让他劝谏的。"曹参脱帽谢罪道："陛下觉得圣明英武比高皇帝如何?"惠帝道："朕安敢与先帝相比!"曹参道："陛下看我与萧何比谁贤能?"惠帝道："君似乎不及萧何。"曹参道："陛下言之是也。且高皇帝与萧何定天下,法令既已完备,陛下垂衣拱手,曹参等谨守职责,遵而勿失①,不也可以吗?"惠帝道："好! 君去休息吧。"

①遵照先人的典章制度而不违失。

吕后去世后,大臣与吕家关系越发紧张,一场对决不可避免。吕家的吕禄掌控北军。吕禄与郦寄本是好友,可郦寄之父被大臣胁迫,要求郦寄欺骗吕禄,谋取军权。吕禄信任郦寄,竟然交出军权,同郦寄出游,顺便到他的姑姑吕媭处。吕媭大怒道："你身为将军而放弃军权,吕氏如今死无葬身之地了!"于是尽出其珠玉宝器散置堂下,说道："不必为他人守护了!"

文帝曾经想造一座露台，召来工匠计算，要花费百金。文帝道："百金，相当于中等人家十家的财产。我侍奉先帝宫室，常常担心愧对先帝，造台何用！"

文帝想让贾谊任公卿之职。老臣不同意，诋毁道："洛阳之人，年少初学，专欲擅权，把很多事情搞得乱七八糟。"文帝于是疏远贾谊，不再采用他的建议，任他为长沙王太傅，远离京城。

文帝问右丞相周勃道："天下一年判决诉讼的案件有多少？"周勃答不知。又问："天下一年粮钱收入支出有多少？"周勃又答不知。他汗流浃背，对自己不能回答这些问题深感惭愧。文帝又问左丞相陈平。陈平道："各有负责人。"文帝道："是谁？"陈平道："陛下如果问案件，就问廷尉；问粮钱，就问治粟内史。"文帝道："如果各有负责人，君负责什么？"陈平谢罪道："负责主管大臣！陛下不知我愚笨，让我担任宰相。宰相，上辅佐天子调理阴阳，顺应四时，下因循万物的事理，外镇抚四夷诸侯，内使百姓亲附，让卿大夫各承所担职责。"文帝赞许。周勃大惭，出去后，责备陈平道："君平时为何不教我！"陈平笑道："君居其位，难道不知职责所在吗？陛下如果问长安盗贼的人数，君也要一定回答吗？"

文帝宠幸邓通。有次，申屠嘉入朝，邓通居文帝身旁，有怠慢之礼。申屠嘉上奏完毕，随即说道："陛下宠爱群臣，让他们富贵就是，至于朝廷之礼，不可以不严肃！"文帝道："君勿言，我私下告诫他。"罢朝后，申屠嘉端坐相府，下檄文召邓通到相府，不来的话，立即处斩。邓通恐惧，去见文帝。文帝道："你但去无妨，我会派人去召你。"邓通到了相府，免冠，徒跣，向申屠嘉叩头谢罪。申屠嘉坐定自如，斥责道："朝廷乃高皇帝之朝廷，邓通一小臣，嬉戏殿上，实为大不敬，当斩。丞相史去执行斩刑！"邓通猛力叩头，鲜血直流。文帝估计丞相已经惩罚了邓通，便派使臣手持符节召邓通，向丞相致歉道："此我戏弄之臣，君释放他吧。"邓通到了殿上，向文帝哭泣道："丞相差点杀了我。"

文帝行经中渭桥，有个人突然出现，惊了乘舆之马。文帝乃令骑士把那人逮捕，交付廷尉治罪。张释之审问那人，那人答道：

"我来自长安县，闻听清道戒严，便躲到桥下。过了许久，以为车驾已过，就从桥下走出，不料正撞见车驾，只得转身逃跑。"张释之据此上奏道："此人违反清道戒严令，应处以罚金。"文帝大怒道："此人惊吓吾马，幸亏此马温和，换做他马，我不是早就受伤了吗？可廷尉却只判处罚金！"张释之道："法律是天子与天下人共同遵守的。如今法律就是如此规定的，如果加重处罚，便不能取信于民。当时，如果皇上命人诛杀他也就是了。既然交给廷尉，自然应由廷尉判处。要知道，廷尉是天下公平的象征，一旦有偏，其他法官运用法律时就会任意或轻或重，民众该怎么办呢？望陛下明察。"良久，文帝道："廷尉判得对。"

当初汲黯位列九卿时，公孙弘、张汤还是个小吏。后来公孙弘、张汤逐渐高升，与汲黯同位，汲黯便诋毁公孙弘、张汤。可没过多久，公孙弘竟然升至丞相，封为平津侯；张汤升至御史大夫；从前汲黯的下属也纷纷升到与汲黯同列，有的被重用还超过了他。汲黯心胸狭窄，不免埋怨，朝见武帝时，抱怨道："陛下任用群臣就像堆积柴垛，后来的居上。"汲黯退出后，武帝道："人确实不可以没有学识，玩味汲黯之言，愚蠢得日甚一日。"

【后来居上】

车千秋没什么才能，也没什么资历，只不过说句话让武帝醒悟到太子死得冤枉，旬月之间就做了宰相，封了侯，这是以前未曾有过的。后来汉朝的使者出使匈奴，单于问他："听说汉朝新任命一位丞相，他是怎么当上丞相的？"使者道："因为上书言事。"单于道："假如这样，汉朝设置丞相，便是不用贤才，随便一个男子上书就能得到了。"使者回来后，向武帝如实汇报。武帝认为使者有辱使命，要把他交给有司处置。过了好久，才释放他。

武帝喜好儒学时，张汤判决大案，想附会古义，乃请博士弟子研习《尚书》、《春秋》，并让他们补任廷尉史，以调平法律中的可疑处。一旦上奏疑难案件，定要先给武帝分析其原委，凡武帝所肯定的，就作为判例写入成文法，以扬主上之明。如受谴责，张汤就承认错误，顺着武帝的旨意，定要举出某位贤能的掾史，说道："某某本来向臣建议了，正如皇上谴责的，但臣没有采用，乃至愚蠢如此。"因此他的过错常得以宽恕。有时他上奏章议事，武帝赞许，他便道：“臣不会写这样的奏章，此乃监、掾、史中某某写的。”他想要推荐官吏，就是这样扬人之善、掩人之过。办理的案件如果是武帝想要加罪的，就把它交给执法严苛的监吏办理；所办案件如果是武帝想要宽恕的，就把案子交给执法轻平的监吏办理。所审判的如果是豪强，他一定玩弄法律条文严加惩办；所审判的如果是无权无势的平民，他就会说“就是按法律定了罪，也还是要请皇上裁决的”。于是案件的最终判决往往如张汤所言。

贡禹以为，古代民众没有算赋口钱，从汉武帝征伐四夷起，加重赋税，竟然三岁的孩子便开始出口钱，所以民众生活十分艰难，以至于生下的孩子就被杀死，甚可悲痛。贡禹建议孩子自七岁起出口钱，到二十岁再出算赋[①]。

公孙弘共做了六年御史大夫和丞相，年八十，逝世于丞相任上。在他之后，李蔡、严青翟、赵周、石庆、公孙贺、刘屈氂相继担任丞相。自李蔡至石庆时止，丞相府的客馆已成废墟，到了公孙贺、刘屈氂时，客馆改为马厩、车库和奴婢的房舍。这几位丞相中只有石庆因敦厚，继公孙弘之后寿终于丞相任上，其余的全都获罪被诛。

赵广汉为人强力，天性精于吏职，接见吏民，可以通宵达旦。他尤其擅长钩距之术，以此察得事情原委。钩距的方法是，如果想知道马的价钱，就先问狗价，然后问羊价，再问牛价，最后问到马价，相互比较价格，按类相衡量，就能够知道马的贵贱与实情是否相当。只有赵广汉最精通此术，他人莫能及。

赵广汉为京兆尹，奏请朝廷给长安的游徼狱吏增加俸禄一百石，从此百石吏卒当差都很自重，不敢枉法随便拘捕人。京兆政治清明，吏民称赞。老人都认为汉兴以来治理京兆的官员，没有谁及得上赵广汉。

蔡义为丞相时年八十余，他身材短小，须眉尽无，貌似老妪，行走时弯腰曲背，常常需要两名小吏扶持才可行走。当时大将军霍光秉政，议者中有人说霍光不选贤才担任丞相，只是草率任用可由他操纵的人。霍光闻言，对侍中、左右随从及属吏道：“我以为皇帝的老师应当为丞相，如何说不选贤才呢？此语不可让天下人听闻。"

武帝要立少子为太子，但杀其母。事后，武帝问左右道："人们都议论些什么？"左右道："人们说将要立其子，为何杀其母？"武帝道："是的。这不是愚人所能理解的。往昔国家所以出现动乱，就是由于主少母壮。女主独居，骄横傲慢，淫乱放纵，无人能禁止。你们没听说过吕后之事吗？"

汉武帝对群臣道："朕自即位以来，做了很多狂妄悖逆之事，使天下人愁苦不堪，真是后悔莫及。从今以后，凡是伤害民众、浪费天下财力之事，一概废止！"田千秋道："谈论神仙的方士很多，却都没什么明显功效，请求陛下将他们一律罢斥遣散。"汉武帝道："大鸿胪说得是。"乃将等候神仙降临的方士们全部遣散。此后，武帝每每对群臣自叹道："朕往日愚惑，为方士所欺。天下岂有仙人，全是荒诞之言！节制饮食，服用药物，最多可以少生些病而已。"

建始三年秋，京都之民无故惊慌，言洪水将至，民众奔走，相互践踏，老弱号呼，长安城中大乱。成帝亲临前殿，召集公卿大臣商议此事。大将军王凤建议太后和皇上以及后宫嫔妃御船，让吏民上长安城楼躲避洪水。群臣认为王凤的建议可行。左将军王商却道："自古以来，无道之国洪水尚且不曾淹没城郭。今政治和平，世无兵革，君臣上下安定，凭什么一日之中洪水就会暴至？此必讹言，不宜令民上城楼，以免更加恐慌。"成帝乃作罢。不久，长安之民逐渐安定，经查证，果是讹言[①]。

①长风曰：若非讹言，王商之罪可谓大矣。

梅福少时在长安求学，通晓《尚书》、《穀梁春秋》，为郡文学，补任南昌县县尉。后来辞官回到寿春，他多次通过县道的使者上书谈论非常之事，还曾求借驿站的传车，到皇帝所在之处，将皇上询问的紧急政事一一条录，然后对答，可总是不被采纳。

朱博不喜欢儒生，一到任就废弃议曹[②]，说道："哪能再设置议曹！"文学儒吏有时奏事引经据典，朱博看后道："太守乃汉吏，只奉汉法令，不用圣人之道。暂且拿着你的大道回去，等尧、舜出

②官署名，掌言职。

279

现时，再向他们陈说。"

父亲去世后，王商继承父亲爵位为乐昌侯。他将财产分给诸位异母弟弟，自己无所留，居丧期间，甚是哀伤。于是大臣推荐王商，说他品行可以厉群臣，仁义足以厚风俗，应该备列近臣。

汉军杀入宫中，王莽道："天生德于予，汉兵其如予何！"意思是，天德既然站在我这边，汉军能奈我何！

东汉

宛城人李通等以图谶劝刘秀道："刘氏复起，李氏为辅。"刘秀开始不敢当，但想到长兄刘伯升素来结交轻侠，必然会举大事，且王莽败亡的迹象已经显露，天下正处于混乱之中，遂与李通决定起事，乃于城中购置武器。

公孙述性格苛细，察于小事，敢于杀戮，但不知大体，喜好更改郡县官名。他少时做过郎官，熟习汉家礼仪，所以他出入排列法驾，车上树立赤色鸾旗，车前有旄骑引导，在殿阶两侧排列持戟卫士，然后车辇才可出宫闱。又立其两子为王，分别享有犍为、广汉数县的赋税。群臣多次劝谏，认为成败尚未可知，战士还露宿旷野，此时仓促封立皇子，无疑向世人表明陛下心无大志，更令战士寒心。可公孙述不听。

诸将希望刘秀为帝，马武首先进言道："天下无主，如果有圣人承弊而起，即使以孔子为相，孙子为将，恐怕于事也是无益。好比覆水难收，后悔无及。大王虽然谦退，可如何对得起宗庙社稷！大王理应返回蓟城就皇帝尊位，然后再计议征伐之事。当下名号未正，便驰骋疆场四处攻伐，可究竟谁是贼人呢？"刘秀吃惊道："将军何出此言？是要杀头的呀！"马武道："诸位将军都如此认为。"刘秀让他出去晓谕诸将，乃引军还至蓟城。

诸将又坚决请求刘秀就天子位。刘秀道："寇贼未平，四面受敌，何必急着正号位呢？各位将军且退出。"耿纯进言道："天下士人之所以舍弃亲戚，背离乡土，跟随大王冲杀于矢石之间，无非企望攀龙鳞，附凤翼，实现自己的志向罢了。现在大功即将告成，天人亦有感应，而大王却拖延时间，违背众愿，迟迟不正号位，我担心士人的希望落空，就会有去归之思，不会苦苦久等了。大众一散，就难以再聚合了。因此，时间不可拖延，众愿不可违逆。"耿纯说得诚恳真切，刘秀甚是感动，说道："吾将思之。"

赤眉降光武，光武对樊崇等人道："不会后悔投降吧？朕现在遣你们回营指挥军士，鸣鼓相攻，以决胜负，不想强迫你们服从。"徐宣等人叩头道："臣等出长安东都门，君臣商议，决定归命圣德。百姓可以与我们共享成功的快乐，却很难参与谋划大事，所以没有告知众人。今日得以投降，犹如去虎口归慈母，诚欢诚喜，并无遗恨。"光武道："你们就是所谓的铁中铮铮、庸中佼佼者。"又道："你们做了许多无道之事，所过之处夷灭老弱，溺社稷，污井灶。不过却还有三善——你们攻破的城池遍及天下，却没有把原配妻子抛弃，此一善；立君主能用刘姓宗室，此二善；其他贼人立君主，于危急时刻便杀了君主去投降，以此为功劳，你们却把刘盆子完好地交给了朕，此三善。"乃让他们都和妻子于洛阳居住，同时赐给每人一所住宅、二顷田地。

光武帝与大将岑彭率军攻破天水，岑彭又与偏将吴汉把隗嚣包围在西城。公孙述派兵来援救隗嚣，驻扎在上邽，光武又派盖延、耿弇包围公孙述，自己带兵东归。回到京都后，刘秀给岑彭去信道："两城若下，便可带兵向南击破蜀虏。人若不知足，既平陇，复望蜀。每一发兵，头须为白。"

【得陇望蜀】

光武给公孙述送去书信，陈言祸福，教公孙述废帝号而降汉。公孙述看完后感慨叹息，把书信递给亲近太常常少、光禄勋张隆看。张隆和常少都劝他投降。公孙述道："废兴命也。岂有降天子哉！"意思是，兴亡由命决定，岂有投降的天子！

光武下诏，慰劳冯异道："赤眉破平，士吏劳苦，开始虽垂翅回溪，最终能奋翼渑池，可谓失之东隅，收之桑榆。方论功赏，以答大勋。"

【失之东隅，收之桑榆】

281

建武二年，光武封景丹为栎阳侯。光武对景丹道："现在关东故王国，虽有数县，却不如栎阳有万户邑。'富贵不归故乡，如衣锦夜行'，故而把栎阳封给卿。"景丹磕头拜谢。

光武帝初作寿陵，将作大匠窦融上书请求告知陵园规模大小。光武道："古时帝王的随葬品，用的是陶人瓦器、木车草马，让后人不知埋葬何处。文帝明白生死的意义，景帝能遵循孝道而实行薄葬，所以遭遇天下反复，只有霸陵完好，享受其福，岂不美哉！令所制地不过二三顷，无为山陵，陂池裁令流水而已。"①

中元元年夏，京城有甘泉自地下涌出，久病之人饮了都会痊愈，只有眼盲、腿跛者不愈。又有赤草生于水崖。郡国频上甘露。众臣上奏道："地神显灵而朱草萌生。孝宣皇帝时，每有嘉瑞，便会改元，把神爵、五凤、甘露、黄龙，作为纪年之号，为的是感致神灵，表彰德信。是以化致升平，称为中兴。今天下清宁，灵物仍降。陛下虽心存谦虚，推而不居，但岂能让吉兆祥符隐没无闻？应该令史官记录撰集，以传来世。"光武没有采纳。他常自谦无德，每当郡国上报祥瑞，往往压下去，故而史官很少得以记录。

是时谷贵，县官经用不足，朝廷甚是担忧。尚书张林欲行武帝时均输之法，章帝召集尚书商议，朱晖反对，此议便搁置。后来有人重提此议，认为张林的建议于国家有利，章帝也深以为然，乃下诏施行，朱晖上奏道："按照先王礼制，天子不言有无，诸侯不言多少，禄食之家不与百姓争利。如今均输之法同经商贩卖并无区别，盐利归官府，则下人贫穷怨恨，布帛作为租赋，则官吏就会劫盗财物，实在不是明主所应当施行的。"章帝本已下了决定，不承想朱晖又出来反对，乃大怒，严厉责怪诸位尚书。朱晖等人便主动下狱。三天后，章帝下诏让他们出狱，说道："国家乐闻驳议，朱晖无过，是诏书过分了，何故自请囚禁呢？"朱晖便声称病重，不肯再上书议事。

明帝遵奉建武时期的制度，后宫之家不得封侯和参与朝政。光武帝之女馆陶公主想让儿子任郎官，便去求明帝，明帝没有同意，而是赐钱千万。明帝对群臣道："郎官同天上的列星相对应，出任为官就要管理百里之地，倘若用非其人，那么民众就会遭殃，因此难从公主之愿。"因为当时的官吏都很称职，所以民安其业，人口得以滋殖。

①此处涉及东汉帝陵封土的问题。一般认为光武对陵墓的要求是，"用地不超过二三顷，不起高陵，池塘里的水能流动即可"。但这却与其他记载矛盾。有学者通过文献及其考古，对"无为山陵，陂池裁令流水而已"做了重新解释。"无"字可作助词讲，无意义。《刊谬正俗》中直接就去掉了"无"字；《水经注·渭水》记载："秦名天子冢曰山，汉曰陵。"而"陂池"，据《故训汇纂》记载其意有二，一为池水，二为山阪。而光武帝陵所在的邙山并无江水、池水之类，所以"陂池"应解为山阪，意为山丘、高阜。这样，这句话可以理解为，光武帝的原意并非不建墓

鲁丕任赵王相，有百余人前来求学，关东人称"复兴鲁叔陵（鲁丕字叔陵）"。赵王曾想躲避病疾，吉利的时节便搬入学宫，鲁丕制止，赵王不听，又亲自上疏陈述此事，章帝下诏书给鲁丕。鲁丕上疏道："臣闻《礼记》中讲，诸侯薨于路寝，大夫卒于嫡室，（路寝、嫡室皆正寝。）死生有命，未有逃避的制度。学宫乃传五帝之道、修先王礼乐教化之处。赵王却把此地当做游乐之所，此事恕难从命。"诏书又下，要求听从鲁丕，赵王以此忌惮他。

岐山获得铜器，形似酒樽，献给章帝。后又获得白鹿。章帝道："上无明天子，下无贤方伯。'人之无良，想怨一方。'斯器亦曷为来哉？"意思是，上无圣明的天子，下无贤良的方伯。"人主无善行，遭来一方的怨恨。"这些器物为何又出现了？

王梁的计划是开凿水渠引縠水流经洛阳城下，然后向东流入巩川，可渠开通后水不流。建武七年，有司弹劾他，王梁又惭又惧，上书乞骸骨。光武下诏道："王梁先前率兵征伐，众人称贤，所以提拔他主管京城。他建议开渠，为民兴利，民力既尽，却没成功，百姓怨恨，舆论哗然。虽蒙宽宥，仍坚持谦让，'君子成人之美'，任命王梁为济南太守。"

汉朝以往的规定是，死刑犯处决的日期常在三冬之月结束时，章帝却改在冬初十月。元和二年，天旱，长水校尉贾宗等人上奏，认为不在三冬末判处，故此阴气微弱，阳气发泄，招致旱灾。章帝将他们的意见交给公卿讨论，陈宠上奏道："《月令》上言，'孟冬之月，趣狱刑，无留罪。'表明处决死刑犯在立冬时完成。又'仲冬之月，身欲宁，事欲静'。如果降下威怒，不可谓宁；若以行大刑，不可谓静。"说明旱灾的发生与改变律法无关。

钟离意任职五年，以仁爱感化人，民众多殷富。后因久病而卒于任上。他留下遗书向章帝陈述太平之世，教化方面不宜急于求成，而应多些宽容。章帝感伤其意。

窦宪大败匈奴，乃登燕然山，去塞三千余里，刻石勒功，纪汉威德，令班固作铭，有段铭文道："上以摅高、文之宿愤，光祖宗之玄灵；下以安固后嗣，恢拓境宇，振大汉之天声。兹所谓一劳而

冢，而是不建类似西汉时期的那种高山大陵，让墓冢稍微隆起像自然界中的小山丘那样，使流水不停且不损坏墓穴即可。此处引用了严辉与慕鹏的《"陵池"——东汉帝陵封土的新形制》一文中的学术成果。

【一劳永逸】

283

久逸，暂费而永宁者也。乃遂封山刊石，昭铭盛德。"意思是：上以泄高帝、文帝之宿愤，光耀祖宗之神灵；下以稳固后代，拓宽疆域，振扬大汉之声威。此所谓一劳而久逸，暂时费事而永久安宁。于是封山刻石，铭记至德。

建初元年，大旱，粮价飙涨。章帝召鲍昱问道："旱灾如此严重，如何消除祸患？"鲍昱答道："臣闻圣人理国，三年有成。陛下刚刚即位，刑政是宽是严尚不明显，即使有失当之处，也不会导致灾异出现。不过，臣先前在汝南，处理楚王谋反案，受牵连者千余人，恐怕也有冤枉的。（明帝永平十三年，楚王英谋反。）先帝诏书曾言，大狱一起，冤者过半。流放者骨肉离分，死后成为孤魂，无人给予祭祀。要知道，一人受冤呼号，王政便会受损。臣认为应该让流放者还乡，取消禁锢之令，兴灭继绝，让死者生者各得其所。如此，和气可致。"章帝纳其言。

河内人张成擅长占卜，他推算出不久便会天下大赦，乃让其子去杀人。李膺担任河南尹，遂拘捕其子。不久果然大赦，张成之子被赦免。李膺更加愤怒，不顾赦令，处死张成之子。当初，张成因精通占卜结交了宦官，桓帝也常向他询问占卜之事。张成之子被处决后，张成的弟子牢修上书诬告李膺等人豢养太学游士，交结诸郡生徒，频繁往来，结党营私，诽讪朝廷，疑乱风俗。桓帝看罢，龙颜震怒，颁发诏书到各郡国，令逮捕党人，并布告天下，让所有人都愤怒憎恶之。李膺等人被逮捕。

桓帝时，宦官专朝，政刑暴滥。延熹九年，襄楷上疏道："臣闻杀无罪，诛贤者，祸及三世。自陛下即位以来，频行诛伐，梁、寇、孙、邓，都被灭族，其余受到牵连者不计其数。李云上书，明主不该避忌，杜众乞求同死，应体谅他是想让陛下觉醒之意，却不曾得到宽恕，一同被残害，天下之人，皆知其冤。自汉兴以来，拒谏诛贤，用刑太深，没有比得上今天的。"

李固与大将军梁冀书，信中说道："天下不幸，接连遭受忧患。皇太后圣德当朝，摄统万机；将军秉性忠孝，心忧社稷。可近几年间，接连三位皇帝驾崩。现在又该立新帝了。诚然是太后尽心，将军劳虑，定会挑选出合适之人。然而吾等还是有所顾虑，远寻先世废立旧仪，近见国家践祚前事，未尝不询问于公卿，广求群议，希望能上应天心，下合众望。况且永初以来，政事多谬，地震宫庙，彗星竟天，实在是将军所要考虑的。传曰'以天下给人易，为天下得人难'。以前昌邑王被立为皇帝后，昏乱日甚一日，霍光忧愧发愤，后悔至极。若不是霍光忠勇，田延年奋发，大汉的江山社稷几乎倾覆。这可是至忧至重之事，一定要深思熟虑呀。悠悠万事，唯此为大，国之兴衰，在此一举。"

适逢天下饥馑，国库虚尽，每有征伐，常会削减公卿的俸禄，并向王侯索借租赋。宦官便常以折耗军资为由，诬陷出征将帅，将帅也因此获罪。冯绲性情刚烈，不贿赂宦官，但又惧怕为宦官所陷害，乃上疏道："势得容奸，伯夷可疑；苟曰无猜，盗跖可信。故乐羊陈功，文侯示以谤书。愿请中常侍一人监军财费。"意思是，如果掌权者容忍奸臣，那么伯夷也会被怀疑；如果说没有猜疑，那么盗跖也可相信。故而乐羊陈述功劳，文侯出示诽谤他的书信。臣请朝廷派位中常侍随军监督财物使用情况。

襄楷上疏桓帝道："太学，天子教化之宫，其门无故自坏者，言文德将丧，教化废也。"意思是，太学，是天子教化之宫，宫门无故自坏，表明礼乐将要丧失，政教风化将要衰败。

襄楷上疏桓帝道："臣闻古时本无宦臣，武帝末年，因其年事已高，经常游宴后宫，才于此时设置宦官，参与朝政。此后逐渐得到任用，到了顺帝时期，更加繁盛得势。现在陛下授予他们的官爵，比以前多了十倍。"

章和元年，大赦天下，死刑犯在四月丙子以前被捕的免去死罪，不加笞刑，发配金城，然而赦令却不包括犯有死罪的逃亡者。郭躬上封事道："圣上恩德之所以减死罪而令其戍边，是因为把人的生命看得非常宝贵。如今犯死罪而逃亡者上万人，赦令颁布以来，已经抓捕不少了，可是他们不在赦令之内，都将面临死刑。臣念及天恩莫不浩荡，让死罪以下获得新生，可被捕的逃亡者却不能蒙受恩泽。臣认为赦令应该一并赦免所有逃亡者，不加笞刑，发配金城，保全人命，利于戍边。"章帝立即下诏赦免。

明帝梦见一高大金人，头顶上放射白光，第二天问群臣。有人道："西方有神，名曰佛，其形长丈六尺而黄金色。"明帝于是遣使天竺，问佛道法。

陈忠父陈宠任廷尉，上奏删除汉法中多于《甫刑》部分，但没有施行，陈宠免职后，此事便被搁置。由于苛刻的法律繁多，人们不堪忍受。陈忠大致依据陈宠之意，上奏二十三条，写成《决事比》，以省去请谳^①的弊端。又上奏除去宫刑；废除官吏因贪污三代不许为官的律条；因精神失常杀人，需减轻重罪；母子兄弟相互替代接受死刑，可准许，并赦免被替代者。这些都得以施行。

①当下级官吏遇到疑难案件不能决断时，请求上级机关审核定案。

三府没有实权，实权在尚书处，陈忠认为不妥，上疏安帝道："臣闻'君使臣以礼，臣事君以忠'。故而三公称为冢宰，君王以非常之礼对待三公，在车上见到三公则下车，坐着见到三公到来便起身，三公入朝则与国君议论政事，出外则监察百官纠正是非。依汉朝过去的典制，丞相所请，君王莫不听从。如今的三公，虽有其名却无其实，选举诛赏，全由尚书做主。尚书被重用，超过三公，衰败以来，其渐久矣。"

鄯善欲收捕班超等人送往匈奴。官属对班超道："今处危亡之地，生死全凭司马安排。"班超道："不入虎穴，焉得虎子。当今之计，唯有乘夜火攻匈奴使者，使他们弄不清楚我们到底来了多少人，必然会震惊惧怕，借此消灭他们。消灭了匈奴使者，鄯善定然惊恐，我们也就大功告成了。"众人道："应当与从事商议此事。"班超怒道："吉凶决于今日。从事乃文官俗吏，闻听此事定然恐惧，如此则会泄露我们的谋划。如果我们死无所名^②，非壮士也！"众人道："好。"

②指不明不白地死去。

崔烈，在北州有威望，历任郡守、九卿。灵帝时，开鸿都门张榜卖官爵，从公卿州郡下至黄绶^③各有差等。富有的先交纳钱，贫穷的任职后加倍偿还。有的人靠宫中的常侍、阿保打通关节。当时段颎、樊陵、张温等虽有功勋，也要先交一定的钱物才能任职。崔烈便靠阿保入钱五百万，才得任司徒。到了拜官之日，天子临轩，

③即铜印黄绶，指的是俸禄在六百石以下、二百石以上的官吏。

百僚到会。灵帝看到崔烈，便转身对亲信道："真后悔没加价，起码可以卖到千万钱。"程夫人在旁答道："崔公乃冀州名士，岂肯买官？赖我得是，反而不知美好吗？"言下之意，"崔烈乃名士，怎肯轻易买官？那是我从中周旋的结果，他能出五百万已经不少了，陛下应该知足了。"崔烈从此声誉衰减。

【不入虎穴，
焉得虎子】

朝廷日益混乱，纲纪衰败，李膺却仍然维护朝纲，保持风纪，因此声望越来越高。文人学士受到他的接待，便被称作登龙门。党人事件发生后，朝廷决定拷问李膺等人。案子经过三府，太尉陈蕃拒绝审理，他说道："现在要拷问的，皆是海内受人赞誉、忧国忠公的大臣。此等人就算他们的十世子孙犯了过错也应当宽恕，岂有罪名不清就逮捕拷问？"不肯参与连署。桓帝恼怒，就把李膺等人下到黄门北寺狱。李膺等人口供涉及不少宦官子弟，宦官大多恐惧，遂请求桓帝说，依照天时理当赦免囚犯，桓帝乃大赦天下。李膺免职回归乡里，居于阳城山。天下士人都认为他高尚，而认为朝廷污秽。

【登龙门】

窦武欲尽诛宦官，其奏书被长乐宫五官史朱瑀私自打开阅览。朱瑀阅毕，大骂道："宦官中胡作非为的，自是可以诛杀。我等何罪之有，却要全部杀光！"乃大呼道："陈蕃、窦武上奏太后要废皇帝，乃大逆不道！"于是连夜召集亲信诛杀窦武。

陈蕃与窦武欲诛杀宦官，不料事情败露，曹节等人假传圣旨诛杀了窦武等人。陈蕃当时七十余岁，率领官属诸生八十余人，拔刃冲进承明门，振臂高呼道："大将军忠诚卫国，黄门宦官叛逆，如何说窦氏没有道义？"王甫这时出来，与陈蕃相遇，听他如此说，便责备陈蕃道："先帝（桓帝）新弃天下，山陵（皇帝坟墓）未成，窦武何功，兄弟父子，一门三侯？另外他还带走后宫女子多人，作乐饮宴，旬月之间，资财亿计。大臣若此，是为道邪？公乃国家栋梁，却徇私枉法结为私党，还要到哪里去抓贼？"遂下令拘捕陈蕃。陈蕃拔剑呵叱王甫，王甫的兵士不敢靠近，乃增加兵士把陈蕃围了几十层，最终拘捕陈蕃，送入黄门北寺狱。黄门随从骑兵踢踹陈蕃，说道："死老鬼！还能裁减我们人数，剥夺我们财富吗？"当日杀害陈蕃。

张钧上奏章，言若要平黄巾，当诛十常侍。灵帝将张钧的奏章给张让等人看，这些人吓得免冠、徒跣、顿首，乞求入洛阳诏狱，愿拿出家财资助军队。灵帝要他们戴上冠，穿上鞋，一切如同往常。灵帝对张钧怒道："此真狂子也。十常侍中难道一个好人都没有？"张钧再次上疏，灵帝将它搁置一边不予答复。

皇甫嵩既破黄巾，威震天下，而朝政日乱，海内虚困。前信都令汉阳阎忠来游说皇甫嵩，说道："功业已就，天下已顺，然后请呼上帝，示以天命，混齐六合，南面称制，移宝器于将兴，推亡汉于已坠，实神机之至会，风发之良时也。夫既朽不雕，衰世难佐。若欲辅难佐之朝，雕朽败之木，是犹逆坂走丸，迎风纵棹，岂云易哉？且今竖宦群居，同恶如市，上命不行，权归近习，昏主之下，难以久居，不赏之功，谗人侧目，如不早图，后悔无及。"

灵帝驾崩后，大将军何进、司隶校尉袁绍谋划诛杀宦官，而太后不应允，于是他们私自召董卓带兵入朝，以胁迫太后。董卓得召后，当天上路。并上疏道："臣听说扬汤止沸，不如釜底抽薪；弄破恶疮虽痛，胜似它侵入身体内部。往昔赵鞅兴晋阳之甲，以逐君侧之恶人。今天臣则鸣钟鼓到洛阳。请求抓捕张让等人，以消奸秽。"

何进欲诛杀宦官，其弟何苗道："当初我们从南阳来，皆是贫贱之身，依靠宦官才得以富贵。国家之事，谈何容易！覆水难收，宜深思之，还是与宦官和解吧。"何进更加犹豫不决。

张让派人持兵器埋伏于宫内，假传何太后的诏令召何进。何进入宫，张让等人责问何进道："天下纷乱，也不光是我等之罪。先帝曾与何太后有不快，险些废了太后，是我等哭求解救，各出家财千万为礼，以取悦皇帝，那都是为了投靠你们何氏门下。如今却要尽杀我等，太过分了吧？你说宫禁之中秽浊，那么公卿以下，忠心清白者是谁？"言毕，尚方监渠穆拔剑斩何进于嘉德殿前。

董卓废黜少帝，杀何太后，盖勋写信给他，说道："昔日伊尹、霍光掌权立功，仍感寒心，足下小丑，何以终此？贺者在门，吊者在庐，可不慎哉！"董卓收信后，意甚惮之。

有关部门上奏献帝，认为和、安、顺、桓四位皇帝没有功德，不宜称"宗";另外恭怀、敬隐、恭愍三位皇后并非正嫡,不宜称"后",请求去除他们的尊号。献帝同意。

兴平元年秋七月,三辅大旱,自从四月以来一直没有下雨。献帝避开正殿以祈求降雨,派遣使者清理在押囚犯,宽赦轻罪囚徒。这时谷一斛值钱五十万,豆、麦一斛值钱二十万,人相食啖,白骨委积。献帝让侍御史侯汶取出太仓中的米和豆,为饥民做糜粥充饥,但是过了数日仍不见饿死人数有所减少。献帝怀疑有人弄虚作假,乃亲自在御座前量试米豆做成糜粥,知其中确有不实之处,便派侍中刘艾出宫责问主管官员。于是尚书令以下官员皆到省阁谢罪,奏言收捕侯汶以查实情。献帝下诏道:"不忍心把侯汶交给司法部门处置,可杖打五十。"自此之后,民众大多得以保全。

建安元年,洛阳宫室已被烧尽,百官拨开荆棘,在残垣断壁间安身。州郡各拥强兵,而粮草又未运到,群臣饥饿困乏,尚书郎以下官吏都出去采野生稻充饥,有的官吏饿死在残墙断壁间,有的官吏为兵士所杀。

董卓的宾客部下商量尊崇董卓,将他比作姜太公,称为尚父。董卓找蔡邕商议,蔡邕道:"姜太公辅佐周朝,秉受天命,灭了商朝,故此给了他一个特别的称号。现在明公威德,诚为巍巍,然比之尚父,愚意认为还未可。须等关东平定,天子返还旧京,再议此事。"董卓从其言。

洛阳城中贵戚宅第相望,金帛财产,家家殷积。董卓放纵士兵,冲进他们家里,淫掠妇女,剽虏资物,把这叫做"搜牢"。当时人心恐慌,朝不保夕。等到何后下葬,打开文陵(灵帝陵),董卓顺势把墓中珍宝全部取走。又奸乱公主,霸占宫人,虐刑滥罚,睚眦必死,宫廷内外无人能够自保。董卓曾派军队到阳城,当时人们正在社下集会,董卓命令把人全部杀死,然后驾其车重,载其妇女,以头系车辕,歌呼而还。又毁坏五铢钱,改铸小钱,尽数搜取洛阳和长安铜人、钟虚、飞廉、铜马之类,来充作铸钱的材料。导致钱贱物贵,谷子一石值钱数万。另外他铸的钱没有轮廓花纹,不便于人们使用。时人认为秦始皇在临洮见到长人,乃铸造铜人。董卓乃临洮人，如今却毁了铜人。虽说铸造熔毁不同，凶暴却是相似的。

　　董卓迁都至关中时，王允收集兰台、石室中最重要的图书秘籍运到长安，分门别类上呈，又汇集汉朝历年规章中应当继续采用的条文一并奏上。经典图籍得以保存，王允有大功。当时董卓留在洛阳，朝政大小事务，都交给王允处理。王允矫情屈意，经常奉承附和董卓，董卓对他也是推心置腹，不生怀疑，所以王允能够在危乱之中扶持汉室，臣主内外，莫不依仗他。

民心·第三十九

　　民间的声音往往最能反映事情的本质。民众身处底层，感受最深，并通过各种方式，发出自己的声音，比如《诗经》中就多有此内容。淮南王自杀，民间传唱"一尺布，尚可缝；一斗粟，尚可舂。兄弟二人不相容！"以此讥讽汉文帝。并非皇帝做的事情就是对的，既然提倡兄爱弟敬，何以皇帝本人却做不到？何以为天下之表率？平民虽无权势，但知道伦理底线，兄弟虽会有矛盾，但不至于逼迫弟弟自杀。作为广有天下的皇帝，难道连自己兄弟都不相容吗？民间的声音传出后，汉文帝闻知，既觉伤感，又觉委屈。

　　韩延寿获罪，将被斩杀，但是吏民数千人送他至渭城，老少扶着车毂，争着献上酒肉。可见吏民明辨是非，虽然韩延寿被判死罪，但是抹不掉他的政绩，也去不掉民众对他的敬意。只能说明皇帝滥杀无辜，昏庸至极，尽管皇帝是宣帝。

　　今朝有人言，"我深知国之命，在人心"。可如何顺应人心民意，则不仅仅是言语的回应，而是以实际行动回应。历史的走向，就在民心。

秦·西汉

始皇三十六年，火星侵入心宿，象征君主面临灾祸。有颗陨星坠到东郡，落地为石，有人在上边刻下"始皇帝死而地分"七字。始皇闻之，派御史前去逐个盘问，无人认罪。始皇遂下旨把居住在石旁的人全部诛杀，并焚毁其石。

曹参任相国三年去世，民众歌颂他道："萧何制法，整齐划一；曹参代之，守而不失。载其清靖，民得安宁。"

【讲若画一】

淮南王乃文帝之弟，素来骄横越礼，最终犯得大罪。文帝虽没有诛杀他，却把他流放远地。淮南王性格刚烈，无法承受这般羞辱，于途中自杀。民间有人作歌，谈及此事，唱道："一尺布，尚可缝；一斗粟，尚可舂。兄弟二人不相容！"文帝闻之，不觉伤感，乃道："往昔尧、舜放逐亲生骨肉，周公杀死管叔、蔡叔，天下称圣，赞扬他们不以私害公。现在天下人难道以为我是贪图淮南王的封地吗？"

韩延寿获罪，将被斩杀于街市。吏民数千人送他至渭城，老少扶着车毂，争着献上酒肉。韩延寿不忍拒绝，每人献上的酒他都饮，共计饮酒一石有余。乃让掾史拜谢送行之人，说道："劳苦吏民相送，延寿死无所恨。"吏民莫不流涕。

吏民赞美冯野王、冯立两兄弟相继为当地太守，作歌道："大冯君，小冯君，兄弟继踵相因循，聪明贤知惠吏民，政如鲁、卫德化钧，周公、康叔犹二君。"意思是，冯野王、冯立两兄弟相继为太守，惠民政策又相继因循。不觉想到往昔的鲁卫两国，鲁国的周公，卫国的康叔，他们二人乃兄弟，且治国利民也都一样，力行德化，广施万民。现在冯野王、冯立两兄弟就如同当年的周公与康叔。

成帝即位后，石显失去了靠山，不到数月，丞相御史就向成帝列举石显以往的罪行，石显的党羽牢梁、陈顺都被罢官。石显与妻儿返回家乡，一路上忧心难安，死于路上。以前靠巴结石显而获官的，或被罢免，或被降职。少府五鹿充宗被降职为玄菟太守，御史中丞伊嘉降职为雁门都尉。长安有人作歌道："伊徙雁，鹿徙菟，去牢与陈实无贾。"

东汉

更始沉溺后宫，不理政务。李轶、朱鲔在山东擅自发号施令，王匡、张卬在三辅残暴横行。更始授予官爵的人，都是些小人、商贩，有的是屠夫，有的是厨子，他们当中很多人奇装异服，甚是轻浮，于大道之上高声乱骂。长安之民作歌道："灶下养，中郎将。烂羊胃，骑都尉。烂羊头，关内侯。"

岑熙迁魏郡太守，行无为而治，任职二年，人们歌颂道："有了枳棘，岑君伐之。有了害虫，岑君灭之。社会安宁，狗叫不惊，因为没什么追逐的，狗的足下都长起了毛。生活安逸，哪知凶灾？很高兴我生活在这个时代，美哉岑君。"

耿纯为东郡太守，治理有方。在他任职的第四年，其治下的发干县县令犯罪。耿纯把判决奏上，派人看守县令。奏章还没批复下来，县令却自杀了。耿纯因此被免职，以列侯身份奉朝请。他跟随光武攻打董宪，路过东郡，老少数千人跟随光武车驾，哭泣道："希望耿君再度任职。"光武对公卿道："耿纯年少时只是披挂甲胄的军吏而已，不承想治理郡事竟能被人如此想念！"

更始元年，朝廷派使者召侯霸，民众不论老少相随大声痛哭，拦住使者车子，有人躺在道路中间阻止，大家都道："想请侯君再留任一年。"他们甚至告诫正哺乳的妇女不要养育孩子，侯君若真走了，谁都不会安全。使者担心侯霸一旦受召，临淮一定大乱，也就不敢给他诏书，并把情况上奏朝廷。

郭贺，字乔卿。拜任荆州刺史，有政绩。民众唱歌称赞道："厥德仁明郭乔卿，忠正朝廷上下平。"意思是，道德仁慈又明察的郭乔卿，忠于朝廷，上下安宁。

杜诗为南阳太守，他生性节俭，从政清廉。为了减轻民众的劳苦，杜诗做了很多事情。他造水排，铸农器，用力少，见效多，民众得到诸多便利。他又修治池塘，广拓土田，郡内家家户户都很富足。时人将他比作召信臣。召信臣也曾为南阳太守，开通了数十条沟渠。所以南阳人道："前有召父，后有杜母。"

张堪拜为渔阳太守。匈奴曾派上万骑兵进攻渔阳，张堪率数千骑兵前往回击，将其打得大败，郡界由此安宁平静。张堪乃在狐奴开垦稻田八千余顷，鼓励民众耕种，由此日益富足。民众唱道："桑无附枝，麦穗两歧。张君为政，乐不可支。"任职八年，匈奴不敢侵犯边塞。

朱晖崇尚操守气节，就连选拔任用官吏他也以此为标准。他推崇道义，乃至于如果有的罪犯是因为复仇而杀人，朱晖便觉得此人复仇是基于道义，便想方设法为其开脱。但对那些不义之囚徒，他自是毫不留情，严厉处罚。官民对他是又敬又爱，为他作歌道："强直自遂，南阳朱季。吏畏其威，人怀其惠。"意思是，刚正而自行其意的南阳朱晖，官吏害怕他，民众怀念他。

黄巾军口号："苍天已死，黄天当立，岁在甲子，天下大吉。"

黄巾军被平定，改年号为中平。皇甫嵩奏请免除冀州一年的田租，以赡饥民，灵帝从之。民众唱道："天下大乱兮市为墟，母不保子兮妻失夫，赖得皇甫兮复安居。"意思是，天下大乱啊市井废墟，母不保子啊妻子失夫，赖有皇甫啊又得安居。

君臣・第四十

　　孟子有言："君之视臣如手足，则臣视君如腹心；君之视臣如犬马，则臣视君如国人；君之视臣如土芥，则臣视君如寇雠。"（《孟子·离娄下》）贾谊提出君主要尊重大臣的尊严和人格，大臣自会自我约束，忠于君主，形成良好的君臣关系，否则"主上遇其大臣如遇犬马，彼将犬马自为也"。可这终究于实践中很难落实。不论孟子之论，还是贾生之言，都说明了君臣关系处理得好坏决定于君主。

　　秦二世杀李斯，赵高诛秦二世；刘邦夺取天下，诛杀功臣，又羞辱丞相萧何；文帝打压丞相周勃；景帝害死周亚夫；武帝滥杀大臣，三位丞相接连获罪而死；宣帝诛杀贤士韩延寿。君主如此这般，还指望臣子永远效忠，岂不可笑？东汉的光武帝没有诛杀功臣，很是难得；明帝亲自殴打尚书郎；梁冀杀质帝；董卓废后少帝。

　　总而言之，君主权力大揽的时候，如果修为不深，就会随意处置臣子；君主权力虚弱或年幼时，强臣如果修为不深，也会废除乃至诛杀君主。就这样轮番往复，没有君主立宪，君臣关系只能如此这般轮回，人性使然。

　　至于君主大言不惭地说道："朕能生君，能杀君；能贵君，能贱君；能富君，能贫君。君何以慢朕命？"樊英回答得好，他答道："臣受命于天。生尽其命，天也；死不得其命，亦天也。陛下焉能生臣，焉能杀臣！臣见暴君如见仇雠，立其朝犹不肯，可得而贵乎？虽在布衣之列，环堵之中，晏然自得，不易万乘之尊，又可得而贱乎？陛下焉能贵臣，焉能贱臣！臣非礼之禄，虽万钟不受；若申其志，虽箪食不厌也。陛下焉能富臣，焉能贫臣！"

秦·西汉

　　陈胜起兵，秦二世召集博士和儒生，问道："楚地的戍卒攻下蕲县并进入陈县，你们如何看？"博士儒生三十余人进前道："人臣不能作乱，作乱就是谋反，罪在不赦。愿陛下马上发兵攻打叛军。"二世大怒，变了脸色。叔孙通进前道："诸生所言不对。今天下合为一家，已经拆去了城池，销毁了兵器，以此向天下表明不再用武。况且明主在上，法令推行于下，官吏尽职，四方归心，如何会有谋反的呢！这些人不过是鼠窃狗盗的盗贼罢了，何足挂齿。郡守、都尉正在捕杀他们，有何可忧虑的？"二世很高兴。接着二世又尽问诸生，有的说是谋反，有的说是盗贼，便把说是谋反的以"非所宜言"[①]罪下狱，把说是盗贼的罢免，而拜叔孙通为博士。叔孙通退出后，返回学馆，诸生问："先生为何阿谀逢迎？"叔孙通道："你们哪里知道，我差点也落入虎口。"乃逃到薛县，此时薛县已归降楚了。

　　刘邦曾跟韩信闲谈。刘邦问："像我这样，能带多少兵？"韩信道："陛下不过能带十万。"刘邦问："你呢？"韩信道："多多益善。"刘邦笑道："那如何还被我擒住了？"韩信道："陛下不善于带兵，却善于驾驭将领，这就是我被擒住的原因。况且陛下的能力乃天授，非人力所及。"

【多多益善】

　　项羽败死，高帝置酒当众面折随何，说道："腐儒！治天下安用腐儒！"随何道："陛下引兵攻打彭城，当时楚王还没有离开齐国，陛下发步兵五万、骑兵五千，能夺取淮南国吗？"刘邦道："不能。"随何道："陛下派我与二十人出使淮南国，实现了陛下心愿，说明我的功劳比五万步兵、五千骑兵还要大。然而陛下说我是'腐儒'，'治天下安用腐儒'，何也？"刘邦道："我正在考虑你的功劳呢。"

　　淮南王英布惧怕被诛杀，便起兵反刘邦。英布的军队十分精锐，刘邦固守庸城，见英布军队布陈如同项羽军队一般，甚是厌恶。乃对英布遥呼道："何苦要反叛?"英布道："欲为帝耳。"刘邦怒骂，大战开始。

萧何因为民请上林苑之地而下狱，事后，王卫尉劝谏刘邦。刘邦虽不悦，自觉理亏，便派使者持符节赦免萧何。萧何年纪已高，素来恭谨，徒跣谢罪。刘邦道："相国别这样! 相国为民请求我的林苑未得允许，我不过是桀、纣之主，而相国为贤相。我所以拘捕相国，是想让百姓知道我的过错。"

韩信临死前叹息道："后悔不用蒯彻之言，如今死在女子之手!"刘邦闻之，乃下诏召蒯彻，蒯彻一到，刘邦就想把他烹了，说道："你教韩信反叛，为何?"蒯彻道："狗只识主人，吠咬生人。当时，臣只知齐王韩信，不知陛下。况且秦失其鹿，天下共逐之，有雄才大略者先得到。天下匈匈，争着想成陛下这样的人并不少，无非力不能及，陛下能把他们都杀了吗?"刘邦乃赦之。

萧何病重，惠帝去探望，问道："君即百岁后，谁可代君?"萧何道："知臣莫如主。"惠帝道："曹参如何?"萧何顿首道："帝得到贤才了，萧何死而无憾了!"

冯唐，其祖父是先秦时期的赵国人。其父移居至代郡。汉建立后，迁至安陵。冯唐以孝行闻名，被举荐为郎中署长。文帝车辇经过郎中官署时，问冯唐道："老人家为何还在做郎官? 家住何处?"冯唐如实回答。文帝道："我居代地时，我的尚食监高祛多次对我称赞赵将李齐，讲述鏖战于巨鹿城下的故事。我每逢进餐，便想到李齐鏖战巨鹿的情景。老人家知道李齐吗?"冯唐道："李齐为将不如廉颇、李牧。"文帝道："有何根据?"冯唐道："臣祖父在赵国时，为帅将，与李牧友善。臣父任代相，与李齐要好，知其为人。"文帝闻言，非常高兴，拍着大腿，说道："嗟乎! 可惜我偏偏得不到廉颇、李牧，不然，岂忧匈奴哉!"冯唐道："惶恐! 陛下就算有廉颇、李牧，也不会任用。"文帝大怒，起身回宫。良久，召见冯唐，埋怨道："为何当众侮辱我? 难道没有僻静处吗?"冯唐谢罪道："粗鄙之人不懂忌讳。"

文帝曾让善于相面的许负给邓通看相，许负道："当贫穷饥饿而死。"文帝道:"能让邓通富贵的人是我,如何说贫穷呢?"乃把蜀郡严道的铜山赐给邓通,让他铸造钱币。由此邓通铸造的钱币流布天下,其富贵程度可想而知。

文帝曾经长了脓疮,邓通常为文帝吸脓疮。文帝从容问邓通道:"你认为天下谁最关心我?"邓通道:"应该莫若太子了。"太子前来问疾,文帝让太子吸疮,太子虽然吸了,但面色难看。后来太子听说邓通多次为文帝吸疮,很惭愧,由此暗恨邓通。

文帝想念贾谊,召其回长安,于宣室接见之。文帝因对鬼神之事很感兴趣,便向贾谊询问鬼神的本质。贾谊乃详细讲解。两人一直谈到深夜,文帝听得不知不觉向前移动。谈话结束后,文帝道:"很久没见贾生了,自以为超过他,今天看来,还是不及啊。"

季布为河东郡守,有人对文帝讲季布很有才能,文帝把他召进京城,想任命他为御史大夫。可又有人说季布骁勇,酗酒任性,不宜为近臣。季布到了京城,在客馆滞留一个月,文帝又令其返回河东。季布进言道:"臣任职河东,陛下无故把臣召进京城,这一定有人谬赞臣而欺陛下。如今臣来了,陛下又不委以职事,便让臣返回原郡,这一定有人诋毁臣。陛下以一人之誉而召臣,又以一人之毁而去臣,臣担心天下有识之士闻听此事会对陛下影响不好。"文帝默然,惭愧道:"河东是我股肱之郡,因而特意召见君!"

七国兵起,景帝惶恐,乃用袁盎之计诛晁错,以使七国罢兵。景帝与大臣密谋诛杀晁错,晁错根本不知。景帝派中尉召晁错,骗他去巡行街市,穿着朝服的晁错于东市被斩。

谒者仆射邓公担任校尉,于前线阻击吴、楚联军。回京晋见景帝,汇报军事情况。景帝问:"公从前线归来,吴、楚闻听晁错已诛,是否罢兵?"邓公道:"吴王为谋反已准备数十年了,因削减其封地而动怒,借诛杀晁错为名起兵,其本意并不在晁错。臣恐天下之士从此闭口,不敢再进言了!"景帝问:"为何?"邓公道:"晁错忧患诸侯强大了无法控制,所以请求削减诸侯封地,以尊京师,此乃万世之利。计划刚开始实行,竟然遭受杀戮。内杜忠臣之口,外为诸侯报仇,臣窃以为陛下这样做是不可取的。"景帝喟然长叹，说道："公说得对，我也挺后悔的。"

景帝于宫中召见周亚夫，赏赐其食物，可食物却是没有切好的大块肉，又不备置筷子。周亚夫心中不满，回头叫主席者取筷子。景帝笑道："这些还不够吗？"周亚夫免冠谢罪。景帝道："起来。"周亚夫趋步而出。景帝目送之，说道："如此郁郁不乐，不可做辅佐少主之臣。"

周亚夫之子从工官买了五百具尚方甲盾，作为父亲逝世后的陪葬品。雇工做事很辛苦，但亚夫子却不给工钱，雇工知道他偷买天子用具，便向朝廷告发他要谋反，事情连累到周亚夫。奏书呈上后，景帝交付官吏查办。官吏责问周亚夫，周亚夫不回答。景帝知道后，骂道："我不用他回答。"乃交给廷尉处置。廷尉责问道："君侯为何要谋反？"周亚夫道："臣买的器具乃葬器，如何说是谋反？"小吏旁边道："君纵然不想在地上谋反，也会想在地下谋反。"起初，官吏逮捕周亚夫，周亚夫便要自杀，其夫人阻止。后押入廷尉，亚夫五日不食，呕血而死。

周仁平时穿着打着补丁且肮脏的破衣服，故意把自己弄得不干不净，却因此得到景帝宠幸。他可以进入皇帝卧室，景帝和美女们嬉戏，周仁常在旁边观赏，但始终不言一语。景帝有时问及他人的长短，周仁道："陛下自己判断吧。"周仁虽知他人的缺点，却不在景帝面前诋毁。

景帝末年，万石君已告老还乡，但会以大臣的身份参加每年的朝会。经过皇宫的门楼，万石君一定下车小步快走，见到皇帝的车驾，一定俯身扶着车轼①表达敬意。为小吏的子孙回家拜见他，万石君一定身着朝服接见，不呼名字，但呼官职。如果子孙有过失，他也不谴责，只是坐在一旁，面对食案，只看不食。子孙见状只能相互指责，请族中长辈说情，然后肉袒谢罪，才能获得万石君原谅。子孙与他在一起，必须穿戴整齐，彬彬有礼。仆人也要毕恭毕敬。景帝时常赏赐他美食，他一定跪下叩拜俯伏而食，就好像景帝在面前。

严助与武帝闲聊，武帝问严助在家乡时的一些事情，严助道：

① 车厢前面用作扶手的横木。

"家中贫穷，受富有连襟的欺辱。"武帝问他有何请求，严助说想做会稽郡太守。于是武帝拜严助为会稽郡太守。

大将军卫青入禁中受事，武帝蹲在厕所里召见他。丞相公孙弘平常因事进见，武帝有时也不戴帽子。至于汲黯进见，武帝不戴帽子绝对不接见。武帝曾经坐在武帐中，汲黯走上前要面奏，当时武帝没有戴帽子，望见汲黯走来，立即避入帷帐中，派近侍传言，批准他所奏之事。

江充随武帝去甘泉宫，遇见太子家使者乘车马行驰道中，驰道乃皇帝专用车道，江充便将使者逮捕问罪。太子闻之，遣人向江充道歉道："并非吝惜车马，实在不愿让皇上闻知此事，以为我平时对左右管教不力。但愿江君能宽恕。"江充不听，还是向武帝奏报了。武帝道："人臣就该这样嘛。"江充由此大受信用，威震京师。

朝廷多事，经常督察责罚大臣。自公孙弘以后，丞相李蔡、严青翟、赵周三人接连获罪而死。石庆虽因谨慎得享善终，但也多次被谴责。当初，公孙贺拜为丞相时，他不接受印绶，顿首涕泣，说道："臣本边地鄙人，凭鞍马骑射得以为官，才能实在无法胜任宰相。"武帝和左右见公孙贺如此悲哀，也都感动下泣，武帝道："扶起丞相。"公孙贺不肯起，武帝起身走了，公孙贺不得已接受任命。出宫后，左右问其故，公孙贺道："主上贤明，我当丞相不称职，恐怕受重责，从此危险了。"

宣帝始立，去谒见高庙，大将军霍光陪乘，宣帝心里十分害怕，若有芒刺在背。后来车骑将军张安世陪乘，宣帝身体舒展，毫无拘束，感到安全又亲近。及霍光身死，其宗族竟被诛灭，因此民间传言道："威震主者不畜，霍氏之祸萌于骖乘。"意思是，威震君主的人不会被容留，霍氏的祸患始于陪乘。

哀帝提拔郑崇担任尚书仆射。他数次求见哀帝谏净，哀帝开始还采纳他的建议。每次看到郑崇拖着革履而来，哀帝笑道："我能听出郑尚书的脚步声。"

哀帝责问郑崇道："君自己家门庭若市，为何要责备我?"郑崇道："臣虽门庭若市，但心如止水。愿接受审查。"哀帝大怒，把郑崇下狱，彻底追究，郑崇死于狱中。

【断袖】

董贤常与哀帝同起卧。有一次他们白日同寝，董贤身子压住了哀帝的衣袖，哀帝想起来，怕惊醒董贤，乃割断袖子再起身。

哀帝设宴麒麟殿，董贤父子亲属都被请来宴饮，王闳兄弟侍中中常侍都在旁。哀帝上了醉意，从容看着董贤笑，说道："我欲效法尧让位于舜，如何？"王闳劝阻道："天下乃高皇帝天下，非陛下之有也。陛下承宗庙，当传子孙于无穷。皇统大业至关重要，天子无戏言！"哀帝默然不悦，左右皆惶恐。

哀帝临去世前，将玺绶交给董贤道："不要随便交给他人。"当时没有立太子，朝廷内外惶恐不安，王闳禀告元皇后，请求夺回玺绶。他佩剑到宣德殿后门，手指董贤，斥责道："皇帝已经晏驾，国君还没有确立，公受恩深重，当伏地痛哭，为何拿着玺绶一直不放，难道等祸事来临吗？"董贤知道，若不交出，王闳必会杀他，乃交出玺绶。

王嘉喟然仰天叹道："幸得充备宰相，不能进贤、退不肖，以是负国，死有余辜。"狱吏询问贤与不肖之人，王嘉道："贤，故丞相孔光、故大司空何武，不能进；恶，高安侯董贤父子，佞邪乱朝，而不能退。我罪当死，死无所恨。"王嘉拘囚狱中二十余日，不食，呕血而死。

息夫躬被罢官后，返回封国，没有房屋居住，只好寄居空亭之中。窃贼认为侯家富贵，想来钱财不少，便常在夜间守候，伺机下手。息夫躬的同邑人贾惠去看望息夫躬，就教他防盗贼的鬼神之术，息夫躬便于夜晚依法施行[①]。于是有人上书说息夫躬心怀怨恨，非议朝政，预测天子吉凶，与巫师诅咒皇上。哀帝派侍御史、廷尉监逮捕息夫躬，押送到洛阳监狱。有司正要对他拷打审问，息夫躬仰天大呼，倒于地上。官吏上前查看，息夫躬已停止呼叫，血从鼻耳流出，不一会儿就过世了。

王莽每天抱着孺子会见众臣，并声称："往昔成王年幼，周公摄政，而管、蔡挟持禄父反叛，今天翟义也挟持刘信作乱。自古大圣尚且忧惧此事，何况臣王莽才识短浅呢！"众臣都道："不遭此

①长风曰：既然穷得一无所有，不知防贼为何？

变，不章圣德。"

王莽执政时以安车迎接薛方，薛方通过使者谢绝道："唐尧、虞舜在上为君时，下有巢父、许由隐于民间，今明主正振兴唐、虞之德，小臣想守箕山之节。"使者告知王莽，王莽很高兴，不再勉强他了。

东汉

更始将军刘玄即皇帝位，面向南而立，接受群臣跪拜。刘玄一向懦弱，举行登基仪式时羞愧得汗流不止，举着手，说不出话。

刘伯升、刘秀两兄弟都乃当代英才，虽然投靠了更始，但更始君臣都觉得刘伯升是个威胁，一直想诛杀他。便大会诸将，更始帝拿过刘伯升的宝剑观赏，想借此诬陷他有弑君之罪，随后绣衣御史申屠建献上玉玦，暗示更始帝立即下令诛杀，但更始帝有所犹豫，并没下令。罢会后，刘伯升的舅舅樊宏对刘伯升道："昔日鸿门宴上，范增举玉玦暗示项羽杀汉王。今天申屠建此举，莫非不是好意？"刘伯升笑而不应。

刘盆子居住在长乐宫，诸将日日聚会讨论功劳大小，争吵喧哗，有的竟然拔剑击柱，谁也说服不了谁。三辅郡县营长遣使贡献物品，兵士便抢走。兵士又多次虏暴吏民，百姓只得建造堡垒，坚守自卫。到了腊日，樊崇等人设置鼓乐，举行盛大宴会，刘盆子坐于正殿，中黄门持兵器站在其后，公卿都列坐于殿上。酒席还未开始，有一人拿出刀笔要上前书写贺词，其余不会写字的起来请求代写，他们聚集在一起，或背对，或面向。大司农杨音按剑，骂道："诸卿都老糊涂了！今日设置君臣礼仪，反而更加混乱，儿戏尚不如此，皆可格杀！"他们便争辩，而兵众则越过宫墙，砍断门闩，进去抢掠酒肉，互相杀伤。卫尉诸葛稚闻讯，率军进入殿内，杀死一百余人，方才安定。刘盆子惶恐不安，日夜哭泣，独与中黄门共卧起，只登上观阁而不闻外事。

【格杀不论】

刘恭见赤眉太乱，知其必败，恐怕自己与兄弟刘盆子同遭祸难，乃密教刘盆子如何归还玺绶。后来群臣大会，刘盆子下坐床，解下玺绶，叩头道："如今虽立天子，然而贼盗猖狂如故。吏人贡献物品，都会被抢劫，这事流传四方，没有谁不怨恨的，不再信服向往我们了。这都是立了不该立的皇帝所致，希望让我辞去帝位，让与贤圣，如果一定要杀我来抵塞罪责，我不会逃避。真诚希望各位能哀怜我！"乃涕泣唏嘘。樊崇等人及与会者数百人，莫不哀怜之，皆避席顿首道："臣等行为失检，有负陛下。自今以后，不敢再放纵。"于是一起把刘盆子抱上坐床，给他挂上玺绶。刘盆子虽呼号，但身不由己。

光武帝与功臣诸侯宴饮交谈，从容道："诸卿如果遇不上时机，自觉能做到多大官？"高密侯邓禹首先答道："臣少时曾求学，可以做个郡文学博士。"光武道："为何如此谦虚？卿乃邓氏子孙，志行修整，如何做不得掾功曹？"其余的人按序回答，轮到马武，他道："臣凭武勇，可做个郡守军尉督盗贼。"光武笑道："暂且别说督盗贼，能做到亭长就不错了。"

刘秀即帝位后，吴汉和王梁并为三公，而他们二人当年能够降于刘秀皆是彭宠之功。可现在彭宠却没有被加官晋爵。他悒郁不得志，乃叹道："以我的功劳当被封为王；现在如此待我，莫非陛下忘了我吗？"后来彭宠攻打蓟城，自称燕王，与刘秀对抗！

马武为人嗜酒，阔达敢言，经常在御前醉酒面折同僚，言其短长，无所避忌。光武故意放纵他，以为笑乐。

耿纯回到京城，向光武请求道："臣本吏家子孙，幸遭大汉复兴，圣帝受命，臣备位列将，爵为通侯。天下平定，臣无所事事，愿试治一郡，当尽力效劳。"光武笑道："卿既治武，又欲修文邪？"乃拜耿纯为东郡太守。

光武虽然制御功臣，但常能曲法宽容，饶恕他们小的过失。远方进贡珍贵甘美之物，必先遍赐列侯。有功劳的，就增加封邑赏赐，不以官职委任，故此功臣都能保其福禄，没有被杀遭贬的。

窦融因与兄弟并受爵位，长期专任一方，心中恐惧，多次上奏请求派人接替自己。光武下诏道："我和将军如同左右手，将军屡次执意谦让，为何不晓人意？努力安抚士民，不要擅离职守。"

司徒侯霸举荐前任梁令阎杨。阎杨先前多次讥讽批评朝政，光武帝很厌恶他。见到侯霸的举荐奏章，怀疑其中有奸私，大怒，给侯霸诏书道："崇山、幽都哪里可以流放，斧钺砍下杀你头。你是想以身试法呀，还是想杀身成仁啊？"

吴汉病，光武来探望，问他还想说些什么。吴汉答道："臣愚笨，没什么见识，只希望陛下轻易不要宽免罪行。"

李通在布衣时就倡议起事，终于帮助光武成就大业，又因娶了宁平公主，自是受到光武帝亲近器重。但他生性谦虚恭敬，常想躲避权势。他一直患有消渴病，自从做了丞相，就推托病重不理政事，连年请求辞职，光武帝令他带职回家休养，李通又坚决推辞。

光武帝召见任延，告诫道："善事上司，不要坏了名誉。"任延道："臣闻忠臣不私，私臣不忠。履正奉公，臣子之节。上下雷同，非陛下之福。善事上司，臣不敢奉诏。"光武叹息道："卿言是也。"

此前三公大多因罪被贬退。光武帝认为冯勤贤能，想让他以善自终，以免步人后尘，乃乘宴会接见时，从容劝他道："朱浮上不忠于君，下欺压同僚，因罪免去三公之职直到如今，死生吉凶未可知，岂不可惜！人臣被流放诛杀，即使事后再追加赏赐祭奠，也不足以抵偿不资之身。忠臣孝子，明察前世，应以此为鉴。能够尽忠于国，事君无二，则爵位与赏赐便能光乎当世，功名列于不朽，怎能不自勉呢？"冯勤更加恭约尽忠，人称他在三公之位很称职。

窦宪的妹妹为皇后，依仗此权势，窦宪竟然以低价夺买沁水公主（明帝之女）的园田，公主畏惧，也不敢计较。章帝车驾经过此园，指着园子问窦宪，窦宪语塞。后来事情暴露，章帝大怒，召见窦宪，责备道："深思先前的过错，你夺取公主田园时，岂不胜过赵高指鹿为马吗？久念使人惊恐。往昔永平年间，明帝曾命令阴党、阴博、邓叠三人相互监督，因此皇亲国戚没有敢犯法的，可明帝还是勤下诏书，还曾因舅舅家的田宅发话。现在公主尚且被侵凌夺取，更何况小民呢！国家抛弃窦宪就如同抛弃孤雏腐鼠。"窦宪是又震惊又惧怕，皇后代他谢罪，好久章帝怒气才平息，让窦宪把田园归还公主。虽然不治他的罪，但也不予重用。

明帝性情褊狭苛察，以派人探听他人隐私为圣明，因此公卿大臣多被诋毁，近臣尚书以下官吏甚至受到殴打。明帝曾经因事迁怒于郎药崧，以杖撞击他。药崧逃到床下，明帝更加愤怒，疾言道："郎出来！郎出来！"药崧道："天子穆穆，诸侯皇皇。未闻人君亲自打郎的。"明帝乃赦免他。

德阳殿建成，百官大会。明帝想起钟离意的话，便对公卿道："钟离尚书如果在此，这座殿就不会建成了。"

【跋扈将军】冲帝崩，梁冀立质帝。质帝少而聪慧，知道梁冀骄横，曾经在朝堂上当着群臣，看着梁冀道："此乃跋扈将军。"梁冀闻言，痛恨质帝，乃令亲信在饼中加入毒药，质帝当日中毒而亡。

邓太后下诏免张俊死罪，张俊用假名上疏谢道："臣孤恩负义，自陷重刑，情义断绝，无所复望。廷尉鞫遣，欧刀在前，棺絮在后，魂魄飞扬，形容已枯。陛下圣泽，以臣尝在近密，识其状貌，伤其眼目，留心曲虑，特加遍覆。丧车复还，白骨更肉，披棺发椁，起见白日。天地父母能生臣俊，不能使臣俊当死复生。陛下德过天地，恩重父母，诚非臣俊破碎骸骨，举宗腐烂，所报万一。臣俊徒也，不得上疏；不胜去死就生，惊喜踊跃，触冒拜章。"

杜根生性方正诚实，急躁而率直。永初元年，被举为孝廉，任郎中。当时和熹邓后临朝，权在外戚。杜根认为安帝已成年，应亲理政事，乃与其他郎官上疏直谏。太后大怒，收押杜根等，下令将他们装在绢制袋中，摔死于殿上。执法者因杜根为知名人士，私下告诉行刑者不可太用力，既而载出城外，杜根苏醒过来。太后派人察看，杜根乃诈死三日，眼中都生了蛆，才得以逃窜。在宜城山中做了十五年的酒保，酒家知其贤，厚敬待之。

杨璇兄杨乔，任尚书。他容仪伟丽，多次上疏谈论政事，桓帝爱其才貌，下诏将公主许配给他。杨乔坚决推辞，但桓帝不允，于是杨乔乃绝食，七日后便去世了。

大司农刘据因为职事受到谴责，顺帝召他到尚书台来，传呼的吏役催赶他，还用鞭子抽打。左雄上言道："九卿在朝中仅次于三公，同为大臣，行有佩玉之节，动有庠序之仪。从明帝时才有对大臣的殴打惩罚，这都不合传统典制。"顺帝随即改掉了这些做法，此后九卿再无人受到殴打鞭笞。

　　顺帝征樊英，樊英不得已到京，称疾不肯起。顺帝乃强行将他抬入殿中，樊英犹不以礼屈。顺帝大怒，谓樊英道："朕能生君，能杀君；能贵君，能贱君；能富君，能贫君。君何以慢朕命？"樊英道："臣接受的是天命。活着是天命；死了也是天命。陛下怎么使臣活，又怎么杀掉臣！臣看见残暴的君主就像见到仇敌，站在暴君的朝堂上还不肯，怎么能使臣显贵呢？臣虽身为平民，住在陋室，却怡然自得，无异于皇帝之尊向，又怎能使臣低贱呢？陛下怎能使臣显贵，使臣低贱！不合乎礼的俸禄，虽是万钟俸禄，臣也不接受；如果能够伸展自己的志向，就算是一箪食，臣也不会厌弃。陛下怎能够使臣富足，又如何使臣贫困！"顺帝没法使他屈服，但尊重他的名声，让他去太医那里养病，每月送给他羊和酒。

　　梁冀担心质帝过于聪慧，恐为后患，就令亲近进上毒饼。质帝吃饼后，甚是烦躁，派人赶快召来李固。李固一到就上前询问："陛下怎么得病的？"这时质帝还能说话，乃道："吃了块煮饼，现在腹中烦闷，喝点水还能活。"当时梁冀也在场，说道："恐怕要呕吐，不可饮水。"话未说完，质帝就夭折了。

　　灵帝出身诸侯之家，一向贫穷，常感叹桓帝没能建造家宅，所以他努力积聚个人钱财，又在小黄门和常侍处各寄放数千万钱。常道："张常侍是我父，赵常侍是我母。"宦官得志后，无所惮畏，都修建宅第，与宫室比拟。灵帝常登永安候台，宦官害怕灵帝看见他们的住宅，就让中大人尚但劝阻道："天子不当登高，登高则百姓虚散。"自此灵帝不敢再登台榭。

　　中平元年，黄巾兴起，灵帝向吕强（宦官）询问处理办法。吕强建议先杀掉皇帝身边的贪婪邪恶之徒，广泛赦免党人，察看刺史、二千石高官是否贤能，再委以任用。灵帝采纳了他的建议，于是先赦免党人。结果常侍们人人要求辞官，并且召回在州郡任职的宗亲子弟。中常侍赵忠、夏恽等人诬陷吕强，说他"与党人一同非议朝廷，多次阅读《霍光传》。吕强的兄弟全都贪婪污秽"。灵帝闻言不悦，便派中黄门持兵器宣召吕强。吕强闻听皇帝宣召，怒道："我死了，祸乱就要发生了。大丈夫想的是尽忠国家，岂能面对狱吏？"遂自杀。赵忠、夏恽又说道："吕强见到宣召并不知道问什么就自杀，说明他确有奸恶行为。"乃逮捕吕强宗亲，没收其财产。

灵帝下诏书要求廷尉、侍御史调查有谁从事张角的道术。御史秉承张让等人的旨意，诬陷张钧学习张角道术，将张钧逮捕，打死于狱中。然而事实上张让等人多半与张角勾结。后来中常侍封谞、徐奉勾结张角之事被发觉，灵帝因此大怒，责问张让等人道："你们常说党人想谋反，将他们禁锢，有些人还被诛杀。现在党人再次为国效力，你们却同张角勾结，可以斩你们了吧？"张让等人叩头道："这都是原中常侍王甫、侯览所为。"灵帝这才作罢。

灵帝崩。中军校尉袁绍劝说大将军何进，要他诛杀宦官以悦天下。但谋划泄露，张让、赵忠等人杀了何进。袁绍率军杀了赵忠，抓捕宦官，不管老少全部诛杀。张让等数十人劫持天子逃到黄河边，追兵甚急，张让等人悲哀哭泣，向幼帝辞别道："臣等灭绝，天下乱矣。望陛下自爱！"皆投河而死。

董卓召集朝臣商议废立皇帝。百僚会集，董卓奋首而言道："大者天地，其次君臣，这是为政的根本。皇帝懦弱，不可以侍奉宗庙，为天下之主。如今欲效仿伊尹、霍光故事，改立陈留王，如何？"公卿以下无人敢对。

曹操因事入见献帝，献帝忍不住内心的气愤，乃道："君若能辅佐我，就好好待我，若不然，就废了我吧。"曹操闻言大惊失色，俯仰求出。汉代的旧仪规定，三公佩带兵器朝见天子时，要命令虎贲勇士执刃挟之。曹操出殿后，环顾左右，汗流浃背。

诏书·第四十一

　　本节摘取诏书，旨在说明，即便是皇帝也是有所敬畏的，否则他大权在手，便可为所欲为。一般而言，王朝的建立者为了能使一姓长久统治下去，总要顾及自己的子孙后代和民众的福祉，建立者都明白，如果无有效的制度保障，后代的子孙便可能断送江山，甚至身受屠戮，故而从皇帝到普通民众，都要认可遵守一些基本价值。例如天人感应，便是很传统的共识，孔子作《春秋》也突显其意，后来孔子后人子思更是在《中庸》中言道："国家将兴，必有祯祥；国家将亡，必有妖孽。"到了董仲舒，只不过是把儒家学说参杂阴阳学说，把天人感应之说更加理论化、神秘化、系统化而已，自此也就更深入人心。

　　汉文帝在诏书中言道："朕闻之，天生民，为之置立君主以进行治理。君主无德，施政失衡，上天就示以灾异儆戒。"可见天人感应起到了限制君主权威的作用，君主要敬天爱民，不可非为，如果出现灾异，君主则要反思，并主动承担罪责，不可推卸，并采取一些举措，如大赦天下、免民租税、减少皇室开支、彻查冤案等。当然皇帝本人不能"引咎辞职"，但位居三公的大臣，尤其百官之首，具体负责国家治理的丞相则必须承担实质性的责任，如辞职等。

　　光武帝时期，发生地震，光武帝除了把罪责归于自己外，同时具体要求援救措施。下诏道："现在命令南阳无须交纳今年的田租与柴草。派谒者到南阳巡视，对在戊辰日以前的在押死刑犯，减死罪一等；囚徒去掉枷锁，允许他们穿丝絮衣服；赐给郡中死亡居民棺钱，每人三千；房屋严重毁坏的人家，其人口税和拖欠的田租一律免除；死亡的官吏和平民，如果其尸体压在坏垣毁屋下，而家人无力收拾的，当拿现钱和粮食雇人为他们寻找尸体。"今读此诏，有今不如昔之感。

秦·西汉

前元二年十一月癸卯晦，日有食之。文帝下诏道："朕闻之，天生民，为之置立君主以进行治理。君主无德，施政失衡，上天就示以灾异儆戒。而十一月晦，日有食之，这是上天见责的征兆，显示朕治国有失！朕获保宗庙，以微渺之身托于士民郡王之上，天下治乱，在我一人，各位大臣乃我之股肱。朕下不能治育群生，上以累三光之明，其不德大矣。"

后元三年春正月，景帝下诏道："农，天下之本也。黄金、珠玉，饥不可食，寒不可衣。"

地节三年春季三月，宣帝下诏道："闻知有功不赏，有罪不罚，即使唐尧虞舜也无法治理好天下。"

汉武帝求长生，乃有巫蛊之祸；对外用兵和挥霍无度，乃有国库空虚；盐铁专卖，乃有与民争利；卖官鬻爵，乃有吏治腐败；兵出五原，一败涂地。民众贫困，揭竿而起。凡此种种让武帝心灰意冷。征和四年，桑弘羊等人上书汉武帝，建议在轮台戍兵以备匈奴，汉武帝驳回桑弘羊等人的建议，并下诏反思自己过去的所作所为。诏书要求当下最要紧的是"禁苛暴，止擅赋，力本农，修马复令，以补缺，毋乏武备而已"。史称"轮台罪己诏"。

地节三年夏五月，宣帝下诏道："父子之亲，夫妇之道，天性也。虽有患祸，犹蒙死而存之。诚爱结于心，仁厚之至也，岂能违之哉！从今日起，儿子隐藏父母的罪行，妻子隐藏丈夫的罪行，孙子隐藏祖父母的罪行，皆不论罪。如果父母隐藏儿子的罪行，丈夫隐藏妻子的罪行，祖父母隐藏孙子的罪行，处以斩首之罪，皆上报请廷尉得知。"

东汉

建武七年，夏四月壬午日，光武帝下诏书道："近来阴阳错乱，日月薄食。百姓有过，责任在我一人，现在大赦天下。"日月薄食，就是日食、月食现象挨得很近。

建武十一年春二月己卯日，光武帝下诏书道："天地之性人为贵。如果杀害奴婢，不得减罪。"

建武二十二年九月戊辰日，地震导致地裂。光武帝制诏道："日前发生地震，南阳尤为严重，责任在于君主。现在命令南阳无须交纳今年的田租与柴草。派谒者到南阳巡视，对在戊辰日以前的在押死刑犯，减死罪一等；囚徒去掉枷锁，允许他们穿丝絮衣服；赐给郡中死亡居民棺钱，每人三千；房屋严重毁坏的人家，其人口税和拖欠的田租一律免除；死亡的官吏和平民，如果其尸体压在坏垣毁屋下，而家人无力收拾的，当拿现钱和粮食雇人为他们寻找尸体。"

永平八年冬十月壬寅晦，有日食，全食。明帝下诏道："朕以无德，奉承大业，而下贻人怨，上动三光。日食之变，其灾尤大。长思过失，在予一人。群司勉修职事，极言无讳。"于是官员皆上奏封章，各言得失。明帝览章，深自引咎，乃以所上奏章班示百官。下诏道："群僚所言，皆朕之过。人冤不能申诉，官吏奸猾不能禁止；轻用人力，缮修宫宇；出入无节，喜怒过差。昔日官府不理政务，故歌《关雎》以针砭时弊；礼仪法式飞摇不定，为微子所叹。永览前戒，竦然惊惧。唯恐薄德，久而懈怠。"

元和二年春正月乙酉，章帝下诏书道："法令规定，'人有产子者免除三年人丁税'。如今再作规定，对怀孕的妇女，由官府赏赐胎养谷，每人三斛，免除其丈夫人丁税一年。将此诏书定为法令颁布。"

元和三年春乙丑，章帝告诫侍御史、司空道："现在正值春季，我所经之地不得有砍伐树木的行为。车马可以避开树木的，就避开。驾辕以外的马可解开不用的，就解开。《诗经》云，'敦彼行苇，牛羊勿践履'。《礼记》中说，人君伐一草木不时，谓之不孝。俗人只知顺人，不知顺天。你们要明白我的心意。"

后　记

　　《那时的自由：字缝里读出来个秦汉史》算是笔者的读史笔记。当时有个想法，认为很多人不读历史原典，而只是盲目听信一些学者的独断之论，实不知，历史并非抽象的真空，而是多姿多彩的。持有独断之论的人，一般都把人当做历史的工具，认为历史有个不以人的意志为转移的规律，并以此认为识得历史的真谛。实则不然，历史是人的历史，而人是自由的，自由的历史自然无客观规律可言。

　　历史是人的历史，自当讲人以及人做的事。既然人是自由的，自由的历史也就丰富多彩了。昨天的历史就包含在今天的历史中，这种包含不仅仅是就时间方面而言，而是昨天历史中人的情感、道德、心灵、思维与今天是相承的，即是古人的精神被植入了我们的精神，他们的精神被我们的精神感召而复活。

　　我们读的历史都是史家所写，当然现今还有不是史家所写的历史解读。可就历史学家而言，他写的历史因为是从档案材料开始，就必然要有史家的情感思想爱好人格参杂其间，而好的史家就会把自己对人生的体认融于历史写作中，化腐朽为神奇，让那些不是历史的档案成为历史，让那些死去的人复活，所谓死去的人便是精神，让他们的精神复活。而非史家书写的历史，是对以往史家书写的历史再次进行解读，这样的解读也要融入自己的见识情感。每个时代都需要不同的历史解读，它的解读就是把当下的情怀注入以往的历史，让以往的精神再次复活，以反观我们自我。

　　《那时的自由：字缝里读出来个秦汉史》体例是"导读或者史论"与正文。正文部分为历史原典摘抄，然后分门别类。分类依据是历史是人的历史、是自由的历史，如有"豪言"、"尊严"、"独行"、"狂狷"、"伤悲"、"夫妻"、"朋友"、"政事"、"君臣"等。

正文起初用原文，即文言文，但考虑各方面因素，便把文言文翻译为白话文。翻译采取白话文配半文言或者白话文配全文言的混译方式。现以《秦汉卷》试举一例：

谷永道：我听说天生众民，因其相互不能治理，就替他们设立君王来统治，控制海内非为天子，列土封疆非为诸侯，一切都是为了民众的福祉。流传三统历法，排列三正次序，去无道，开有德，不私一姓，明确天下乃天下人之天下，非一人之天下也。

之所以遵循这个原则，是为了保持历史感与语言美。文言部分一般是极其容易理解的，或者是已经被我们熟知的话语，如"王侯将相，宁有种乎"。有些文言文乃韵文，但难以理解，便以半文言译之，如此举也不通，便在原文后加上"意思是说"后以白话文解释。

有些翻译与传统的翻译会有不同。例如《鸿门宴》中，原文是：

项王按剑而跽曰："客何为者?"张良曰："沛公之参乘樊哙者也。"

对"客何为者"的翻译，权威的翻译是："客人是干什么的?"但联系上下文显然不通，故而笔者翻译为："客乃何人?"

其他不一一说明。文言文翻译成白话文，采取直译难有创新，只是个苦差事而已。本书虽多有意译，但直译也不少，尽管直译中夹杂着意译。当然，翻译时也参考了前人译文。

导读或者史论部分，则因内容而异。导读部分不是严格意义的论文，只是随笔而已。旨在方便读者阅读，并不是想让读者认可其观点，读者可从正文的人与事中去体味感悟。

这虽是一本通俗读物，却可当做历史入门读物来读，也可作史料检索之用，更可作为睡前、旅行中的随身读物。因笔者才疏学浅，本书不免有错误不足之处，但求方家指正。

本书得以出版，要感谢博闻春秋的李婷晓女士，同时也对杨晴女士为本书付出的辛苦表示感谢。

长风

2012 年 9 月 6 日于不知斋

读者反馈卡

尊敬的读者：

　　非常感谢您购买本书。为能继续提供更符合您要求的优质图书,恳请不吝赐教。抽出点滴时间填写以下调查表,并尽量以电子邮件形式寄回我公司(直接注明书名、问题序号和选项对应的字母即可),您将自动成为我公司读书会会员,可长期以非常优惠的价格购买本公司其他书籍,免费邮寄,并可定期获赠精美礼品。

北京博闻春秋图书有限责任公司

电子邮箱:bwcq@163.com

通讯地址:北京市复兴路甲 38 号嘉德公寓 722 室

邮政编码:100039

公司博客:http://blog.sina.com.cn/bwcq

微博互动:http://weibo.com/bowenchunqiu

1. 您了解《那时的自由:字缝里读出来个秦汉史》是通过
   　A 书店　　　　　B 网络　　　　　C 熟人推荐　　　D 报刊

2. 您购得本书是在
   　A 新华书店　　　B 书城　　　　　C 民营书店　　　D 书摊
   　E 网络　　　　　F 超市　　　　　G 其他_____

3. 您目前的职业是
   　A 公司职员　　　B 个体经营者　　C 公务员　　　　D 学生
   　E 农民　　　　　F 自由职业者　　G 其他_____

4. 您决定购买一本书的因素包括
   　A 内容　　　　　B 封面　　　　　C 书名　　　　　D 朋友推荐
   　E 媒体推荐　　　F 作者　　　　　G 其他_____

5. 您决定购买本书是因为
    A 对题材感兴趣   B 喜欢民国书   C 偶然购买
    D 为了收藏   E 朋友推荐   F 其他_____

6. 您购买图书最感兴趣的是
    A 写作风格   B 封面包装   C 作者观点   D 作者声望
    E 媒体推荐   F 书籍内容   G 其他_____

7. 您会购买同一系列中的其他图书吗?
    A 会   B 不会   C 偶尔会   D 看看再决定
    E 其他_____

8. 了解本书之后,您对本公司的其他图书有购买可能吗?
    A 会   B 不会   C 偶尔会   D 看看再决定
    E 其他_____

9. 平常读书时,从行文风格上说,您更喜欢
    A 严肃深刻   B 轻松幽默   C 故事性强   D 史料性强
    E 文学性强   F 图文并茂   G 系统性强   H 通俗易懂
    I 观点独特   J 其他_____

10. 您觉得本书的优点有(可多选)
    A 文笔好   B 选题好   C 封面漂亮   D 排版舒服
    E 价格合理   F 手感好   G 其他_____

11. 您觉得本书有何不足之处,您有何意见和建议?
    _____
    _____

12. 有没有您想读但市面上却没有的书? 请谈谈您的设想。
    _____
    _____

您的姓名_____性别_____年龄_____职业_____

邮政地址_____

邮政编码_____

E-MAIL _____

MSN 或 QQ _____